悦动空间
健身训练

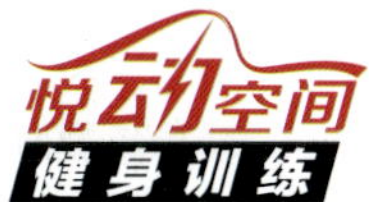

WORKOUT OHNE GERÄTE

无器械训练宝典

Mehr Muskeln, mehr Ausdauer, mehr Power: fit durch Eigengewichtstraining!

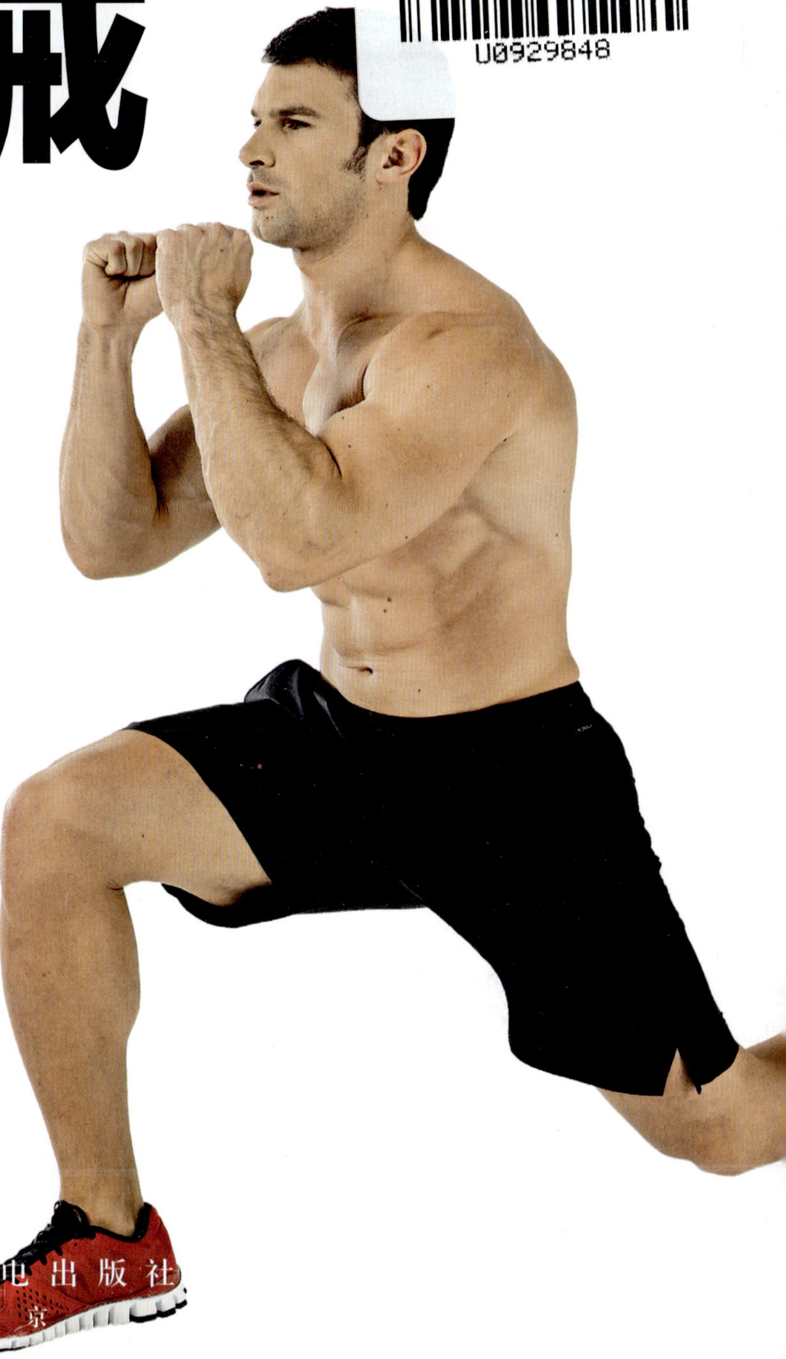

[德] 奥利弗 · 伯特伦（Oliver Bertram）著
张晓妍 译

人民邮电出版社
北京

图书在版编目（CIP）数据

无器械训练宝典 / (德) 奥利弗·伯特伦
(Oliver Bertram) 著 ; 张晓妍译. -- 北京 : 人民邮电
出版社, 2020.6
(悦动空间·健身训练)
ISBN 978-7-115-47656-2

Ⅰ. ①无… Ⅱ. ①奥… ②张… Ⅲ. ①健身运动
Ⅳ. ①G883

中国版本图书馆CIP数据核字(2020)第001207号

内 容 提 要

你想拥有强壮而又健美的身材吗?你经常为没时间去健身房训练而烦恼吗?如果对于以上两个问题，你的回答都是肯定的，那么本书就是你的理想选择。

本书由著名健身杂志《男士健康》组织编写，分别介绍了针对手臂、肩部、胸部、上背部、躯干、腿部以及全身的无器械训练方法，还介绍了身体构造、体能素质、训练守则、营养供应等方面的内容。本书最后一章介绍了具体的无器械训练计划，你可以在此基础上设计自己的训练方案。书中通过大量精美的彩色图片展示了各种训练动作的细节，并配以简要的文字说明，易于对照学习。根据书中所介绍的训练方法，你徒手或者只需借助单杠等简易器材即可进行训练，取得理想的健身效果。

本书适合健身爱好者阅读。

◆ 著　　[德]奥利弗·伯特伦（Oliver Bertram）
译　　张晓妍
责任编辑　刘　朋
责任印制　陈　犇

◆ 人民邮电出版社出版发行　　北京市丰台区成寿寺路 11 号
邮编　100164　　电子邮件　315@ptpress.com.cn
网址　https://www.ptpress.com.cn
雅迪云印（天津）科技有限公司印刷

◆ 开本：889×1194　1/20
印张：15.6　　　2020 年 6 月第 1 版
字数：314 千字　　　2020 年 6 月天津第 1 次印刷

著作权合同登记号　图字：01-2018-5342 号

定价：98.00 元

读者服务热线：(010)81055410　印装质量热线：(010)81055316
反盗版热线：(010)81055315
广告经营许可证：京东工商广登字 20170147 号

目 录
CONTENTS

引言

这是一件值得庆祝的事情：翻开这本书，你就已经选中了最简单、最有效的健身塑形方法！要完成所谓的无器械健身训练，你不需要健身房，也不需要哑铃和其他昂贵的装备，你需要的只是自己的身体！

本书对进行无器械训练来说是非常有帮助的，书里为你提供了非常全面的无器械训练建议，来帮助你找到适合自己的健身方法。不管你的时间安排、生活规划、周遭环境如何，也不管你在什么时间、在什么地点、以何种方式进行无器械训练，以下 3 点都是毫无疑问的。

（1）无器械训练能为你的每个训练目标带来最理想的效果。

（2）训练成果是有保证的。

（3）你现在不能再为自己的懒惰找借口了！

无器械训练带给你的好处

无器械训练无疑是一个正确的选择，因为几乎没有别的训练方式能像无器械训练一样全面、有效。无器械训练不仅没有时间和空间的限制，而且能从多个方面提升训练者的身体素质，如力量、灵活性和耐力。无器械训练的一大优点是，即使只进行半小时以内的短时间训练也能获得奇迹般的成效。你的身体不仅可以通过健身训练得到高效的锻炼，而且日常生活中需要消耗体力的活动也是无器械训练的方式之一。你每完成一个动作，如背提、抓握、托住物品等一切由身体完成的日常动作，都能让你的身体得到锻炼。没有任何器械的限制，你的身体可以随心所欲地活动。可以说，无器械训练塑造了你的生活。无器械训练是对身体机能的训练，因为它通常需要全方位的肌肉链参与。它也能改善不同肌肉间的协调和配合情况、提升体能，还被证明可以有效地避免肌肉拉伤和酸痛。以上这些论据还不能说服你？那么请你继续阅读本书，浏览那 28 个可以让你立即开始无器械训练的理由。

无器械训练的优势在于可以省去所有训练器械，这会让你更专注于自己的身体，也能让你更好地知道自己的体能极限。本书介绍了 300 多种训练动作，这也有力地证明了你的身体可以做种类繁多的运动。你可能会惊讶地发现自己荒废了其中的很

如何利用本书

你可以从头到尾翻阅本书介绍的训练内容，这样可以更好地理解本书内容的层次和结构，让本书发挥它的最大功用。你也可以先翻阅第 4 章，看看插图；或者只读侧边的提示栏。你肯定会急匆匆地把喜欢的训练找出来，并马上兴致勃勃地开始训练。但在这之前，你至少得先把前边从第 71 页起介绍的安全须知熟记于心。这里还有一个使用本书的小建议：万一手边没东西可用，你可以用本书进行负重训练！

28 个即刻开始无器械训练的理由

定期进行无器械训练的好处如下。

- 能够增强你的力量。
- 能够增加你的肌肉。
- 能够让你拥有令人印象深刻的良好体态，减轻脊椎的负担，从而减轻日常生活中的脊椎不适症状。
- 是预防受伤的一种极佳方式，因为它能让你的身体更加灵活。
- 会让你的日常生活更轻松，因为你的每一次身体活动将更不费力，做事情更得心应手。
- 能够增强你的耐力。
- 能够降低你的体脂率，让你的身体更结实。
- 通过提供营养食谱帮助你减轻体重。
- 能够增强肌肉间的协调性，从而提升你的运动机能。
- 能够训练你的平衡感，改善你的协调能力。
- 能够帮助你稳定情绪，纾解压力。
- 有利于你的身体健康，包括增强你的免疫力。
- 能够强化你的关节组织、韧带和腱膜，促进关节软骨再生，降低受伤的风险。
- 可以增加你的骨密度，使其更加坚固。这也是预防骨质疏松的一种非常有效的办法。
- 对血压有调节作用。
- 可以提高胰岛素敏感性，有利于控制血糖浓度。

多种训练，原因可能是你长期缺乏运动，或者长时间坐在车里、办公室里、家里的沙发上，抑或你平时有偷懒的习惯。生活在当今社会，我们拥有各种可以节省体力的便捷产品，这也使我们少了许多身体活动。

好消息是，你的身体有很强的适应能力！就像它很容易习惯久坐和少动一样，它也能很快地适应新的训练刺激和运动冲动。现在，你的身体肯定已经按捺不住了，它终于能又一次充分发挥基因赋予的能力，好好运动了！在这个过程中，本书能为你提供不少帮助。

从本书中你能获得的全方位知识

不管你的目标是什么，你在训练中需要的都能在本书中找到。

- 本书将介绍人体解剖学的基础知识，让你能对自己的身体构造有更清晰的认识，也能根据自己的体质和体格找到最佳的健身塑形方式。
- 本书提供了有关训练的所有重要信息，你可以从中获悉用何种方式进行最高效的训练能达成自己的目标。这需要你在制订训练计划和具体执行中加以留意，合理安排自己训练的日期和具体时间等。
- 本书展示了最重要的营养学知识并提供了有效的建议，比如应该以何种方式、在什么时间、用什么食物来为身体提供营养和能量。这些建议是你通往完美体形之路过程中非常需要的。
- 本书以朴实而真挚的文字，全面细致地介绍了现有的无器械训练方式，旨在让你从初学者成长为健身专家，从电视迷、电脑迷变为健身达人。
- 本书提供了全面的训练计划和许多锻炼方式，这些也是补充的方向性指导，能让你将自己的训练和健身项目更好地编排在一起。
- 本书将持续不断地激励你保持干劲，朝着更高的目标进发。本书还将通过许多小贴士和多种多样的方式来使你能在训练中持续找到乐趣。

简而言之，从现在开始这本书就是你的私人健身教练！

动机：一个好的教练能充分调动你的积极性

不管是什么训练，一开始总是最难的，对于那些直到现在还对健身和运动缺乏兴趣的人来说更是如此。缺乏驱动力、多疑、懒惰，每个人确实都或多或少地被这些消极情绪干扰过。爱惜自己身体的人都很让人着迷——确实是这样。你应该从这一刻开始就把健身训练提上日程。此外，健身是一件能让人看得到希望的事。当你坚持训练 3~6 个月后，你会发现自己对于不习惯的、有时确实让人不舒服的训练不再那么抵触了。在这个阶段，人们最容易中断训练、放弃健身。熬过这个阶段，放弃的概率就低了许多。你心底的那条老是让你犯懒打盹、怂恿你放弃的懒虫也会呜咽着消失。这是为什么呢？因为在这个阶段之后，对大多数人来说，健身就成了生活中的必需内容。这时候不再是大脑指使你去健身，而是肚子会对你说“今天我要训练”。正因为如此，在健身的初始阶段不应该进行太多太痛苦的训练，而应该从训练里获得乐趣。下面介绍一些可以帮助你提高积极性的小建议，现在马上将前 3 条建议付诸实践吧！

（1）给自己设定一个具体的目标，比如在 8 月 1 日前减掉 5 千克（更多关于目标设定的建议，参见后面的内容）。在此之后不断地问自己，我为什么健身，我想通过健身获得什么。或者想象一下，当你通过健身受到更多人的注目时，当你又能穿着以前的裤子时，你会多么满足。你可以在家中自己最常待着的地方贴上写着激励自己的文字的小纸条，比如把它们贴在卫生间的镜子上、冰箱上、门上、放钥匙的托盘上、电视机的遥控器上等。

（2）把你的具体目标告诉至少 3 个对你来说很重要的人。从你告诉他们的这一刻起，他们会用你对自己的要求来衡量你，也会对你的进步感到满意。现在你别无选择，只能努力去达成目标。你一定可以做到！

（3）在日历上写下你的所有健身时间，然后在你的手机上设置相应的闹钟来提示自己。

（4）让健身成为你的习惯。你越快地把健身融入日常生活，让健身像刷牙一样自然而然，你就越不会犹豫不决，潜伏在你心底的懒虫也不会再来干扰你。

（5）如果实在没有时间健身，你可以将健身过程碎片化。即使 15 分钟的短时间健身也是非常有效的（参见第 296 和第 297 页），甚至每一个俯卧撑或者屈膝动作都是有意义的。

（6）养成写健身日记的习惯，把你的所有成果记录下来，写下健身时或健身后自己的感觉。当你完全没有动力健身的时候，你可以翻阅自己的日记，那些美好的记忆和体验一定能激励你。

（7）和别人约定一起健身。组团健身会让你得到更多的乐趣，而且和他人约好一起健身后，再爽约就说不过去了。

（8）要时不时地奖励一下自己。健身的成功在很大程度上靠自律，但也不要因此放弃所有让你快乐的东西。在日常生活中，你应该定期给自己一些小奖励。对于一天的奖励，可以是零食，比如一袋糖果或者一杯卡布奇诺等；而对于一个星期的奖励，你可以去自己最喜欢的餐

28 个即刻开始无器械训练的理由（续）

- 能够降低糖尿病的发病概率。
- 可以清理血管，降低患冠状动脉疾病（如动脉硬化症）的风险。
- 减少有害的低密度脂蛋白胆固醇，增加保护血管的高密度脂蛋白胆固醇。
- 激活骨髓，促进血管新生和重要的修复细胞的形成，修复体内受损的血管。这是真真正正的“逆龄”秘方！
- 可以让你的身心舒畅，还有助于增强你的自信心，让你心情愉悦。
- 可以弥补身体的缺陷。
- 能够促进血液循环，这主要是因为毛细血管（身体里的微小血管）数量的增加。
- 可以提高身体的能量需求，加快新陈代谢的速度。这是通过肌肉量的增加实现的，所以也非常适合正在减肥的人。
- 可以帮助分解肌肉在运动过程中产生的代谢产物（如乳酸），以及提高机体对代谢产物的耐受度。
- 可以帮助你的身体实现最佳的供氧机制。
- 可以在体内产生更多的酶，以帮助消除对身体有害的毒素。
- 可以提高运动神经系统的工作效率，使大脑和肌肉间的配合更协调一致，从而使身体的反应活动迅速而准确。

厅吃上一块上好的牛排。

（9）听从你的身体，但不要完全服从它。当你生病或者受伤的时候，虽然这常常意味着你的活动会暂时受限，但也不能完全把运动和训练搁在一边。你可以将有规律的训练碎片化，并且以较低的强度进行，然后再慢慢提高。这通常来说是可行的。手臂受伤并不会影响你做屈膝运动，脚踝扭伤也不会影响你做腹部运动和平板支撑。对骨折病人的医学研究表明，即使只是想象把身体受伤部位的肌肉绷紧，也能够减少肌肉的流失。这不但适用于生病和受伤的情况，而且也意味着一丁点儿的努力都不会白费。

是“必须”还是“想要”

首先要强调的是，没人强迫你为你的身体健康做些什么。诸如“我必须健身”“我必须减掉 5 千克体重”“我必须有好身材”这样的想法都不利于健身，反而会让你产生消极的情绪，会让你觉得自己是被动的受害者。如果你带着这样的想法开始健身，你很可能会或早或晚地放弃，然后躺在沙发上，一边吃薯片一边觉得良心不安。健身的第一步，也是让健身变得轻松的一步，是要在思想上步入正轨。

你显然已经做到了这一步，因为你打开了这本书，这表明了你要改变的决心。诸如“我想要健身”“我想要减 5 千克体重”“我想要好身材”这样的说法听起来是不是好多了？你的想法决定了你的行为，当你“想要”改变的时候，你就是生活的主宰，当然在健身方面也会是一个积极的行动者。由此你也克服了踏上成功之路时的胆怯与退缩心理。如果你选择了不再躺在沙发上吃薯片，而是去做其他有意义的事情，那么恭喜你已经步入正轨了！

“我想要做出改变”，像这样的想法只在某些关键时刻显得强烈，大多数时候你并不会有这种想法。想让你的斗志不在日常生活中被消磨殆尽，不妨抽出 10 分钟时间，拿起纸笔写一写能激励你的、让你重新斗志昂扬的话语，比如下面这些。

- “你踏出的每一步、做的每一个重复动作都很有意义，要比什么都不做强。”就算你到了晚上才发现自己忘了健身，或者一整天都只吃不健康的食物，那么在刷牙的时候顺便做做屈膝运动，接着在上床睡觉前做几个俯卧撑，也总比你什么都不做要好得多。
- “今天我要训练，就今天！”如果你在每次训练前都这么对自己说（并且记在心上），那么你就永远不会放弃任何一次训练。如果你实在没有兴致，也可以在训练时要要花招儿，

永远 15 岁

关于肌纤维的一项相关研究应该可以给你点儿动力：你体内的任何一个肌细胞的年龄都不会超过 15 岁。15 年是肌纤维更新换代的周期。也就是说，你的体内一直有新生力量来替换衰老的细胞，所以与细胞相比骨骼会稍显老态。总而言之，不管你从什么年龄段开始训练都不会太晚！

比如下定决心只完成前面的两三个训练项目。那么会发生什么呢？你的全身被调动了起来，体内像燃烧起来了一样，这会引导你完成所有的训练项目。看，这很有效！

- “如果不是现在，那要等到何时？”拖延症患者可以用这样的话提醒自己，再没有比“现在”更好的训练时机了。
- “我很期待筋疲力尽的训练后获得的幸福感和满足感。”你要时时刻刻提醒自己健身带来的积极影响以及自己的目标。目标可以是很微小的，比如想要获得训练后的幸福感。
- “今天的我比之前的我更坚定、更强壮、更有活力。”有时候，你只需要给自己一点勇气和信心，劝说、鼓励自己，尤其是在你觉得很疲惫的时候。就算你非常疲惫了，是完成训练还是逃避训练也只是你自己的决定而已。

写下这些总是可以激励你的话语并牢记在心。几个月后，你就不需要它们了，因为你已经将其完全内化吸收了。你已经习惯了定期健身的节奏，再也无法想象没有运动的生活。这难道不值得庆祝吗？加油吧，你会拥有理想的体重！

测试：你的体能如何

你当然可以直接开始健身，随心所欲地挑几个最受欢迎的项目进行训练。但如果你想有更好的成效，那么你还需要设定一个清晰的目标。不管怎样，塑造完美身材的第一步就是对自己的身体进行一个评估，比如完成下面的测试。找出你可能存在的弱点，才能更好地设定目标，才能更好地提高整体效率，更快地进入最佳状态。你可以在下文中找到相应的力量测试项目，以测试自己的体能。

测试 1：肱二头肌的力量

将双手打开，与肩同宽，反握在单杠或类似的横杆上。腿部稍微弯曲，用力把自己的身体拉起来，直到下巴越过单杠。保持这个姿势不动，你能坚持多久？

测评

25 秒及以内：这个结果简直太让人心疼了。试着逐渐增强肱二头肌的力量，比如运用第 168~ 第 171 页介绍的方法进行训练。

26~44 秒：不算糟糕，请试着把肱二头肌的位置降到肘部以下一点儿。在平时的健身中，做引体向上的时候也要两手反握，像这个测试里的动作一样，或者按照第 155~ 第 157 页介绍的训练要求来做。

大于 44 秒：很棒的成绩，你是肱二头肌之王！当然，你还可以继续提高，比如进行超慢速训练（参见第 306 页）。

测试 2：肱三头肌的力量

将两把椅子摆在一起，椅子间的距离为 1.5 米。请务必提前检查并确保两把椅子的稳定性。靠在一把椅子的边缘，双手掌心向下，双臂完全伸展，撑住身体。双腿伸直，把脚放在另一把椅子上。接下来慢慢地弯曲手臂，放低身体，直到上臂几乎与地面平行。你能连续做几次这样的动作？

测评

14 次及以下：这也太少啦！请赶紧加强你的肱三头肌的力量。从第 172 页起介绍的臂屈伸支撑动作和肱三头肌拉伸运动能帮助你。

15~29 次：不错，但你还可以继续提高，比如定期做上文提到的训练项目来强化你的肱三头肌，或者进行第 304 页提到的高紧张度训练（第一天）。

29 次以上：你是当之无愧的肱三头

肌之王，但也别因为这个成绩而沾沾自喜，停止训练，而是要继续增强肱三头肌的力量。可以做第 134 页介绍的钻石俯卧撑训练或者第 306 页的超慢速训练。只有这样，你才能拥有最完美的上臂！

测试 3：小臂的力量

保持挺拔的站姿，用一只手握住一个网球，手臂伸直抬起，掌心朝上。现在尽可能快速而用力地握这个网球。1 分钟内，你可以重复握紧多少次？要保持一定的节奏，记得每次都要握紧了。两只手轮流测试，你可能会惊奇地发现左右手的力量相差很大。

测评

75 次及以下：这个成绩太糟糕啦！赶紧把网球放在一边，开始锻炼你的小臂肌肉，可以按照第 176 页介绍的内容进行锻炼。

76~110 次：你做得不错，但现在你最好卷起袖子继续训练，因为你还可以做得更好。建议你通过第 157 页介绍的划船动作来增强你的手臂力量。

110 次以上：很棒的成绩！你可以做进一步的力量训练，比如引体向上（参见第 155 页）。还有另一个选择，即把自己吊在单杠上，双脚离地，坚持得越久越好，毕竟只有手臂力量很强的人才能完成引体向上。

测试 4：胸肌的力量

先做常规的俯卧撑动作（参见第 131 页）。双手位于肩部下方，双臂撑直，背部挺直，从头部到脚后跟都保持在一条直线上。然后屈肘，使身体下沉，直到胸部贴到地面上。肘部要紧贴着身体。短暂保持这个姿势，然后再撑起身体。你可以连续做多少个？

测评

15 个及以下：不要气馁，你很快就会取得进步。当然，前提是你要在之后的训练中拼尽全力。你可以做从第 111 页起介绍的俯卧撑与其他动作的组合训练或者从第 132 页起介绍的各种变式俯卧撑。

16~30 个：不错的成绩，但还有较大的提升空间。所以你现在要做的就是有明确目标的胸肌训练，比如第 305 页介绍的 10 组力量训练（第二天）。

30 个以上：很棒！你要做的就是保持现有水平，以防退步。你可以做一些高要求的力量组合训练来增强你的胸肌力量，比如第 307 页介绍的固定重复次数（少次）的力量训练（第二天）。

测试 5：肩部上部的力量

采取俯卧撑姿势，把脚放在凳子、长椅或者类似的支撑物上，然后慢慢地移动双手靠近椅子，使躯干和手臂互相垂直，臀部朝向天花板。现在弯曲双臂，使上身下沉至贴近地面。数一下你在 45 秒内最多可以连续做几次这种动作。

测评

7 次及以下：祝贺你，你的成绩已经没有退步空间了，所以你只会变得更好。你要多多照顾你的肩部。适合你的训练项目有第 149 页介绍的动作和第 150 页介绍的变式动作。这个测试本身也是一个很好的训练形式。

8~14 次：注意，你现在应该把注意力放在进一步提升肩部力量上，因为你还有较大的上升空间。不妨试一下第 307 页介绍的力量训练，重点放在肩部训练上。

14 次以上：你很棒！现在你可以在细节上继续完善，因为肩关节是一个非常灵活的关节，其局部的肌肉几乎可以朝任意方向运动。你可以看看第 151 页介绍的训练。

测试 6：肩侧的力量

身体站直，双手侧举至水平位置并绷紧，然后手臂绕环，使手在空中画出足球大小的圆圈。每次画圆大概用时 1 秒。保持手臂在水平位置并一直处于绷紧状态，在这个前提下，你最多能连续画几次圆呢？

测评

60 次及以下：这个成绩不行，但你必须要提高了。肩关节终究是一个很脆弱的关节，在肌肉不发达的情况下很容易受伤。你得赶紧解决这个问题，可以做第 161~ 第 167 页介绍的力量训练。

61~150 次：还不错，但你肯定还可以做得更好。要适当而全面地强化你的肩部肌肉，可以定期做第 162 页介绍的 L 形前平举动作或者第 164 页介绍的坐姿侧抬腿动作。

150 次以上：很棒！你的肩部暂时不会那么容易受伤，但你还是可以做一些训练来提高，比如第 306 页介绍的超慢速力量训练，重点在于肩部和躯干侧面的训练（第三天）。这样你才能保持肩部力量的高水准。

测试 7：上背部的力量

欢迎你参加引体向上比赛！首先要找一个适合你身高的单杠、门框或者类似的横杆。然后正握横杆，拇指朝内。双手分开，与肩同宽。身体悬垂，注意双脚不要碰到地面。然后拉动身体上移，直到胸部靠近杆子。你可以连续做几次这样的动作？

测评

0~5 次：不超过 5 次？第六次真的

做不到了？马上行动起来，开始你的背部训练计划吧！若要增强背阔肌的力量，你可以做这个测试或者第 152 页介绍的反手引体向上。

6~12 次：很棒，但你的成绩还远远称不上好，你离拥有呈倒三角形的完美身材还有很长的路要走。你可以做第 154 页介绍的引体向上。

12 次以上：非常棒，但你的背部力量还有提升的潜力。你可以通过第 307 页介绍的力量训练（第一天）来挖掘这些潜力，奥斯卡最佳背阔肌奖得主将非你莫属！

测试 8：腹直肌的力量

平躺在地上，双臂伸直，双腿自然弯曲，双脚放平，脚后跟和臀部之间有大概一个脚长的距离。轻轻抬起头部、肩胛和与身体平行的手臂，然后做标准的卷腹动作（基本的动作要领参见第 179 页）。头和肩部要抬高到你的双手可以轻易地在你的小腿上方完成鼓掌动作的位置。回到起始位置的时候，注意头部和肩部不要碰到地面。你能连续做多少个这样的卷腹动作呢？

测评

25 个及以下：听听你的腹部的诉求吧，赶紧加大强度锻炼你那欠发达的腹部肌群。具体的锻炼方法参见从第 178 页开始介绍的躯干训练。你还有另一个选择：可以从第 310 页介绍的躯干稳定性训练计划（第二天）开始。

26~35 个：没有什么可以挑剔的，但还有可以优化的地方。第 179~ 第 208 页介绍了一系列卷腹及其变式动作和其他腹部训练项目。通过这些训练，你的腹部力量能得到极大增强。

35 个以上：好极了！你的腹部很有力量。还想进一步增强你的腹部肌群的话，可以做第 186 页介绍的仰卧起坐 + 腿屈伸组合、第 198 页介绍的悬挂抬腿或第 259 页介绍的屈臂支撑 + 双腿伸展组合。为了保持全身的力量平衡，你还要注意下背部的力量训练（见测试 10）。

测试 9：侧腹肌的力量

首先做这样的侧卧动作：身体左侧朝下，肘部支撑在肩部下方。臀部抬高，直至身体呈一条直线。伸直右臂，将其向上抬高至垂直于地面。然后保持这个姿势不动，你能坚持多久呢？接着换另一侧进行测试。

测评

30 秒及以内：好吧，你可以乐观地看待，毕竟你通过测试知道了自己的不足。现在行动起来吧！若要加强侧腹力量，你可以做第 181 页和第 184 页介绍的侧向卷腹动作，或者第 189 页介绍的站姿卷腹（提膝＋转体组合）动作。

31~60 秒：不错，已经有点样子了。当然，你离最佳成绩还有些距离。你想知道差距在哪里？你可以做第 190 页介绍的转体折刀支撑或第 194 页介绍的坐姿快速转体触地。

60 秒以上：哇！你的成绩太棒了！实际上，你还可以继续提高。你可以看看自己哪一侧腰腹的力量比较薄弱，然后通过训练把它加强到和另一侧差不多的水平。你还可以做第 199 页介绍的悬挂斜抬腿和第 208 页介绍的侧面支撑变式来全面增强侧腹力量。

测试 10：下背部的力量

腹部贴地，呈俯卧姿势。双臂以肩关节为支撑点轻轻抬起，头部也抬起，双肩向后上方收起。同时双脚抬起，保持手脚平行。接着再将手脚同时向上抬 10~20 厘米，保持这个姿势几秒，然后恢复到原始姿势。注意，手脚都不能完全接触地面。你能重复做多少次呢？

测评

12 次及以下：千万别把这个成绩说出去……赶紧锻炼你那欠发达的背部肌肉，否则它很可能会出问题。可以做第 212~ 第 214 页介绍的训练项目。

13~20 次：你可以对这个成绩感到满意，但也不要太自满。你的竖脊肌可能还需要进一步锻炼。不妨试试第 209 和第 210 页介绍的训练项目。

20 次以上：很棒的成绩，你应该为自己的下背部肌肉感到骄傲！你还可以继续提高这块肌肉的稳定性。关于这方面的训练，可以参考第 251 页介绍的俯卧撑＋弓步蹲组合动作、第 254 页介绍的俯卧撑＋躯干拉伸组合动作以及第 269 页介绍的四足转体动作。

测试 11：臀部和腿部的力量

身体站直，双脚分开，与胯同宽。双手自然地置于脑后，肘关节朝外。现在将臀部向后移动，背部保持挺直，屈膝下蹲至大腿几乎与地面平行。然后尽全力快速向上跳，再以深蹲姿势落地。等身体恢复至起始的蹲姿后，立刻重复起跳动作。不间断地连续蹲跳，你能连续做多少个？

测评

20 个及以下：你的表现太差了。幸运的是你可以立刻采取行动补救一下。去看看如第 308 页介绍的腿部力量训练吧。

21~30 个：很不错的成绩，但远没有达到让你为此欢呼雀跃的水平。很快你就可以有更好的成绩了，你需要的只是高强度的训练，比如第 299 页介绍的 HIIT（第三天）。

30 个以上：你有很强壮的双腿！尽管如此，你实际上还可以在臀部和腿部的协同训练上更进一步。可以参照第 226 页或者第 229 页介绍的内容进行训练。

测试 12：全身力量

在可以做引体向上的单杠或者其他器械底下先做一次标准的俯卧撑，接着屈腿跳起，正握单杠（即大拇指朝内），然后做引体向上，直到下巴越过单杠。做完引体向上后，再回到俯卧撑姿势。这两个动作为一组，你可以连续做几组？

测评

5 组及以下：现在不需要再掩饰了，你身体各个部位的力量都有待提高！建议你完成第 297 页介绍的 Big 5 训练和第 248 页介绍的全身力量训练。

6~15 组：大部分人能达到这个水平，但你不只是想要达到平均水平吧？你可以做第 108 页介绍的波比跳和变式动作、第 249 页介绍的俯卧撑 + 侧踢腿组合以及第 261 页介绍的婴儿式跪姿 + 倒立组合动作。

15 组以上：非常完美！你的全身肌肉力量已经不需要再增强了——只是开个玩笑，不管怎么样都还是有进步空间的。试试第 272 页介绍的高难度人体旗帜或第 273 页介绍的双力臂训练项目。同样高效的训练还有第 302 和第 303 页介绍的进阶健身者的 8 周训练计划。

第 1 章

人体解剖学：认识你的身体构造

你的身体是世界上最棒的健身房，或许不久后也会变得最具吸引力。你的身体无疑是一个能力强大的奇迹，就算你自己可能还没有发觉。它能使你更有力量、更快、更有耐力、更灵活；它可以使肌肉生长，脂肪消解；它能保护自己，避免受伤和不适；它随时候命，并且你运动得越多，它就越能更好地为你所用。简而言之，你的身体是你能想象到的最复杂的健身工具。现在是你好好认识它的时候了，只有这样，你才能更好地使用它。

为了让你更好地了解自己的身体，这一章讲到的都是皮肤下的身体构造。你将会了解到在完成各种动作时，你的身体里不同且复杂的系统之间是如何协同运作的。除此之外，你还会知悉是什么促进了人体肌肉和骨骼的发育，在运动过程中肌肉和骨骼又发挥了什么作用，以及它们不适合做的运动有哪些。这些精简过的解剖学信息可以帮助你在日常的活动和健身训练中更加正确地对待自己的身体。这些信息还有助于将你的训练最优化，可以让你用最快而又最省力的方法拥有完美身材。不管你给自己设定的目标是什么，就直接开始吧！

人体系统

当你把目光转向身体内部时，你会发现身体里不同的系统之间有着密不可分的关系。这些系统是维持生命的基础，其中一些系统在人体运动时发挥着至关重要的作用。

什么是人体系统呢？简单来说，若干个功能相关的器官或组织联合起来共同完成某一特定的连续性生理功能即形成系统，比如让人体进行气体交换的呼吸系统，以及人体通过神经脉冲的传导对外界刺激做出反应的神经系统。在本书中，我们主要讨论与运动紧密相关的身体系统，即承担运动功能、对完成运动来说必不可少或者对运动能力有重要影响的身体系统。

请测试两种脉率

安静时的脉率会受到训练的影响，大致的规律是：你训练得越多，安静时的脉率就越低。最好在早晨刚起床的时候测量安静时的脉率，可将食指和中指并拢放在拇指基部下方手腕内侧的动脉上进行测量。

最大脉率（最大心率）则是相对固定的，这个数值因人而异。平均大约每增长一岁，每分钟的最大脉率就多一次。有个非常简单的计算公式：最大脉率=220 – 你的年龄。更准确的数值要由运动医学方面的专业医生进行检测，或者通过运动试验，根据你的脉率测量表得出结果。

心脏 – 循环系统

心脏 – 循环系统为全身输送血液，以此协调整个机体的功能。另外，该系统也为机体内的各种细胞提供了赖以生存的物质。比如，氧气、蛋白质、碳水化合物等通过血液的运输到达其他器官，同时血液也带走了细胞不再需要的代谢产物。心脏 – 循环系统不只是起着维持生命的作用，对人的体能也有重大影响。该系统的工作状态越好，你的体能就越好。

心脏 – 循环系统最主要的组成部分是血液、心脏和血管。人体平均每千克体重含 70~80 毫升血液。心脏则是人体的发动机，通过血管把血液运送至体内的各个部分。血管又分为动脉和静脉。血液在通过肺部时氧气含量增加了（即充氧血），然后这些富含氧气的血液再由动脉运送至体内各处。不可思议的是，人体的动脉里只流动着全身约 1/5 的血液。接着缺氧血会经静脉回到心脏，然后再到肺部进行气体交换，重新充氧。心脏 – 循环系统中能用来测试你的体能的指标是脉率（在数值上等于心率，人体的脉率以安静时的脉率和最大脉率作为衡量标准）、血压和血液中的乳酸含量。摄氧能力即摄取供血液运送到体内各处的氧气的能力，它也影响着你的体力。你训练得越充分，你的摄氧能力就越强，对氧气的利用率也越高。这方面的重要指标有血红蛋白的含量和所谓的最大摄氧能力。谈到氧气，呼吸系统就派上用场了。

呼吸系统

人类用以呼吸的器官根据地球和大气层为它提供的生存条件而进行了优化设计。它首先为人体提供氧气，同时又将二氧化碳排至体外，即吸气时吸入氧气，呼气时则排出二氧化碳。除了肺部以外，呼吸系统的构成部分还包括输送气体的通道，即鼻子、口腔、咽、喉和气管。通过呼吸摄入的氧气不仅对于维持身体机能来说不可或缺，而且也对你的体能有重要作用，因为肌肉吸收能量时需要用到氧气（参见第 48 页）。你知道吗？通常来说，人体只需要所吸入氧气总量的 1/4。另外，吸入的氧气中有一小部分不会被呼出，这一小部分即所谓的功能余气量。

呼吸系统中用来衡量体能的关键因素无法直接给出，因为我们要检测的氧气含量只有在血液里才能得到。与此相对，呼吸系统对心脏－循环系统的作用我们一目了然。如果你去找医生做肺部功能检查，首先要关注以下数值：1 秒的用力呼气量、肺活量和每分钟最大通气量（即每分钟你能呼出和吸入的最大气体量）。通常来说，1 秒的用力呼气量大约为用力肺活量的 80%，肺活量约为 5 升，每分钟最大通气量约为 150 升。如前文所说，通过这个检查并不能得出关于体能强弱的推断。肺功能检查更多的时候是在生病的情况下或者健康体检时进行的，而不是用来测体能的。

神经系统

大脑、脊髓和神经通路构成了人类的神经系统。它的主要任务是对外界信息以及各种心理活动进行储存、加工并在不同的情况下指导身体做出相应的反应。神经系统由中枢神经系统和周围神经系统两大部分共同组成。中枢神经系统包括脑和脊髓，是神经系统的主要部分，起控制作用。周围神经系统包括脑神经和脊神经。总体来看，神经系统又可以分为躯体神经系统（又称随意神经系统）和自主神经系统（又称不随意神经系统）。躯体神经系统控制躯体的随意活动，以适应外界环境。骨骼肌受躯体神经系统控制，以完成所需的运动。当你的手指触及书本的右侧时，你的大脑就会根据“翻页”的企图向需要用到的肌肉发出相应的神经冲动。

自主神经系统不受意志支配，可控制体内各器官、系统中的平滑肌、心肌、腺体等的功能。你不能在某个时刻控制你的某段肠道的活动或者降低血压，也没办法控制自己心脏的收缩。这些活动都是自主的，你无法随意控制。自主神经系统可以进一步细分为交感神经系统、副交感神经系统和肠神经系统。肠神经系统的主要功能是调节胃肠道的消化过程，交感神经系统和副交感神经系统则相互拮抗，它们通常有不同的任务。简单来说，交感神经系统使你的身体更加活跃。它可以通过提升血压、扩张支气管或者加快心跳来提高人体的工作能力。相反，副交感神经系统则起着平衡作用，抑制过度兴奋的体内各器官，使它们得到必要的休息。它自动控制着人体的机能，可缩小支气管，并在机体的休整恢

关于神经的小知识

- 神经细胞的长度可达 1.5 米。
- 神经传导脉冲的速度是大约每秒 56 米。
- 最大的神经细胞是坐骨神经细胞，它的直径可达 2 厘米。

甲状腺激素的重要作用

人体内有两种重要的激素：甲状腺激素 T3 和甲状腺素。当这两种激素的含量不够时，其他激素也无法正常发挥作用。怎样发现自己缺乏这两种激素呢？如果你经常觉得疲惫、无法集中注意力或者体重无端增加，那么你最好去医院检测一下甲状腺激素水平。

复方面起重要作用，比如高强度训练后的再生阶段。

神经系统的两大组成部分（即躯体神经系统和自主神经系统）是相互协同运作的，即使在运动中也是如此。比方说，当你做俯卧撑的时候，躯体神经系统负责唤醒所需的肌肉，自主神经系统负责提升心率和血压，以使肌肉获得更好的营养供给。自主神经系统还会通过抑制人体的其他功能来保证肌肉的工作能力，比如降低消化道蠕动的速度。因此，在紧张状态下，调动人体活跃度的交感神经系统发挥了比副交感神经系统更大的作用。

即使神经系统中没有可以直接用来确定你的体能强弱的指标，但有一点是毋庸置疑的，即定期进行锻炼有助于神经系统的更好运转。首先，定期锻炼能改善躯体神经系统的运转情况，系统内日渐精准的协调工作有助于对肌肉的控制，经常重复的运动模式会整体地保存在你的大脑中，因此也更容易被唤起。所以你不需要每次坐在自行车座上的时候都重新学一遍如何骑自行车。

自主神经系统也会受锻炼的影响，从而更好地运转。当你在工作中总是觉得自己的压力很大时，这可能是由于交感神经系统和副交感神经系统间的平衡失调造成的。如果自主神经系统的平衡被打破，便会出现各种各样的后果：除了压力大以外还有焦虑、失眠乃至筋疲力尽。运动能对此起到调节作用，你能切实地通过运动减轻自己的压力。在这些过程中，在自主神经系统里起决定性作用的是激素（或者说神经递质），如肾上腺素和乙酰胆碱等。

内分泌系统

在内分泌系统中有大量的腺体，如大脑中的松果体、甲状腺和肾上腺。人体内的这些腺体能产生 30 多种激素。那么到底什么是激素呢？激素可以说是一种把信息从一个细胞传递到另一个细胞的化学信使，从而影响机体内其他细胞的活动。有些激素能使体内信息传导的速度加快、兴奋度提高，如肾上腺素和睾酮。其他激素则会抑制体内信息的传导，如褪黑素。总体来看，激素在人体内发挥着多种多样的作用。比如，胰岛素能降低血糖浓度，血清素会影响人的心情，胃泌素可以刺激胃壁细胞分泌胃酸，抗利尿激素是尿液浓缩和稀释的关键性调节激素。前文中提到的乙酰胆碱在自主神经系统中参与神经传导。

因为一部分激素对心脏－循环系统、神经系统和呼吸系统都有影响，从这个角度看，激素对人的体能也发挥着决定性的作用，这也间接导致了兴奋剂的滥用。我们可以通过运动改善自己的内分泌系统。当内分泌系统习惯了在高强度的运动中运作时，它平时的工作效率就能得以提高。

感觉系统

如果你不能感知身边的环境，那么你就不能对外界刺激做出反应，也不能进行有目的的活动。当然，躯体方向感和空间感知力对你的活动能力也有很大的影响。比如，有些人在闭着眼睛的时候很难用食指触碰自己的鼻尖或者用单脚站立。毫无疑问，人体通过眼睛、耳朵、鼻子、舌头和皮肤这 5 个感觉器官收集了很多来自外界的信息和刺激，以此产生对外在世界的知觉。而在你的身体里有各种各样的接收器来处理这些信息，让你一天二十四小时都是自己身体的主宰。

感觉器官是神经系统中处理感觉信息的“感受器”的一部分。“感受器”组成了一个系统，它不仅通过感觉器官接收感觉刺激，而且还对其进行传递和加工（通过神经通道到达大脑皮层）。

相比之下，光感受器（包括眼睛）发挥了最重要的作用，因为它直接影响了人体的运动能力，尤其是那些需要快速反应和做出预判的运动，比如球类运动和对抗运动。在无器械训练中，你也需要用到光感受器，比如在公园的长椅上做跳箱练习时。听觉感受器（耳朵作为感觉器官）也传递了许多重要的信息和刺激，比如在团队运动中。触觉感受器（皮肤作为感觉器官）也一直是人体的最佳顾问，比如你在树干或者沙滩上做俯卧撑的时候，它可以在运动控制方面发挥重要作用。

具有重要意义的还有动觉感受器。在动觉感受器中，所谓的本体感觉接收器会对收到的反馈进行加工处理。这些本体感觉接收器藏在肌肉、肌腱和关节中，能够收集诸如关节伸屈和肌肉紧张度变化等信息。这也确保了人们每次都能精确地根据大脑的指挥来进行活动。

通常来说，前庭感受器就是负责平衡感的。内耳的平衡器官持续不断地测定我们头部的空间位置及运动方向，使我们能够保持直立。

无器械训练尤其对人在空间中的方向感知有帮助。经常在不稳定或者不平坦的地面上进行训练，经常用单脚完成某种活动，或者经常倒着跑步，这些都能在很大程度上锻炼你的平衡感。这也适用于其他系统，比如肌肉运动知觉会通过定期的锻炼日趋完善，因为你在潜意识里会更了解自己的身体。

运动系统（肌肉 – 骨骼系统）

就像 1 升高性能汽油和一块汽车蓄电池都无法单独使汽车行进一样，肌肉 – 骨骼系统也无法单独运动。它需要外力来驱动：主动和被动的运动器官。这部分内容会在后文中进行详细阐释，将涉及能让你拥有最佳体能和迷人外表的肌肉系统。

其他身体系统

其他身体系统也会对体能产生影响，尽管影响的程度较低，但你仍然有必要知道它们的存在，它们在人体的整体运作中起到的作用是不能被忽视的。首先是消化系统和泌尿系统，它们作用于食物的消化和吸收过程，提供机体所需的物质和能量。免疫系统也对体能有影响，因为它能防止病原体入侵你的身体。最后还有作为人体最大组织的皮肤，它也影响着你的体能。皮肤承担新陈代谢的任务，支撑着免疫系统工作，在运动中还能调节身体的温度，比如通过出汗来降温。

骨骼和肌肉：人类的支撑和运动器官

你在运动的时候都活动了哪里？前文描述的那几个人们肉眼看不见但作用相当于人体“软件”的系统究竟是靠什么运行的呢？答案很简单：靠的是主动和被动的运动器官。

从运动角度看，主动部分主要由肌肉构成，骨骼则是被动部分。同时，骨骼作为联结枢纽，实际上构成了人体形态的基础。这个结构是支撑身体姿态及运动的力学基础。第 24 页的表格展示了主动和被动运动器官的组成部分。

被动运动器官：骨骼系统

一个成年人的骨架由 200 多块骨头构成，其中大概有 180 块直接参与了人体运动。除了骨头外，关节、韧带、关节囊以及软骨也属于被动运动器官。总体来看，这样的一个由骨杠杆和轴关节互相联结而成的系统是在肌肉发力带动下进行活动的。骨骼系统一方面可以使身体通过肌肉用力进行主动发力；另一方面可以使身体承受外力，尤其是在无器械训练中发挥重要作用的重力。其他外力还有力量训练中杠铃所受的重力、对抗运动中对手施加的力以及旋转运动中的离心力等。

人体骨骼的质量一般只占体重的 12% 左右，也就是说一位 80 千克的男士的骨骼质量不及 10 千克。骨骼质量的个体差异较小，这对那些试图用自己的骨头重来解释自己体重超标的人来说是个坏消息。

人体骨骼分为躯干骨、颅骨和四肢骨。四肢骨不仅包括手臂和腿部的骨头，而且也包括肩胛骨和骨盆。下一页中的图示可以让你对人体骨骼有更清晰的认识。

不同的骨头类型

人体中最大的骨头是腿部的股骨，最小的是中耳中的镫骨，骨头的大小不一。经过上百万年的演化后，如今每一块骨头都已经适应了它所在的位置，并且有相应的功能。当然，大自然也给了人类一定的提升空间，比如腰椎的结构还不是最适合直立行走的。但基本上你可以对自己身体里巧妙的骨骼结构感到

骨质流失是普遍现象

别被这一事实吓倒：你已经失去了 100 多块骨头！这是怎么发生的呢？当一个婴儿来到这个世界上时，他的体内约有 350 块骨头。随着身体的发育，许多骨头会长到一起。这一过程也可以用来测量成长中的孩子的骨龄。大约 20 岁时，人体的骨骼基本上就完全发育好了，这时人体内还有 200 余块骨头。

满意了，至少它作为健身器械是完全合格的。

骨头大致可以分为两大类：扁平骨和管状骨。扁平骨主要用于保护和支撑身体，比如肩胛骨和骨盆。后者是躯干和下肢之间的骨性连接结构，是支持躯干和保护盆腔内脏器的重要结构。扁平骨比较重，骨密度比较大，矿物质含量也比较高，这样它们才能更好地应对各种各样的受力状况。

管状骨则是身体里最完美的杠杆。管状骨普遍非常稳定，以便在运动中承受较大的杠杆力。另外，由于管状骨呈长管状，所以它们比较轻，较小的质量和惯性有利于它们充分发挥杠杆运动中的支撑作用。最简单的例子是腿部和手臂中的长骨。

骨头的构成

从细节上来说，每块骨头的构成都因为它在身体里的具体位置和作用的不同而有所不同，但所有的骨头之间还是有一些共同点的。首先，骨头并不是静止不动的，而是活跃、有生命力的。确切地说，骨骼的细胞组织会不断更新，骨骼细胞里储存的无机物（如钙等）占了骨骼质量的 60%，而剩下的有机成分含 10% 的水。无机物和有机物含量的比例会随着年龄的增长而改变，儿童骨骼里无机物和有机物含量的比例大概为 1 ∶ 1，而七八十岁的老年人的骨骼里，无机物的含量比有机物多出六七倍。随着年龄的增长，骨骼会变得又硬又脆。

人体的骨骼

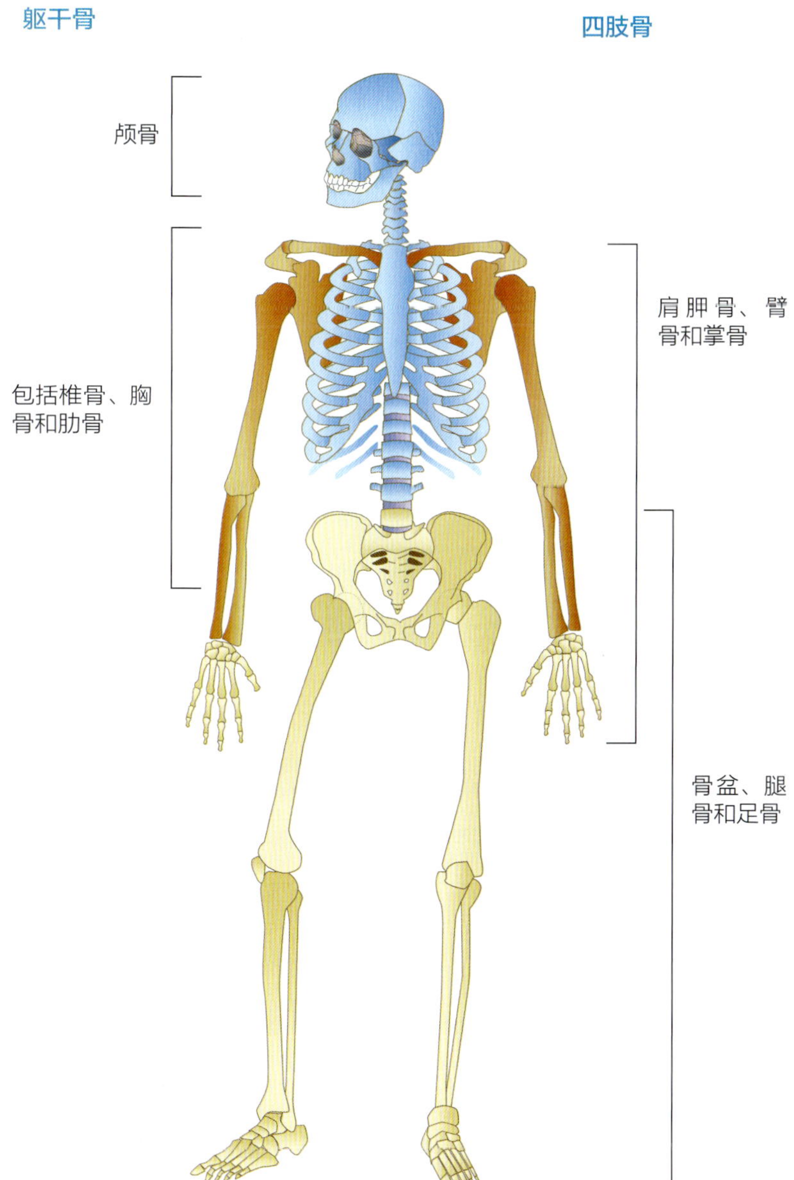

肌肉－骨骼系统的组成		
名称	作用	说明
骨头	·支撑人体架构； ·为肌肉提供着力点； ·保护体内器官； ·支持生存所必需的生理活动，如呼吸（用到胸廓）； ·造血（由骨髓完成）； ·储存矿物质，如钙和磷	人体里200余块骨头中的每一块都发挥着一种或者多种所列举的作用
关节	·是指两块骨头之间能活动的连接部位； ·使人体活动自如； ·在骨头间进行力量传导	比如肩关节、肘关节、指关节、膝关节和椎间关节等
韧带	·加强关节的稳定性； ·在骨头之间建立连接； ·控制肌肉和肌腱的拉伸方向； ·防止肌肉过度拉伸	比如膝关节的十字韧带和肩关节韧带
肌肉	·使身体维持姿势或移动； ·对人体有保温作用； ·保护内脏； ·支持生存所必需的生理活动，如心跳和呼吸； ·能对碰撞等产生的压力起到缓冲作用	人体内的600多块骨骼肌都发挥着所列举的一种或多种作用
肌腱	·牵引骨骼和肌肉； ·承受骨骼和肌肉之间相互作用的力； ·它的灵活性有助于高效率地存储和提供能量； ·起缓冲作用，保护肌肉组织	位于全身的600多块骨骼肌上
腱鞘	·对肌腱有保护和约束作用，对较长的肌腱来说更是如此； ·减少肌腱活动时的摩擦	比如小臂肌腱和跟腱的腱鞘
关节囊	·关节囊为纤维状囊袋，内衬以滑膜或细胞，含少量黏液，以减少相邻组织间的摩擦	比如肘部和肩部的关节囊
籽骨	·籽骨是嵌入肌腱内的骨组织，能起到保护肌腱和提高其机械性能的作用 ·它的存在可以使肌腱稍微远离关节中心，从而使力矩增大	比如髌骨、腕关节中的豌豆骨
筋膜	·筋膜是一种致密的结缔组织，贯穿、联结全身上下； ·可以传导机械张力，传递运动指令	肌肉、肌纤维束、肌纤维上的筋膜

每块骨头上都覆有一层结缔组织，即骨膜，它可以起到保护骨组织的作用。骨膜底下是坚硬致密的密质骨和质地相对疏松的松质骨，两者都有着支撑和确保骨头稳定、结实的功能。松质骨这种有缝隙的结构就像海绵组织一样，既有较轻的质量又相对稳定。密质骨和松质骨的结合使得骨头不仅牢固、稳定、结实，而且灵活、有弹性。出乎意料的是，人的骨头的弹性比得上德国的橡木，其弯曲强度和高质量的钢不相上下，拉伸强度和铝差不多，而硬度则是花岗岩的两倍！

在较大的骨头的内部填充着骨髓，骨髓里每天可以生成数十亿个血细胞，准确地说是对止血至关重要的血小板、运送氧气的红细胞和免疫系统的组成部分——白细胞。

骨头的连接：关节

单独一块骨头并不能完成运动，即使是多块骨头，如果没有之间的连接部分，它们也发挥不了任何作用。两块骨头之间的连接部位称为关节。人体里不同位置的关节的类型取决于它需要完成什么动作以及骨头间需要的稳定性的强弱。如果你的目的不仅是要在训练中取得最佳效果，而且要尽量减少受伤，那么建议你多了解一些人体重要关节的相关知识。

关节的构成

人体里有 100 多个关节，以供人体活动之需。除了没有关节腔的不动关节以外，其余的动关节都有以下组成部分。

- 关节腔：将关节接触面或者说两块骨头隔开，形成腔隙。
- 关节囊：整个关节由非常脆弱的关节囊包裹着，其外层由致密的结缔组织构成，起到保护关节的作用，而内层为滑膜层，滑膜向关节腔内分泌滑液，使关节间的摩擦减小，更为灵活。运动能直接促进滑膜分泌滑液，这也是每次训练前我们必须做热身运动的原因。
- 关节软骨：位于关节中相互接触的骨头的表面，使得骨头间的摩擦减小。关节软骨对关节的健康和正常活动来说十分重要，它所需的营养成分主要由关节腔的滑液供应。
- 韧带：根据不同的需求，关节韧带会对关节有不同程度的加固作用。
- 关节周围的肌肉组织不仅可带动关节运动，而且还能保护关节。

这样可以使你的骨头更强壮

在前文中你已经了解到骨组织是活的，它会对外界施加的影响做出相应的反应，所以有规律的训练能对骨密度的提高和骨小梁的增粗起到积极作用，使得骨骼的结构更加稳定。运动是抵御骨骼系统最常见问题的一大良方，即能有效地对抗骨质疏松症。

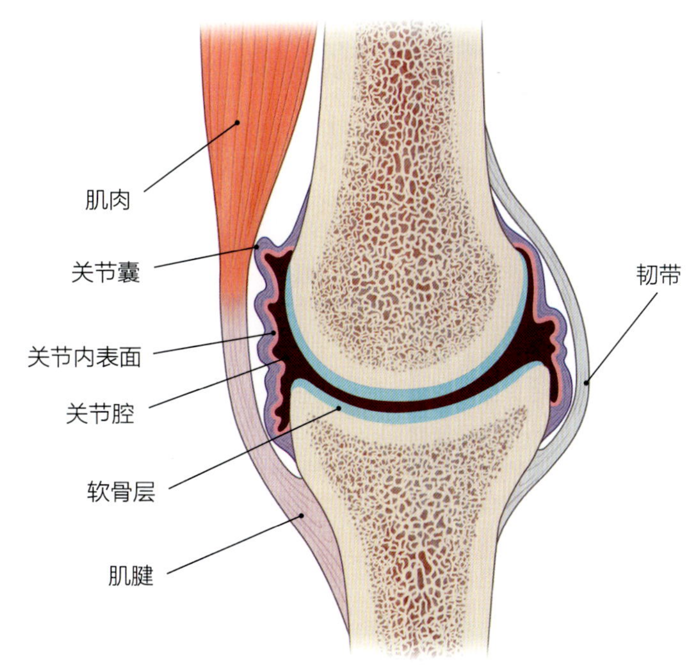

人体的关节类型		
关节结构	运动方向	训练建议
球窝关节 球窝关节是最灵活的一种关节。可移动骨头的末端呈圆球状，刚好可以塞入固定骨头的臼窝中，比如肱骨塞进肩胛骨上端。骨头可以旋转以及朝各个方向自由转动。除了肩关节以外，髋关节也是球窝关节		• 在训练中最好充分利用关节的活动半径，以保持它的灵活度。 • 训练中一定要注意肩关节，它很灵活，同时也很容易受伤。 • 对于关节周围的肌肉，要均衡协调地进行训练，不要忽视某一边的肌肉，否则会造成肌力不平衡甚至关节内软骨移位，很可能导致关节受伤
铰链关节 铰链关节是最简单的一种关节类型，像门上的铰链一样只能在一个平面内移动。出于安全考虑，你需要知道这一点，并且在运动中只在这个平面上屈伸关节。人体的铰链关节只能上下运动，无法左右运动。最典型的铰链关节是肘关节和指关节。膝关节也经常被看作铰链关节。解剖学中关于膝关节更准确的表述是它是复合关节，由股骨下端、胫骨上端和髌骨构成，是车轴关节和铰链关节的结合体		• 在运动中，要保持你的铰链关节只在一个平面上活动，这样才能保护好关节。因为像膝关节这样承重的铰链关节非常容易在旋转活动的时候受伤，这也是很多足球运动员膝关节韧带撕裂的原因。 • 在负重的时候不要将膝关节撑直，否则膝关节没有肌肉的保护，骨头表面紧紧相邻，非常危险。如果你曾意外地在腿伸直的时候一脚踏空踩进某个坑里，你就知道这种痛感。这也从侧面说明了肌肉的牵引对关节来说很重要
鞍状关节 大拇指和掌骨之间的连接关节是唯一的鞍状关节，大拇指和掌骨可沿对方进行双向移动。但大拇指不能做回旋活动，请不要轻易尝试		• 大拇指和掌骨间的关节很少承受较大的作用力。万一要用它来受力的话（比如做三指支撑的俯卧撑），一定要确保负荷在它的承受范围内。 • 不要刻意将大拇指过度伸直或者强行朝内弯曲。这种情况也不少见，比如你想要跳起来抓住较高的单杠，而由于不专心，手掌没有正确打开时

续表

人体的关节类型		
关节结构	运动方向	训练建议
椭球关节（又称髁状关节） 椭球关节有点类似于球窝关节，但活动范围比较小，因为它的旋转角度比较受限。椭球关节具有一个凸出的卵形头，嵌在一个凹陷的卵形杯中，两块骨头可相对前后或左右移动，在结合体中也可以旋转活动。一个典型的例子是腕部桡骨与腕骨之间的关节		• 包括腕部桡骨与腕骨之间的关节，大多数关节都应该只在最主要的活动范围内运动。对腕关节的一个保护办法是，在训练中一直使小臂肌肉保持紧绷状态（但不至于抽搐）。比如在做引体向上时，处于起始姿势时不要漫不经心地、松弛地悬挂着，而要绷紧躯干和手臂，这对肩部也有保护作用
旋转关节 人体内有两种旋转关节。其中一种是车轴关节，由活动的凹面状的关节窝与固定的圆柱状的关节头所构成，比如第一颈椎和第二颈椎之间的关节。另一种旋转关节则是像瓶塞一样的关节头在固定的凹状关节窝内活动，比如小臂的尺骨和桡骨之间的关节使小臂和手能够旋转	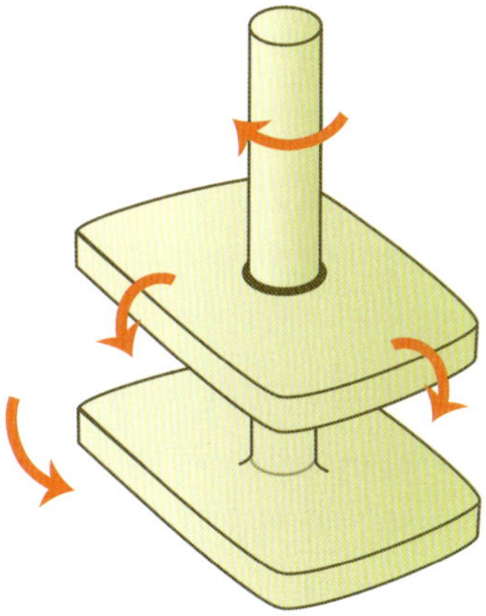	• 这种关节一定要按照左栏所标示的方向来受力。关节受力的时候，请尽可能不要活动它；不得已要活动的时候，一定要注意安全。比如在倒立的时候，一定不要转头！总的来说颈椎一定不能受剪切力。还有在拧干抹布的时候，手腕一定不能过度歪斜

身体中轴的魔杖：脊柱

在你的骨骼系统里有这么一个区域，它全天候地为你服务——在训练中、在日常生活中，甚至是在睡觉的时候。它就是在很多方面都起着中心作用的脊柱。脊柱由固定部分和活动部分构成。固定部分就像脊柱的基座，包括骶骨和尾骨。位于这个基座上的活动部分由 24 块椎骨构成，其中颈椎 7 块、胸椎 12 块、腰椎 5 块。

脊柱能使你的身体保持直立，控制你的手部和腿部力量，并且让你的躯干可以活动。与此同时，它也承受着来自各个方向的连续负重，重力时刻向下牵引着你的全身重量，即使很小幅度的运动也会产生压缩力、剪切力和扭力。慢跑时随随便便的一步都会对你的脊柱产生 3 倍于你的重量的压力。在体操运动员结束动作落地时，这个压力甚至能达到其重量的 24 倍。

为了能使脊柱顶住如此大的负荷，椎体需要强有力的结缔组织和椎间盘来起到缓冲保护作用。此外，还有不计其数的韧带来稳定住椎体，使其保持在适当的位置。另外，整个脊椎上椎骨间大大小小的肌肉也起到了相同的作用，这些肌肉构成了我们所说的竖脊肌。再加上本身有弹性而又灵活的双 S 形结构，脊椎因而具有强大的运动能力。脊柱的结构很复杂，但同时也非常容易受伤，这也是每次训练中不应该让背部承受不必要的负荷的原因。关于具体的训练安全须知，请见第 71 页起的内容。

椎间盘

椎间盘是连接相邻两个椎体的纤维软骨结构，长期承受着较大的压力。它日复一日地被扭曲、拉扯，或者受单边挤压。为了能胜任这样的角色，大自然给椎间盘设计了一个非常巧妙的结构，它由形状较为固定的纤维环状外壳和胶状的髓核两部分构成。髓核里的流质可以将单侧受到的压力均匀地传递出去，并使纤维环具有一定的灵活性。人在走路、站立和坐着的时候施加给椎间盘的压力会将流质从内核往外挤压，所以椎间盘会被压缩到一起。这个过程一整天都在持续，这也是你在晚上测量的身高会比早上矮一点的原因。晚上平躺着睡觉的时候，不再受挤压的椎间盘又会在流质的作用下，像海绵一样复原、舒展。这同时可以让椎间盘获得足够的养分，从而让纤维组织尽可能长久地保持活力和紧实。当第二天起床时，你的椎间盘又从头开始了一天的活动。

脊柱

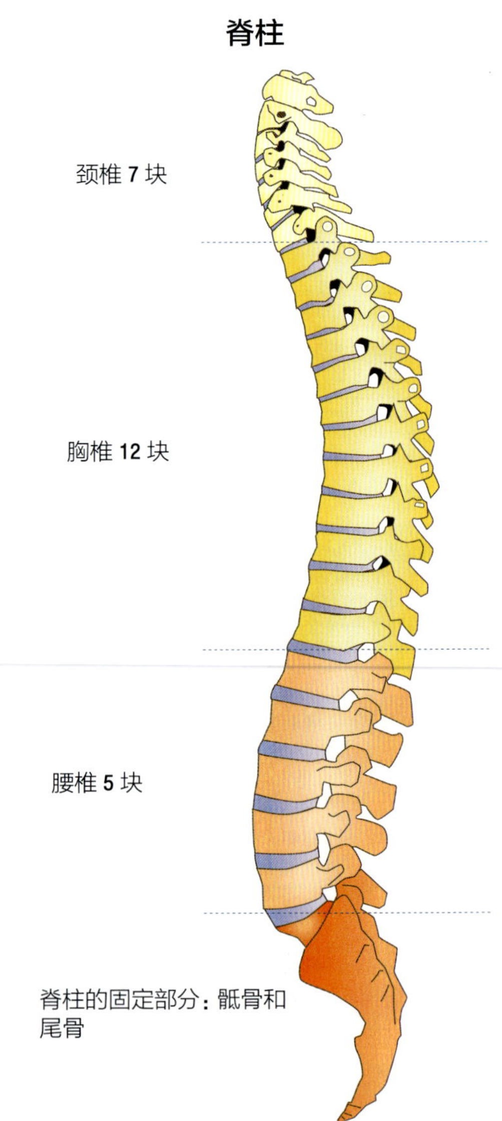

活跃的运动组织：肌肉

现在我们来讨论骨骼上的东西，那就是肌肉！如果没有肌肉的配合，骨骼将寸步难行。肌肉及其所谓的辅助部分（即筋膜、肌腱、嵌入的籽骨、腱鞘以及滑膜囊）构成了人体中最活跃的运动组织。

不管你的目标是拥有健美的身材、变得强壮、全面提高体能，还是只想减肥、变得健康，肌肉都是训练的重中之重，因为你的所有目标的达成都离不开它。肌肉可以消耗能量，完成你所能想到的活动，以及对你在各种训练中受到的负荷刺激做出反应。所以它也对你的身材负主要责任。第 30 页和第 31 页中的插图为你展示了人体内较大的肌肉和肌群。此外，本书也会告诉你哪些肌肉倾向于退化（因此原则上要加强训练），哪些肌肉则需要通过拉伸来防止变短。

这两张图片只能展现人体肌肉多样性的一小部分。人体肌肉的总数大于 600 块，它们支撑着人体，使人们能进行各种活动。全部肌肉的质量加起来大约占人体总质量的 40%。

不同的肌肉类型

肱二头肌、胸肌和股四头肌这些较常见的对你的训练目标有影响的肌肉都属于所谓的横纹肌（这个名字来源于人们通过显微镜观察到它们都呈横纹状）。横纹肌又被称为骨骼肌。人们可以任意控制的横纹肌数量大约为 400 块。

那么人体里剩下的 200 多块肌肉是什么呢？这部分肌肉称为平滑肌（在显微镜下可以看得更清楚），又称为内脏肌。这些对你的内脏和生理活动来说特别重要的肌肉不受你的意识控制。这为人类提供了极大的便利，难道你有兴趣一天二十四小时控制自己大肠的收缩？

除了上述这两种肌肉以外，还有一种特别重要的肌肉类型，即心肌。它呈横纹状，但不受人控制。尽管如此，你还是可以有意识地锻炼它（参见第 18 页）。

骨骼肌的构成

骨骼肌由上千条肌纤维构成。它们的结构非常精细纤巧，但能为你的日常活动和训练提供巨大的力量。以肱二头肌为例，它由大量的肌束构成，而每条肌束又由数条肌纤维组成。整个肌肉、每条肌束乃至每条肌纤维外面都由一层所谓的筋膜包裹着。筋膜是一种结缔组织，肌纤维外的筋膜（即肌内膜）极薄，而包裹在每块肌肉外的筋膜（即肌外膜）可以相互融合长成较厚的板状结缔组织鞘，比如六块腹肌的“凹槽”（腱划）。这些凹陷的结缔组织不再对肌纤维起紧实加固作用，而是防止腹部肌肉移位，起到类似于骨头对内脏器官的保护作用。

肌肉是人体的取暖器

肌肉是人体里最大的新陈代谢器官！它非常活跃，每时每刻都在消耗能量。不管你有没有用上肌肉，它一直都处于受力状态。这种静止时的肌张力消耗了人体总能量消耗的近 1/4。肌张力不仅让肌肉时刻处于待命状态，而且也让人体有了温度。这也是肌肉的另一个特征——它让你保持稳定的体温，因为你很少有机会能在人体需要的 36 摄氏度左右的环境里活动。你会在天气很冷的时候明显地察觉到肌肉的这个职能，因为低温下你会忍不住开始颤抖。这种颤抖是由于你的肌肉进行了快速而微弱的收缩活动，以使你的身体暖和起来。

人体肌肉组织正视图

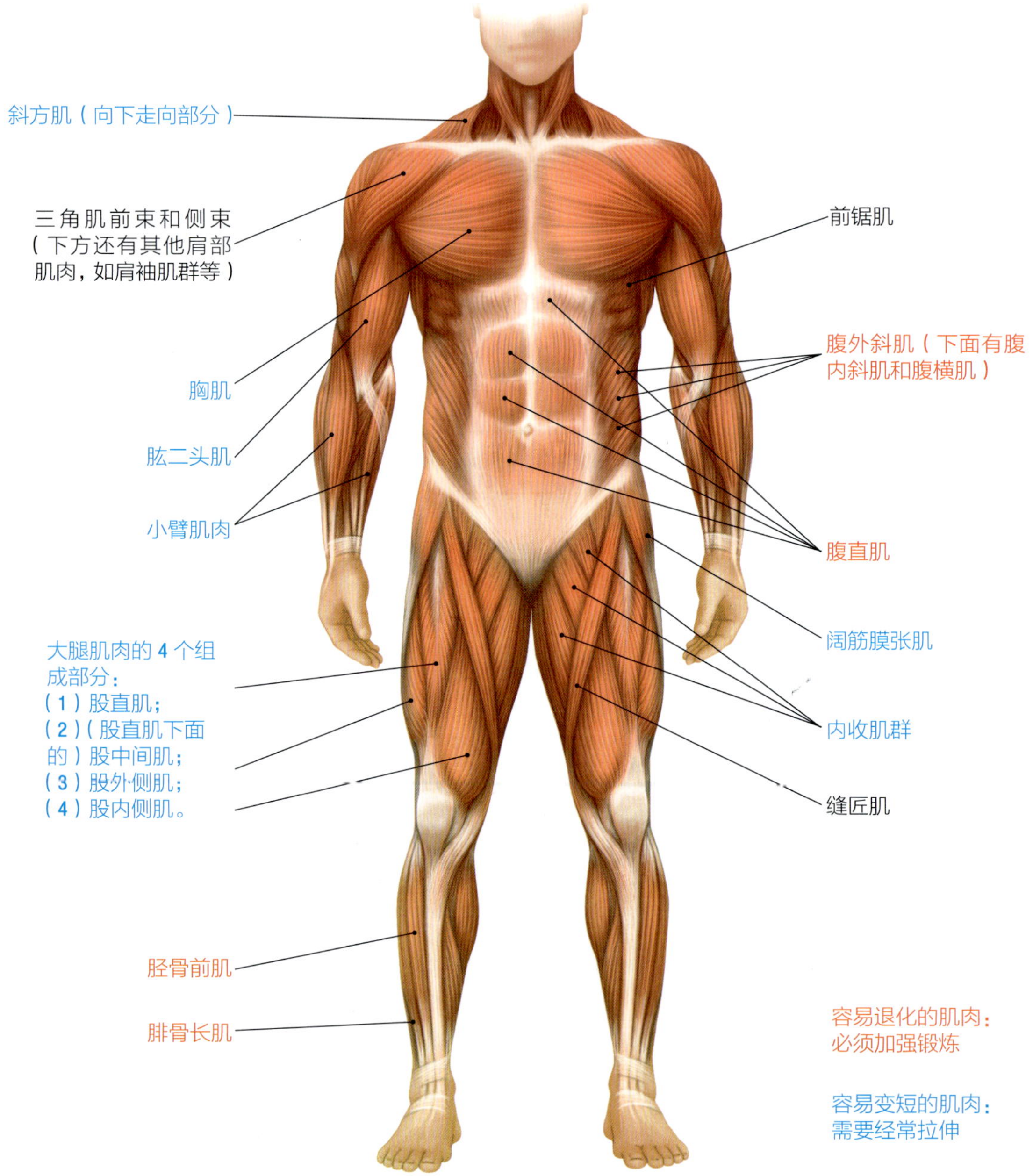

斜方肌（向下走向部分）

三角肌前束和侧束（下方还有其他肩部肌肉，如肩袖肌群等）

胸肌

肱二头肌

小臂肌肉

大腿肌肉的 4 个组成部分：
（1）股直肌；
（2）（股直肌下面的）股中间肌；
（3）股外侧肌；
（4）股内侧肌。

胫骨前肌

腓骨长肌

前锯肌

腹外斜肌（下面有腹内斜肌和腹横肌）

腹直肌

阔筋膜张肌

内收肌群

缝匠肌

容易退化的肌肉：必须加强锻炼

容易变短的肌肉：需要经常拉伸

人体肌肉组织背视图

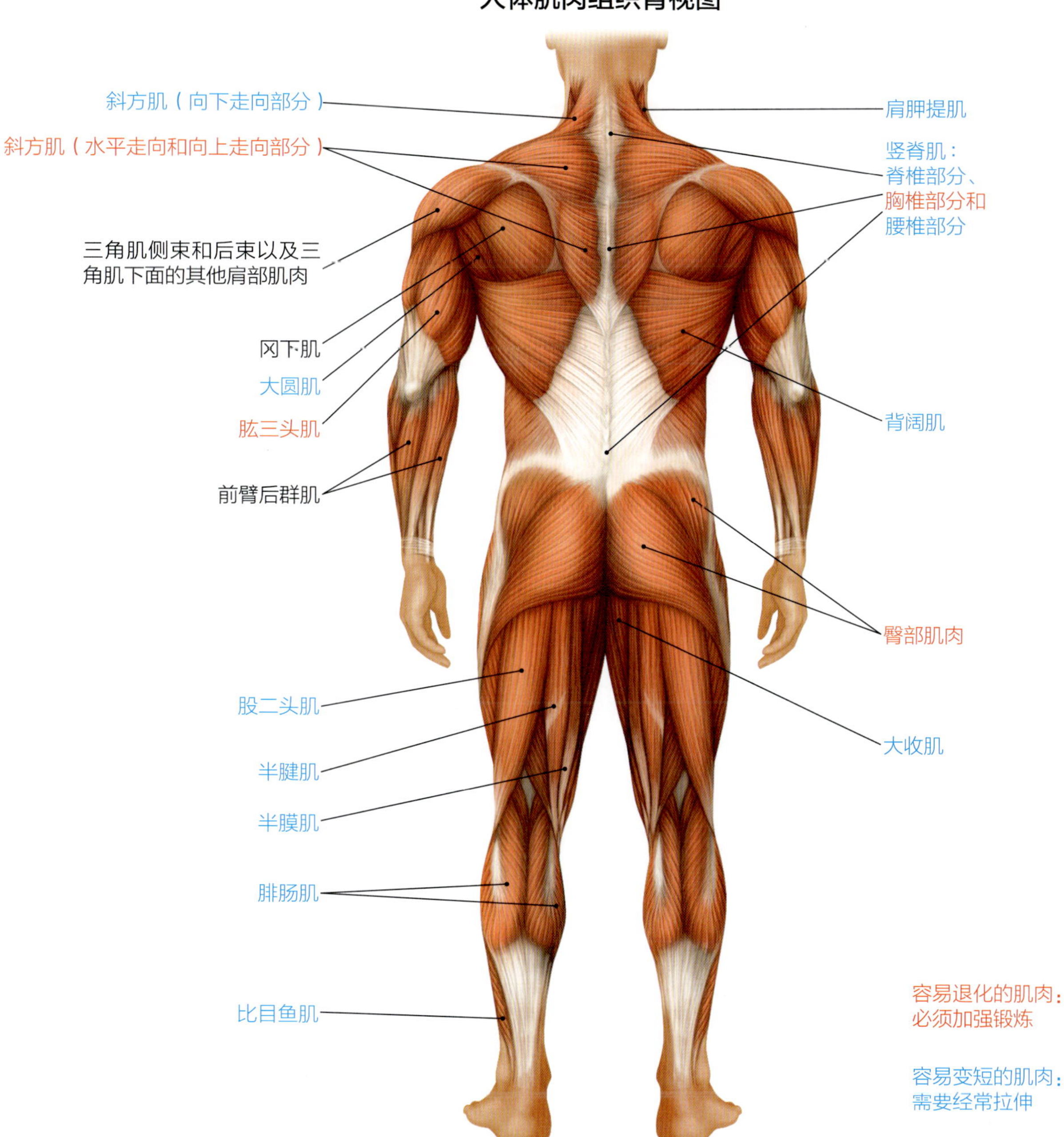

容易退化的肌肉：
必须加强锻炼

容易变短的肌肉：
需要经常拉伸

骨骼肌的构成

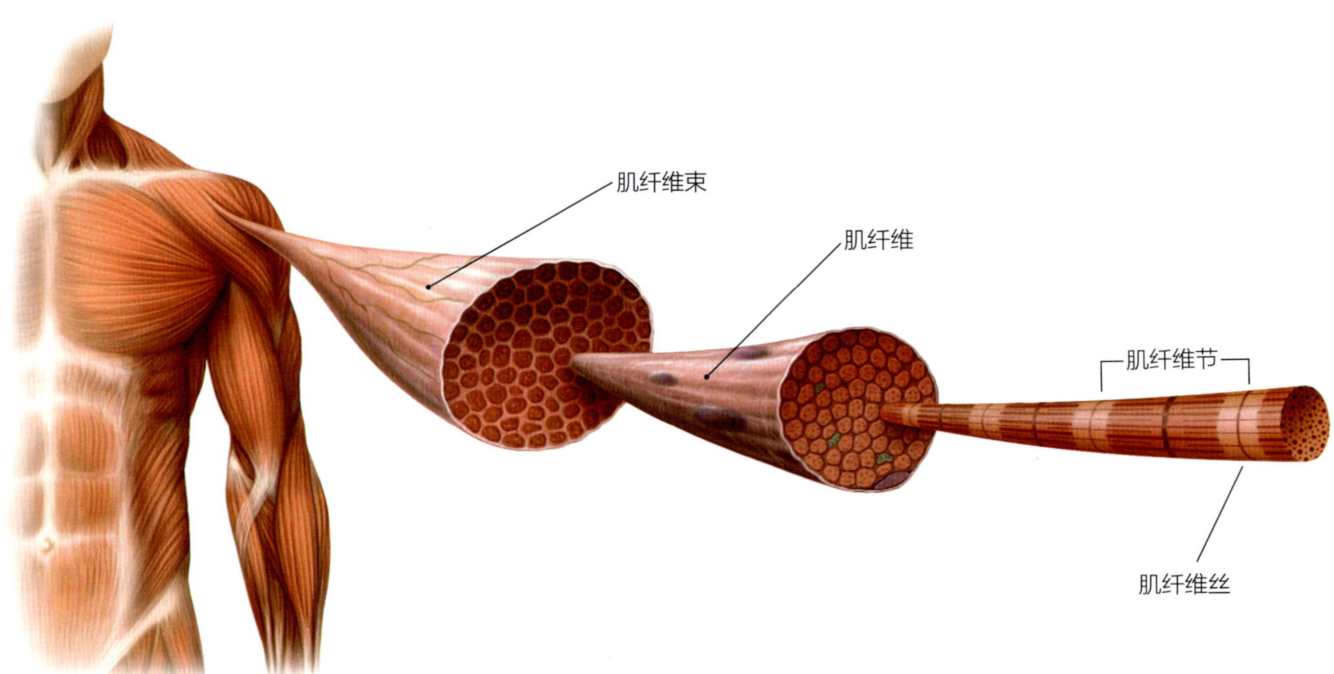

这个筋膜系统不仅包绕着肌肉，而且贯穿全身，将全身各部分相互连接在一起。筋膜上有很多刺激接收器，可以接收并传递肌肉的状态、运动神经的冲动、痛感等信息。如果没有这些信息，你就不能进行任何活动，你的肌肉也基本上丧失了运动能力。筋膜还有另外一个非常关键的作用，就是协调身体活动时各块肌肉的动作。任何一个活动都不例外，因为没有一个活动能由某块肌肉单独完成。

肌肉内的力量增长

那么，肌肉如何让你完成诸如俯卧撑和按遥控器之类的动作呢？当你观察单条肌纤维（肌纤维实际上就是肌细胞）时，你就能找到答案。在肌纤维里有多个细胞核，此外还有所谓的线粒体。它们是肌纤维的“发电站”，因为它们可以利用碳水化合物和脂肪来获取能量。

肌纤维里占据空间最大的是肌原纤维。肌原纤维是一种细长的纤维状结构，由数百个肌纤维节（简称肌节）构成。肌节是最小的并列存在的蛋白质纤维，里面有可收缩的元素，控制着肌肉的收缩。这种元素受指令的控制在一定程度上互相融合，将肌节牵引在一起。这一过程几乎同时会在其他肌节里发生，而且是在多条肌纤维内同时发生，所以就导致了肌肉收缩。

为了实现肌肉的收缩，肌节里的可收缩元素（或者确切地说是肌纤维丝）需要接收来自大脑的信号。这种从大脑传出来的神经冲动叫作动作电位。肌纤维收缩的强度主要由动作电位的传输频率决定。神经冲动经过所谓的神经肌肉接触面最终进入肌肉组织。这是神经系统和肌肉系统之间的一个很复杂的转变，在每一个肌纤维中都会发生。

不管你需要用多大的力气，肌肉内的所有肌纤维从来不会同时起作用。一方面这是一种保护机制，另一方面也是一个节省人体能量的简单举措，让你可以更长时间地保持体能。你的肌肉可以在你没意识到的情况下，用充满活力的新肌纤维替换掉因为收缩运动而筋疲力尽的旧肌纤维。

通过 3 种方法拥有最大肌肉力量

肌肉组织有 3 种增强力量的途径。

1. 向心式动力性工作

当你做屈肘动作时，肌节里的可收缩元素被牵拉到一起，肱二头肌鼓起，肌纤维缩短，这时候你的肌肉做的是向心式动力性工作。

2. 离心式动力性工作

当收缩的肌肉在力的作用下再次伸展开来，你的肌肉做的就是离心式动力性工作。比如，在做引体向上过程中，当你从最高点慢慢地降下来时，受力的肌肉（如背阔肌）的肌纤维就会逐渐放松，直至伸展开。但是一定不能一下子突然降下来，否则你会像一个浸过水的布袋一样急速往下坠。这不仅让人看着别扭，而且会有受伤的风险。你也应该做这方面的相关

肌节的图示

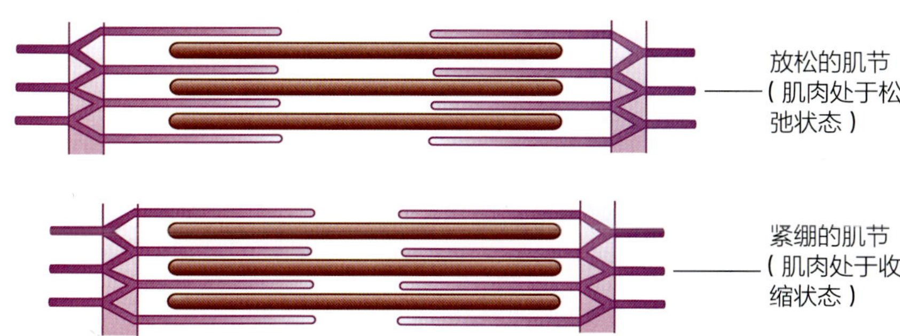

训练，提高身体的制动能力，以使肌肉能在这种情况下对付重力的影响。此外，在离心式动力性工作中，肌肉能发挥出最大的力量。继续以引体向上为例，如果有人在你达到最高点的时候给你增加额外的负重，那么你尚能可控地往下降，但当你要再次把自己向上拉的时候，就会觉得困难得多，甚至完成不了。

静力性工作

另外一种可以让肌纤维增加力量的途径是静力性工作。当你做引体向上到达最高点时，保持这个姿势几秒。这时你没有做任何有运动路径的肌肉收缩，但肌肉还是能支持你悬停在高处。这种收缩形式称为静力性工作或等距工作（肌肉绷紧，但其长度没有变化）。

不管是卷腹运动、引体向上还是肱二头肌弯举，这些运动都包含了上述3种肌肉收缩形式。当你做引体向上的时候，把自己向上拉的过程是向心式动力性工作，接着保持在最高点几秒是静力性工作，最后慢慢往下降则是离心式动力性工作。

肌肉扮演的角色

每个动作的完成往往需要多块肌肉协同工作，每块肌肉在其中发挥着不同的作用。

（1）为运动提供主要力量的肌肉称为主动肌。在引体向上的例子中，背阔肌就是主动肌，因为它起到了使高抬着的手臂靠近躯干的作用（并且将身体往上拉升）。

（2）从主动肌的视角看，往相反的方向用力且不能单独完成某个运动，而是起到制动作用的肌肉称为对抗肌。在引体向上的例子中，三角肌中负责手臂抬高的部分就是对抗肌。

（3）在运动中不发挥主要作用，但也主动地参与了运动的肌肉称为次动肌。在引体向上的例子中（特别是你采取反握的姿势时），负责手臂弯曲的肱二头肌就是次动肌。引体向上是综合型运动，既有将身体往上拉的动作，又有屈臂的动作。

下页的表格中列举了一些主动肌及其对抗肌。这张表只是举例说明了一下，并没有完整地列举所有相关的肌肉。

只有合力才有力

人们的生活很复杂，任何一个动作的完成都不简单。比如，绷紧身体，控制住臀屈肌，抬起一条大腿，接着弯曲同一侧的膝关节，脚稍稍往前伸并接触地面，这时才完成了一个迈步动作。肩部使力，抬起一只手臂，肘关节弯曲，手掌朝着脸的方向移动，转动小臂，将食指伸进鼻孔，最后转动手指关节，这才完成了一个挖鼻孔的动作。

这些动作和其他所有动作都需要主动肌、对抗肌和次动肌参与。为什么呢？

首先，没有任何一块肌肉可以单独完

肌肉系统里的主动肌及其对抗肌	
主动肌	与之相对应的对抗肌（也可以对调）
肱二头肌	肱三头肌
手部屈肌	手部伸肌
背阔肌	三角肌和胸大肌
三角肌前束	三角肌后束
胸大肌	三角肌后束
腹直肌	竖脊肌
腹斜肌（右）	腹斜肌（左）
臀屈肌	臀伸肌
股四头肌	股二头肌
内收肌群	外展肌
腓肠肌	胫骨肌

成拉伸动作。一块收缩的肌肉需要由另一块相对应的肌肉将它拉伸到收缩前的状态。主动肌和对抗肌（比如肱二头肌和肱三头肌）永远都是协同运作的，其中一个的绷紧程度取决于另一个。这个非常重要的主动–对抗关系也适用于整个肌群。只有当你身体前部的腹肌、体侧的腹外斜肌和背上的竖脊肌都均衡用力时，你才能保持笔直的站立姿势。这个平衡被打破，就会导致站姿出现问题，或者导致不受控（或者不能精准控制）的动作。在最糟糕的情况下，这种主动–对抗平衡的长期失调（比如上述关于站姿的例子）可能会导致疼痛或不适。所以这里提醒你，要给予主动肌和对抗肌同样的关注，注意它们之间的平衡（可以参见第 51 页介绍的训练守则 10）。

其次，即使一个简单的动作也能分解成更小的动作，而这无疑需要很多肌肉参与。许多无器械训练（包括本书中介绍的内容）之所以显得尤为高效，是因为这些无器械训练包括了复杂的或简单的符合人体构造的运动，也就是你在日常生活中经常会做的运动。通过无器械训练，你能锻炼这些参与协同运动的肌肉，使它们更“聪明”。而肌肉的“智商”决定了你多有力、多灵活、多快。单说某一块肌肉的力量、灵敏度和速度并没有多大的意义，协同运作的整个肌肉链的工作能力才是关键。全面锻炼身体的第一步就是全面设计自己的训练计划，时刻清楚自己的身体完成的是什么样的运动。

充分发挥作用

每块肌肉都有它的主要作用，但上述的 **3** 个角色（即主动肌、次动肌、对抗肌）它都能胜任。当你将正常的引体向上反着做，比如靠墙倒立推肩运动（参见第 **151** 页），肌肉的分工相对于引体向上就改变了，三角肌变成了主动肌，它控制着身体的下沉并对抗重力往上撑。此时，肱三头肌则是强有力的次动肌，控制着手臂的伸展。背阔肌变成了对抗肌，在身体下降的过程中起到制动作用。

人体运动功能区的划分

上文提到了运动具有复杂性，所以本书主要讨论训练对较大肌群的影响，而不是对每块肌肉的影响。本书并不介绍单独针对肱二头肌、背阔肌、腓肠肌等的训练内容，而是以所谓的功能区为基础介绍相关训练。这些训练都是针对功能区比较典型的运动及功能要点来设计的，考虑到了身体活动的不同层面。此外，它们还涉及了一些非常重要的作用。

功能区之间并不是相互独立的，它们相互交错、相互协作。它们在发挥各自的主要作用时，也共同发挥了功能性的作用。这一点在具体的运动中体现得淋漓尽致。你可以想象，标枪运动员在投掷的时候、网球运动员在发球的时候以及足球运动员在踢球的时候，功能区内所涉及的肌肉都会协同工作，以完成相应的动作。

这些是比较复杂的运动形式，但即使像迈出一步这样简单的动作（或许你还记得前文中详细讲过的挖鼻孔的例子），也只有在满足以下条件的情况下才能实现。

- 头部功能区的大脑里先要有运动计划，接着在眼睛等的配合下规划运动路线，然后将神经脉冲传输到肌肉上，最终给肌肉提供运动方向的信息。
- 腿部功能区完成向前迈步的动作。
- 手臂功能区要控制手臂向与同侧腿部运动方向相反的方向运动，这样才能完成直线朝前走的动作。
- 躯干功能区要控制手臂和腿部动作的协调性，传递力量，保持身体挺直。

在本书里，关于头部功能区和手臂功能区的内容将合并起来讲解。为什么？通常来说，头部会因为颈部肌肉所在的位置与脊柱相连而被归为躯干的一部分。之所以将头部和手臂结合起来，是因为手臂功能区位于颈部和肩部肌肉的交叉口。很多针对颈部肌肉的训练也适合背部，不过毫无疑问的是，躯干肌肉和上背部肌肉的过渡区域并不容易划分清楚。但是从已有的阐述中你应该可以推断出来，所有的肌肉都是密不可分的。

归根结底，头部功能区该和哪个功能区归在一起并不是一个重要的话题。尽管头部功能区作为人体控制中心所在的区域具有特别重要的意义，但从肌肉的角度看，它无疑是无足轻重的，针对颈部和头部肌肉的训练方式也非常有限。专门用一章来介绍点头、转头、歪头等动作显然毫无意义，相关训练见第 177 页。要强调的一点是：本书的内容是以锻炼为导向和目标来编排的，而如果从康复或复健训练等角度来考虑的话，内容就完全不一样了。

关于功能区之间密不可分的联系以及你经常完成的动作中涉及的骨骼和肌

针对单块肌肉的训练

你可能想要更准确地知道，哪种训练对应哪一块肌肉，或者什么样的训练可以用来有针对性地锻炼某一块肌肉。在训练中，首先涉及的肌肉在几乎所有的训练项目里都会被提到，而其余的肌肉则会在身体较长的部分受到训练时起作用。需要强调的是：很多训练并不会只涉及某块肌肉，而是会同时锻炼到很多肌肉甚至整个肌群。

肉的结构，你都应该熟记在心。最实用的是，在训练中你不妨常常问自己训练的动作是不是太单一了？如果是，怎么进行更全面的训练呢？全面训练的主要目的是让功能性训练涉及的肌群在日常生活中发挥最大的作用，另外还能达到提高体能和预防受伤的效果。

有了从功能性角度对肌肉工作原理的思考，你就可以将其无缝衔接到训练教程中了。在本书的相关章节里，你可以获取到所有值得了解的知识，让你的身体作为锻炼器械在今后能更加有目的性，达到最佳使用效率。

人体运动功能区

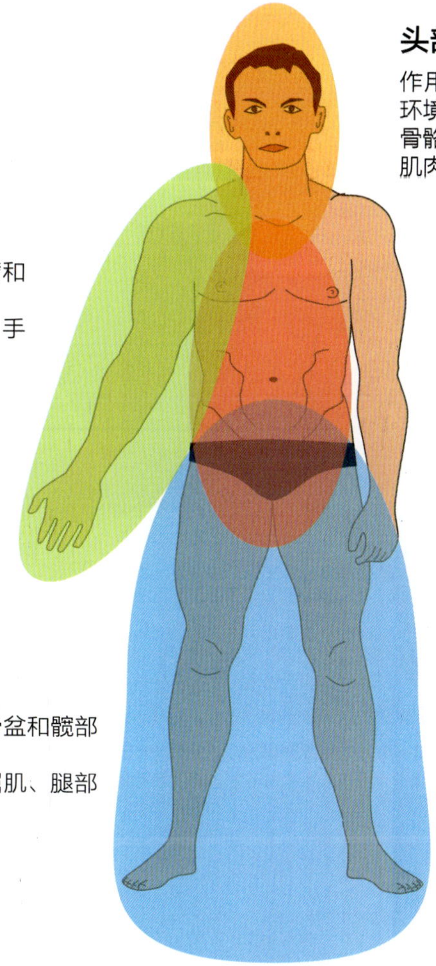

头部功能区

作用：作为控制中心（大脑），感知外界环境（眼睛和耳朵）
骨骼：头部、颈椎以及胸椎的最上节
肌肉：颈部肌肉

手臂功能区

作用：和外界建立联系
骨骼：肩胛骨、锁骨以及手臂和手部的骨骼
肌肉：胸部、上背部、肩部、手臂和手部的肌肉

躯干功能区

作用：控制身体的稳定性
骨骼：胸椎、腰椎、胸廓（包括肋骨）、骨盆和髋部区域
肌肉：腹部肌肉、竖脊肌以及其他起到稳定躯干作用的肌肉

腿部功能区

作用：走动
骨骼：腰椎的底部、骨盆和髋部区域、腿骨以及脚骨
肌肉：臀部肌肉、臀屈肌、腿部和脚部肌肉

根据卡尔皮特·克内比尔的《功能性体操》绘制，1985 年

第 2 章

训练基础：就这样达到你的健身目标

想必你已经对作为训练器械的身体有了更深入和全面的了解，但这还不是全部，因为除了解剖学的阐述说明之外还有一些很重要的问题。如何最佳地使用你的身体作为训练器械？你的训练频率和时长究竟应该怎样确定？如何更快、更轻松地达到你的理想目标？

不管你是想要变得更强壮、更有肌肉还是只想变得紧致结实，你都能从本书中找到合适的方法。其中少数是最优化的方法，能以最少的消耗达到最大效率。本章主要介绍这些最优化的方法，你完全没有必要把生活弄得那么艰难。在以下部分中，你将会了解到训练是怎么作用于你的身体的，以及你应该如何有目的地制订自己的训练计划。书中有很多重要的信息，你可以将其编排到自己的训练计划里。所有这些知识你都需要掌握和内化。在此我向你保证：不管你的训练目标是什么，不管你处于什么水平，不管你打算用多少时间，不管你的生活方式如何，你都可以找到适合自己的训练方法！

什么是体能？浅谈体能素质

想要健康、没有病痛或者拥有充沛的体能，你就必须全面均衡地锻炼自己的身体。这听起来很容易？确实如此，但实际上几乎没有人可以一直坚持下去。

很多人根本不进行任何锻炼，而其他的大多数人只是非常单一片面地进行锻炼，比如，有的人只定期去健身房进行力量训练（还固定只锻炼少数几块肌肉，而忽略身体的大部分肌肉），有的人则仅仅进行慢跑活动。毫无疑问，两者还是比一点运动都不做好，但是力量和耐力并不是体能的全部。即使你既慢跑又做力量训练，从功能性的角度来看，你的训练很可能还是不均衡的。因此你也无法拥有自己本可以拥有的理想身材。

体能被定义为一个平衡标准，指的是人体的最佳体能而不是最大体能（由运动学博士戈特弗里德·雪恩霍泽在 1971 年提出）。因此体能训练和竞技体育可以明确区分开来。与体能训练不同，竞技体育追求最大限度地挖掘人的体能，而且在大部分情况下只注重某一方面的能力。

体能素质的 5 个指标

运动学从以下 5 个方面来衡量人的体能（也就是所谓的体能素质）：力量、耐力、速度、灵活性和协调性。这 5 个方面共同描述了你的体能状况。

力量和耐力是评估体能的两大指标。它们和速度反映的都是人们的身体素质，这 3 个指标的具体值首先取决于体内的能量供应。这里的关键问题是：你的身体能够持续多长时间或者以多快的速度获取足够的能量？你的肌肉组织可以产生多大的力量？它能以多快的速度行动？

从体能的整体角度来看，速度其实发挥着次要作用，因为速度的表现取决于具体情况，比如跳高运动员和乒乓球运动员需要的速度肯定不一样。所以速度并不是一个纯粹的单一指标，而是相对复杂的，它与感知能力、反应能力和很多其他因素有关。在提升体能方面，速度的提升空间是最小的。

灵活性则由运动器官的灵活度决定，这里的灵活度也就是为了完成相关的运动以及传递力量，你的肌肉、骨骼和关节的机能可以达到什么样的程度。

力量、耐力、速度和灵活性这 4 个指标反映的是身体机能，也就是我们通常所说的身体素质。

第五个体能指标是协调性。与其他 4 个指标不同，协调性不仅取决于运动器官，而且取决于身体的控制系统，最主要的是中枢神经系统。换句话说，你身体的协调性取决于以下方面：你的大脑以什么形式存储运动流程，它可以多么精准地传递运动信号，这些信号会以多高的效率进行传递，运动器官又会多么准确、协调地执行这些信号的指令。

下一页中的表格说明了每一个体能指标的定义和重要性。

有个好消息，上述的所有体能指标都能通过无器械训练（包括本书中介绍的训练）得以提高。不管你是想要变得更有力、使肌肉更强壮、提高体能还是减肥，达成这些目标的决定因素一方面是前面提到的力量和耐力，另一方面则是灵活性和协调性。如果后两者的能力受限，那么也会对其他几个方面产生消极的影响。通过本书中介绍的训练，你将能全方位地提升自己的体能。很多训练项目在整个运动路径中都需要相关的肌肉参与。在你平衡地选择各种训练项目和正确完成的情况下，这些力量训练也自然会同步提升你的灵活性和肌肉的弹性。有些训练项目可以爆发性的方式进行，比如第 100 页介绍的热身运动，这有助于增强快速力量。

耐力运动不止关乎跑步和骑行

也许你在购买本书的时候压根儿没有想到你在本书里看到的训练项目和训练指导也能切切实实地提升你的耐力！你不仅能通过跑步和骑自行车来提升耐力，而且研究表明，高强度的间歇训练和无器械训练也能有效地提升耐力。可参见第 **62** 页和第 **63** 页介绍的 **HIIT** 和 **Tabata** 等训练。

体能素质的 5 个指标

体能素质的相关指标					
	灵活性	力量	耐力	速度	协调性
定义	一个或多个关节进行全范围活动的能力	最大力量：对抗阻力时一次性表现出来的最大力量。 快速力量：对抗阻力时快速施展力量的能力。 力量耐力：对抗阻力的最长时间	对抗疲劳持续运动的能力	对神经脉冲的反应能力和以最高频率进行运动的能力	参与运动的所有肌肉协调合作，其中还涉及身体的感觉器官
优点	• 行动更自如； • 体态更优美； • 受伤风险更小； • 降低肌肉紧张度，从而减小对骨头和关节的压力； • 促进血液循环	• 肌肉强壮有型； • 改善血液循环； • 体能得到全面提升； • 体态更好	• 改善血液循环，从而使器官和肌肉获得更好的营养供应； • 能量供应更有效； • 免疫系统更强大； • 改善肺功能； • 降低心率和血压	• 提高反应能力； • 提升体能，包括体能的相关方面	• 运动更高效； • 平衡感更好； • 纠正不良体态； • 降低受伤的概率； • 提高思维能力和大脑活跃度
如何提高	• 无器械训练（放松和拉伸运动）； • 瑜伽； • 普拉提； • 体操	力量训练（包括无器械训练）	• 耐力运动； • 间歇性运动（包括无器械训练）； • 力量训练和耐力训练相结合（也包括无器械训练）	• 爆发性训练（包括无器械训练）； • 快节奏的球类运动、团体运动； • 短跑类运动	• 复杂的训练（包括无器械训练）； • 本体感觉训练（包括无器械训练）； • 一般运动； • 对抗性体育运动； • 舞蹈
表现形式	关节的灵活性和拉伸能力（体操中的劈叉和自由泳中的手臂伸展）	• 最大力量（举重）； • 快速力量（拳击）； • 力量耐力（将一箱箱饮料搬至四楼）； • 反应力量（跳高时的起跳）	• 极短时间耐力（持续时间少于 30 秒）； • 短时间耐力（持续时间为 30 秒至 2 分钟）； • 中等时间耐力（持续时间为 2 ~ 10 分钟）； • 长时间耐力（持续时间大于 10 分钟）	• 反应速度（短跑时的起跑）； • 加速速度（短跑的起始阶段）； • 移动速度（用最快的速度完成跑步或者游泳运动）	• 时间和空间的定位（在运动场上踢足球）； • 平衡能力（闭着眼单脚站立）； • 反应能力（守门员在防守点球时）； • 节奏控制能力（100 米跑的步法）； • 感觉机能的区别能力（上篮时的力度控制）； • 配合能力（自由泳中打腿和划手动作的配合）

体能素质的整体性

前面展示的体能素质模型强调要将身体当成一个整体来看，确实如此。每种运动都要靠多块肌肉和多个身体系统共同协作来完成，所以从体能素质的角度来看，也应该把你的身体作为一个整体。在蝶泳中，你可能很有耐力，但如果你没有掌握动作要领，那么就只能锻炼体能，权当“泡澡”；你在 100 米跑起跑时的反应可能很快，但如果你跑到 50 米时已经筋疲力尽了，那么你就只能停在这个位置；你的肩部肌肉可能很发达、很有型，但如果你没有足够的活动空间或者缺少平衡感，你在倒立时的姿势就会不那么美观。

正如前面提到的，提升体能不仅仅需要将一个或多个肌群锻炼好。即使你的一些肌肉受过很好的训练，这也完全不意味着你就有很好的体能、很健康或者很有吸引力。亚里士多德的名言也适用于你的肌肉：整体大于它的各个部分之和。虽然我们今天无法再找他确认，但我相信这位古希腊哲学家提出这个说法时肯定也想到了人的身体和体能。

无器械训练是一种功能性训练

无器械训练常被误认为是新兴的运动方式，事实上早在体操之父弗里德里希·路德维希·雅恩生活的时代它就很流行了。无器械训练是一种功能性训练，是针对人体自然运动方式的一种有目的的、均衡合理的训练。它包含了日常的活动，所以也可以让你在各种各样的生活情境中提高体能，可以说它是一种既全面又轻松的训练。

听起来很不错？事实上也是如此。无器械训练就是一种功能性训练，而功能性训练在大多数情况下也是无器械训练！关于这本书的优点，想必你在引言部分已有所了解了。有了这本书，你就已经做好非常充分的准备来提高自己的身体功能了。因此在接下去的部分中介绍的训练都是从功能性的角度挑选的。在这些部分也介绍了很多有意义且复杂的运动过程和组合，这也让训练内容有更多的可能性，变化更丰富多彩。比如，波比跳（参见第 108 页）和弓步训练（参见第 219 页）就集中了多种运动过程，同时对许多大的肌群起到锻炼作用。在此期间，这些肌群学会了如何更好地协作。这些训练项目不仅能增强身体的力量，而且可以改善身体的灵活性和协调性。这是在传统健身房里做简单的腿部推举所不能实现的。如果你不记得无器械训练有哪些优点，那么请翻到第 6 页和第 7 页再阅读一遍边栏中的文字。

训练的通用守则

不管你的目标是什么，也不管训练需要用到哪方面的身体素质，以下的 12 条守则普遍适用于每一种训练。无论你想提升力量、耐力还是速度，如果你没有遵守其中的某一条，都可能造成体能的白白损失，或者导致你离自己的训练目标越来越远。但不用担心，这些守则中并没有过分的要求，其中的一些你可能已经有所了解，剩下的相信你也很快就能弄懂。

训练守则 1：勇于挑战自己的身体

有个好消息：你的身体只会做你想做的事。如果你经常慢跑，你就会比较有耐力。如果你常做俯卧撑，你的胸肌就会更强壮。相反，如果你什么也不做或者中途放弃了，你就什么都不会改变，已有的成绩也都会消失不见。

你的身体有很强的适应能力，你需要做的只是给它一个好好成长的机会。这个机会在体育科学里被称为训练刺激。这种刺激对你的身体提出了一些它并不习惯的要求，让它迎接新的挑战。这无疑是极为有效的。比如，你可以训练得更久，强度更大，或者迎接一些之前从来没遇到过的挑战。训练刺激会提高人体的适应能力，更确切地说，就是产生更强的耐力、更大的力量等效果，具体要看你给了身体哪些刺激。

好吧，在此之前你必须先承受肌肉酸痛。这个适应过程本是人类生存的准则，

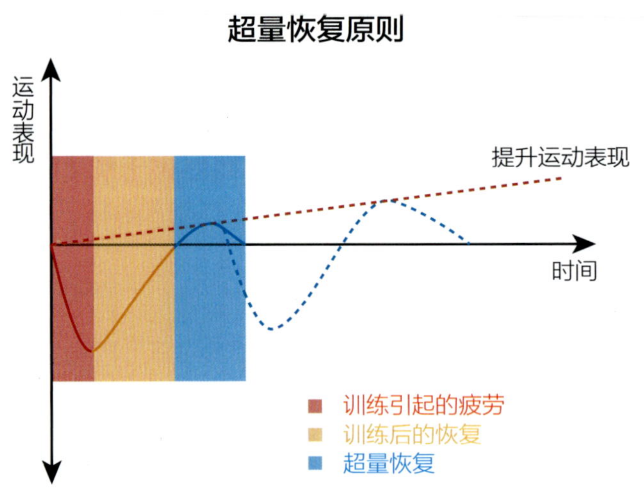

但今天看来可能已经有点过时了（在现代社会，大部分人整天坐在沙发上吃甜品）。在人类历史的早期，它决定了人类能否从猛兽的眼前逃脱而生存下去。这个适应过程如今还发挥着作用，毕竟你的基因和早些时候人类的基因并没有多大的区别。

在训练科学中，人们常用超量恢复模型来描述这一适应过程（见对页中的图）。要知道身体如何在负荷作用（训练刺激）下产生疲劳感，以及在这一阶段体能是如何降到最低点的（红色区域）。在此之后，身体开始恢复，在这一阶段身体所做的都是为了提高体能。这个时候超量恢复就起作用了，机体在运动时消耗的能量以及各器官、系统的机能得以恢复（黄色区域）之后，甚至还能继续提高，直至超过原先的水平（蓝色区域）。如果下一次训练是在超量恢复阶段进行的，很好地利用这一阶段提高的体能，就可以保持超量恢复不会消退，你的身体会表现出更强的适应能力，并且能逐步积累训练效果。在理想状态下，你的体能会逐步得到提升，你也可以因此快速地接近自己的目标。

训练守则 2：给你的身体足够的休息时间

这条守则其实也隐藏在守则 1 里，即身体需要一定的时间来恢复机能，这样才能提高体能。休息和训练一样重要！如果恢复时间太短（图中的黄色区域），接着又开始训练，效率反而较低，你无法从训练中受益。长期这么做会造成体能下降。相反，如果恢复时间太长（在体能变化曲线的最高点之后，甚至在蓝色区域之后），那么最好的情况就是你还保持着之前的体能状态（最多持续到一个训练周期之后的一个星期），但你很可能会损失掉好不容易增加的力量和肌肉质量，你的训练目标还是遥不可及。

所以要有意识地进行休息和恢复！关键问题是：你的肌肉在训练后需要休息多长时间？进行下一次训练的最佳时间点在哪里？

这两个问题的答案取决于很多不同的因素，首先是你目前的体能水平以及所完成的训练的强度和范围。长期进行锻炼的人的恢复速度可以达到缺乏锻炼的人的两倍。还有一些其他的因素，比如体内的能量、蛋白质等的补给状态（通过吃喝）、睡眠时长、尼古丁和酒精等有害物质的摄入、气候条件等，这些也都有着重要的影响。

通常经过 24~72 小时后，恢复期基本结束。根据经验，训练强度越大，需要的恢复时间越长，大致的数值可以参见下页中的表格。表格里给出的时长与训练中着重锻炼的肌肉和身体组织有关。其他肌肉可以在恢复期结束前重新投入使用。本页边栏展示了恢复期中各个阶

身体恢复期各时间段的具体情况

下面展示了身体恢复期中几个关键时间段的具体情况。

几分钟后：

体内最快速的能量来源——肌酸和磷酸原得到恢复。

半小时后：

代谢过程中堆积的乳酸的浓度逐渐降低至正常水平。

大约 1 小时后：

蛋白质合成量增加。

大约 90 分钟后：

转入代谢阶段，体内的肌肉组织重新开始修复、合成。

大约 2 小时后：

参与训练的肌肉的控制机制正常化。

大约 6 小时后：

血液的黏度再次降低，总体来说体液的状态都已正常化。

大约 1 天后：

在训练中被耗光了的肝糖原存储器重新被填满。

大约 2 天后：

在训练中被消耗完了的肌糖原存储器重新被填满。

大约 3 天后：

免疫系统完全恢复到原来的状态，肌肉需要的脂肪会再次被储存起来。

特定训练后身体恢复所需的时间	
训练形式	恢复所需的最短时间
较轻松的健身训练（主要目的是激活全身，没有很大的负荷）	经过训练的人：— 未经训练的人：12 小时
力量耐力训练（中等程度的力量训练）	经过训练的人：24 小时 未经训练的人：48 小时
最大力量训练（高强度的力量训练）	经过训练的人：48 小时 未经训练的人：72 小时
基础耐力训练（比如慢跑 1 小时、骑车 2 小时等）	经过训练的人：12 小时 未经训练的人：24 小时
强化耐力训练（快速跑步训练、间歇性训练）	经过训练的人：24 小时 未经训练的人：48 小时

段的具体情况。

训练守则 3：坚持训练

在前面你已经阅读了关于训练刺激和训练后身体恢复的内容。这也向我们揭示了训练周期的重要性。只完成一次训练相当于没有训练，你的身体素质要想得到进一步的提升，就必须一直有新的训练刺激。前面的图表也让人清楚地知道了，这一次训练后的阶段也就是下一次训练前的阶段，训练需要有一定的规律性和周期性。基本原则是，你在一周内至少应针对某个功能区进行两次训练，或者针对某一体能素质进行两次训练。只有这样，你的体能才能得到提高，你才能离自己的训练目标越来越近。最好一周进行 3 次或者更多的训练。当然，这应在保证恢复时长的前提下进行。

训练守则 4：记得在训练前热身

并不是只有在寒冷的天气进行户外训练前才需要进行热身活动。实际上，不管进行何种形式的训练，你都必须先热身。这很重要！为什么呢？因为热身可以有效地减少运动伤害，它还能增强体内各器官及系统在之后的训练中的活动能力。

热身的重要作用之一是促进血液循环。热身之后，你的心跳会加速，血压会升高，肝脏的血液供应也会增加。这将使你体内的供能状况得到极大的改善，体内的营养物质和氧气也会增多。此外，血液的增加还能使肌纤维在收缩和放松时的摩擦减小，从而使肌纤维更灵活，延展性更好。在热身阶段，肌肉的能量消耗会减少，它会更高效地工作。

热身不仅对血液循环系统有影响，而且也促进了肌肉里化学反应的发生以及神经脉冲的传导。另外，身体的新陈代谢功能也会得到增强，从而改善能量供应。最后，热身还可以保护关节。关节中的润滑液会增多，作为关节内重要缓冲器的软骨也会被“唤醒”。总的来说，关节的活动空间可以通过热身而增大，有关节参与的多块肌肉间的协作也会更顺畅。充分热身后正式开始训练时，你的身体的各个方面会达到最佳状态。还有很重要的一点，热身能极大地改变你的精神状态，如提高专注力、学习能力等。这是由于在热身过程中，多巴胺、肾上腺素和去甲肾上腺素得到了释放。

完美的热身活动

至少给自己 10 分钟的时间来热身。在这段时间里，你可以自由组合各种热身方式（完整的热身运动介绍参见第 294 页）。

- 最理想的是进行较轻松的有氧运动，比如跑步（也可以在跑步机上进行）、骑自行车（也可以骑动感单车），或者利用椭圆机、划船机等器械进行热身。5 分钟就足够了。
- 此外，你可以做一些较轻松的耐力训练，比如跳绳，或者从第 100 页开始介绍的热身运动部分中挑选一项高效的训练。你要试着将全身的每一处都充分激活，当然首先要激活接下来将着重锻炼的肌肉。如果你要锻炼腿部，那么在热身环节做 50 次俯卧撑显然没什么作用。
- 再花几分钟时间激活全身的所有关节，可以做双臂回环、转体运动、高抬腿跑等项目。
- 在较高强度的训练前做一组特定的热身动作也很有帮助。确切地说，就是做一组类似于正式训练而强度较低的训练项目。这也有助于你记忆动作流程。

热身的 3 个重要准则

- 热身的目的是激活身体的相关部位，而不是让你精疲力竭。你应该逐步使你的身体活跃起来，但不要在热身时就将本来要用在正式训练上的力气消耗殆尽。
- 训练应该在热身结束后马上开始。热身 5 分钟后，如果你停了下来，你的身体就会慢慢地重新回到热身前的状态，即使你还能感觉到身体的温度比平时高。
- 如果你的时间很紧，即使少做部分训练也不要放弃热身或者跳过热身的某几个环节。

训练守则 5：为你的身体补充能量

如果你的身体没有足够的营养，那么你肯定无法提高体能或者变得强壮。记住这条黄金法则：想要训练有成效，训练本身、恢复期和营养三者缺一不可。只做训练远远不够！你的肌肉、其他身体系统和体内的所有细胞都需要营养来成长或者变得更有力量。不管是训练前、训练中还是训练后，你的身体都需要能量供给。这不仅取决于你吃了什么东西，而且取决于你吃了多少以及你的身体在什么时间吸收能量。

想减肥的人可能现在就有疑问了，明明可以通过少吃东西快速减重，为什么还要再吃东西呢？少吃东西确实可以在短期内降低体重，但如果你想长期保持减重效果，你就需要肌肉。肌肉不仅将你的全身连在了一起，而且是消耗能量的重要组织，它能取代体内“脂肪仓库”的位置（这一过程发生在储存了脂肪的肌肉组织里）。此外，如果你长期没有摄入足够的营养，然后训练成果越来越差，那么训练就毫无乐趣了。健身的意义在于：训练得多的人吃得多，喝得也多，同时还能减少体内脂肪！关于训练期间膳食营养的更多信息，详见第3章。

训练守则6：为你的身体提供充足的氧气

空气及其中含有的氧气不仅是你维持生命的必需品，而且也对训练有着至关重要的作用。在很多受力的情况下，人需要氧气来获取能量。在肌肉细胞的线粒体中，脂肪、碳水化合物等通过氧化作用释放能量。

你觉得你的呼吸方式正确吗？有可能正确，但是无器械训练里还有很多训练项目会使你不自觉地弃用最佳呼吸方式。原则上，你应该在克服阻力的时候呼气。这时你的肌肉在集中负荷下收紧，大多数时候是在某个训练的起始动作和结束动作之间。当动作完成后，你的肌肉将松弛下来，此时再吸气。这通常出现在恢复到起始动作的过程中。

在运动过程较长（超过一个呼吸周期）的复杂训练中，该如何呼吸这一问题常常没有很明确的答案，你必须亲身试验以后才能知道。但有一个原则需要记住：不管什么时候，你都得保持呼吸顺畅。在一些静止的支撑动作中你并不总是能做到这一点，因为人们倾向于在用力的时候憋住气。这么做的结果是，你的肌肉马上就会缺乏氧气的供应，接着是你的心脏。同时，血压会升高，这对于血压本来就偏高的人来说是很糟糕的。在做支撑动作时，绝大多数时候都要用到腹肌，此时情况更糟糕，因为呼吸时也需要用到腹肌。憋气后常常伴随着断断续续的、短促的、剧烈的呼气，肺里的废气不能完全排出，这将导致下一次吸气的时候吸入的氧气减少。这是一个恶性循环。在任何情况下，你都要避免出现这种情况。在支撑类训练中，有一种可行的办法是以较高的频率短促呼吸，但一定不要过度喘气！专业人士则提出在腹部“后方”发力进行呼吸。不管怎么说，首先都要避免血压升高。

训练守则7：合适的训练强度

守则1里所说的适应过程只在训练刺激足够大的时候才能起作用。这意味着想要使训练卓有成效，就必须用身体不熟悉的方式来锻炼它，比如更大的负荷、增加的重复次数、新的运动过程、更短的休息时长、更大幅度的伸展等。只有这样，身体才不得不用上超量恢复，不得不提升自

博格主观训练强度评级表				
博格值	对应的参考心率（次 / 分钟）	对应的参考功率（瓦）	自身感觉	呼吸困难
6	60	20~30		
7	70	30~50	非常轻松	无
8	80	40~70		
9	90	50~90	非常轻松	无
10	100	65~110		
11	110	80~130	轻松	几乎不会
12	120	95~150		
13	130	110~170	有点吃力	明显
14	140	125~190		
15	150	140~210	吃力	强烈
16	160	155~230		
17	170	170~250	非常吃力	非常强烈
18	180	185~270		
19	190	200~290	极其吃力	极其强烈
20	200	210 以上	强度过大，停止训练	

己。如果训练刺激和你的体能状况相当，那么你只会保持现状。如果训练刺激太弱，让你的身体觉得要求低了，那么训练就丝毫没有作用了。你如何知道自己的训练刺激是否足够大呢？非常简单，你会感觉到的。当你在训练中大汗淋漓、喘不过气时，当你的肌肉开始燃烧时，当你不能再多做一次重复动作时，就说明你的训练刺激已经足够大了。在训练后觉得肌肉酸痛也是一个很好的信号，说明你的身体得到了足够的锻炼，但这并不意味着你每次训练时都必须要达到肌肉酸痛的程度。如果你想要更精确地控制自己的训练强度，那么就养成写训练日记的习惯吧。这样你就可以清楚地知道自己之前完成的训练的强度，也就可以知道之后该做什么补充，从而给自己的身体新的、适当的训练刺激。此外，每个训练目标都有相对应的最优化的训练强度范围。训练目标不同，训练刺激也不同。如果你想知道怎么训练才能使减重、增肌或者力量训练达到最好的效果，则可以看看第 66 页中的表格。

听从你的身体

因为无器械训练中的体能变化无法用

肌肉酸痛

肌肉酸痛的原因是部分结缔组织里的可收缩元素发生了轻微撕裂。它在告诉你：很棒，这次的训练强度足够了！肌肉酸痛并不能作为肌肉增长或者获得了其他训练成果的证据。这种撕裂是肌肉适应过程的一部分，首先它肯定不是什么不好的事情，你不要太早就让涉及的肌肉重新开始剧烈运动，否则轻微的撕裂可能会演变成比较严重的损伤。不要在肌肉明显感觉到疼痛的时候进行训练，而是要等酸痛逐渐消失了以后再开始训练。当然，在肌肉酸痛的时候进行较温和的训练也是可行的，甚至是很有帮助的。

调节训练强度	
根据个人需求调节	例子
训练频率	一周多次（要考虑肌肉恢复周期）
训练时长	每次较长的时长（3×40 分钟取代 3×30 分钟）
训练方法	每一组多次重复 每一个肌群进行多项训练
训练强度	较复杂的变式（比如单腿深蹲取代双腿深蹲，宽距引体向上取代窄距引体向上）
训练密度	每组或是每两个项目之间较短的休息时间

质量单位来量化，所以有必要找找其他的办法来衡量训练强度。比如，你可以通过自己的感受来判断训练效果。瑞典科学家加纳·博格是用人们主观上对运动负荷的感受来调节训练的先行者之一。他根据人的自身感觉的不同将其划分成了几个等级来估计训练强度，同时遵循了身体里确实可以体现训练强度的指标——心率。

从博格值 11 开始才是有效的训练，健身者最多能做到博格值 17 的程度。博格值 11~14 对应的是耐力和力量耐力训练，博格值 15~17 对应的是增肌训练，博格值 17 以上对应的则是最大力量训练。最后 3 个等级通常只适合专业的竞技运动员。

训练守则 8：增加训练负荷

人体很擅长适应。你很可能已经从自己身上感受到了这一点，并且已经获得了小小的训练成就。在逻辑上，体能增长的结果是这样的：对于你今天尚觉得吃力的训练，不久后你就可以轻轻松松地完成了。所以在训练中你应该逐步增大训练强度。这方面存在着很多可以改变训练标准的可能性，即影响训练强度的因素。从前面的表格中，你可以了解到应该如何调节自己的无器械训练，完全不需要哑铃和杠铃。

训练的强度一定不要超过自身的能力范围。很多初学者都想速成，这诱使他们一次性进行太多的训练。一个粗略的参考值是，每周的强度最多比上周增加 10%。但不要就此下定决心每周都增加 10%，否则可能有受伤的风险。

总的来说，比较有意义的是在你的训练日程允许且所需的身体恢复时间得到满足的前提下，提高训练频率。接着你可以增加训练时长，扩大训练范围，最后才是提高训练强度或者压缩训练中的休息时间。

训练守则 9：训练多样化

很好，你已经知道了你的身体可以适应并习惯负荷，你也不停地努力完成更多的重复动作或更多的组数。但你为什么总是要做一样的卷腹、一样的俯卧撑或者一样的弓步呢？没有其他选择肯定不能成为理由，本书介绍的这么多不同的训练内容就证明了这一点。如果你不停地增加同一个卷腹动作的次数，你的肌肉就会逐渐适应这个动作，工作效率不断提高——这可以算是这个训练里的一个小成就，但在肌肉增长方面不会有显著的成效，对得到最理想的体能提升也没有帮助。这块一直重复同样训练的肌肉一旦突然要进行其他种类的运动，可能很快就会感到负担过重。

记住这条规则：从体能的整体角度看，你在每次训练甚至每一组动作中对身体提出的挑战越多样化，你的训练也就越有效率。这会让你的肌肉得到全面的锻炼，并且除了增加肌肉力量以外，还可以提高身体的灵活性和协调性。此外，变换动作还可以激发你的积极性，不会像例行公事一样让人感到疲倦乏味。

从身体健康的角度来看也只有好处。以深层背肌为例，如果它做了很多和维持普通动作（比如站立）不一样的训练，它也就比较能适应日常生活中遇到的突发状况了，因此也可以避免下背部疼痛，这在抬汽车轮胎等重物的时候很容易发生。

以下有 12 个让你的训练更有新意的建议。更多想法的介绍，请参见从第 57 页开始介绍的训练方案和从第 71 页开始介绍的安全须知。

- 每 6~8 周更换一些训练项目。
- 要重视与主要动作方向相反的动作。比如说在做俯卧撑的时候，如果你把身体向地板靠近的速度放得很慢，这个训练就能更有效果。
- 在每个动作或者每组动作中要进行速度变换。
- 可以做“口吃动作”，也就是不要流畅地做完整个动作，而是在中间加上一些制动点，并且最好不断变换制动点。
- 变换整个训练中的具体训练项目的顺序，或者用循环训练的方法代替一个接着一个的训练。
- 用单侧完成训练。
- 用等长训练（肌肉两端固定）取代等动训练（动作速度不变），或者反过来。
- 改变身体姿势。比如在做卷腹的时候，手臂位置的变化就会影响训练的强度。
- 改变动作流程。比如在做引体向上的时候，不要将身体笔直地向上拉，而是斜着向上靠近其中一侧的手掌。
- 变换抓握方式（比如在做引体向上时正握或反握）或者支撑动作（比如在做俯卧撑时用拳头支撑或用手掌支撑）。
- 用身边的东西作为训练器械，如水瓶、书本、纸箱、护栏、路缘石等。更多实用的日常训练物品的介绍，可参见第 98 页边栏中的内容。
- 改变训练场地。比如在沙滩上做俯卧撑，或者在斜坡上做深蹲。

训练守则 10：全面均衡地训练

如果你长期只锻炼某块肌肉，或者只训

练某一方面的身体素质，那么你在训练中很快就会遇到瓶颈，甚至很可能会出现身体不适、疼痛等。身体的各个部分都是紧密联系在一起的，这一点你从前文里身体功能分区的模型中就可以推测出来，但身体的紧密联系不仅仅体现在肌肉上。比如说跑步时的身体姿势不当可能是跟腱受伤的导火索；左撇子网球运动员在做了位于身体右侧的盲肠手术后，就无法像之前一样用力地挥拍，因为伤疤会影响到身体做转体动作。为什么你需要知道这一点呢？因为身体的薄弱点和轻微的站姿不当都可能导致平衡失调，进而影响身体机能，长期如此还可能导致身体不适甚至受伤。

有一点是肯定的，即每个人的身体或多或少都有一点平衡失调，但这种轻微失调不一定都会表现出明显的负面作用，甚至有些时候这种轻微失调常为人们所津津乐道。如果你是右撇子，那么你的右臂肯定要比左臂更强壮有力一些。此外，你用左手写字时可能会觉得很困难，因为脑海里对动作流程的记忆是针对右手的。这显然并没有什么坏处，只会导致你的惯用手一侧更有力、更能得到锻炼，而另一侧会明显地弱化。

如果要完善你的健身训练，那么你能做的就是找到这个平衡失调的点，并试着去平衡它。

- 每隔两三个月做一遍从第 10 页开始介绍的测试，着重做与单侧力量相关的测试，看看某一侧的力量是否弱于另一侧。
- 要留意身体的不协调情况。在所有由单侧身体完成的训练里，要注意做到两侧的训练量和训练范围始终一致。
- 平衡失调的情况也会在主动肌和对抗肌之间产生，比如肱二头肌和肱三头肌之间以及腹肌和背肌之间等。所以这里要留意的是，对相关肌群的训练要一致，不要忽视了其中的某一个。
- 如果你的身体的一侧明显弱于另一侧（比如受过伤），那么你就要侧重训练较弱的一侧，直到身体两侧的力量相对均衡，接着再进行全面平衡的训练。

训练守则 11：规划你的训练

下面这件事很容易发生：你陷入了一个自己习惯的、不断重复的或者毫无目标的训练怪圈里，而对此丝毫没有感觉。你以为自己付出了一些努力，这倒也没错，但你显然可以做得更好。很多训练上的成功是以清晰的中期或长期训练计划为前提的。有了中期和长期训练计划，你可以从一开始就将训练的交替变换安排好，可以观察自己每个季度的训练情况，可以避免过度训练等。更重要的是，如果你做了计划，你的眼前就有了目标（见下一条守则）。你一定想象不到有多少人都是毫无计划的在训练。从第 54 页起，你可以获取到如何设定适合自己的训练计划的相关信息。从第 293 页起，你可以找到预设的训练计划，你也可以按照这些计划直接开始训练。

训练守则 12：设定训练目标

只有首先考虑好你想要通过训练获得什么，你才能在训练中取得最佳成绩，因为你的具体目标会对你如何安排合适的训练项目产生影响。重点在于“具体”，你的目标描述要尽可能地清晰明确。“8 月 1 日假期开始前减掉 10 千克”这样的目标就很清晰具体，可度量，可细分，因此也是切实可行的，能激发你的积极性。相反，“夏天来之前要减掉一点体重”这种笼统的目标就是纯粹的空谈，极有可能不了了之。

将你的目标写下来，制作一个时间表，并且每 6~8 周设置一些中期目标，比如“3 月 1 日前减掉 2 千克”“11 月 30 日前要能完成 50 个卷腹动作”“在 5 月的第一个周末拿下体育运动奖章”等。这些中期目标能极大地调动你的积极性，特别是在你刚过了训练初期的兴奋阶段，觉得每个训练项目都很难的时候。此外，中期目标还能帮助你检测自己的训练成果，并且会让你觉得自己正在一步步地接近远大目标。如果你由于某种原因无法完成某个中期目标，就可以提早采取措施来应对，更努力地训练，或者在必要的时候根据自己的最终目标做出适当调整。这比你到了最后才发现自己根本没有完成目标要好得多。

训练守则一览表	
训练守则 1	勇于挑战自己的身体——给你的身体训练刺激
训练守则 2	给你的身体足够的休息时间——你的身体需要恢复
训练守则 3	坚持训练——要定期进行锻炼
训练守则 4	记得在训练前热身
训练守则 5	为你的身体补充能量——通过吃吃喝喝
训练守则 6	为你的身体提供充足的氧气——掌握正确的呼吸方式
训练守则 7	合适的训练强度——听从你的身体
训练守则 8	增加训练负荷——不停地提升自己
训练守则 9	训练多样化——多进行训练样式的变换
训练守则 10	全面均衡地训练——避免平衡失调
训练守则 11	规划你的训练——包括中期和长期计划
训练守则 12	设定训练目标——具体、可行的目标

你可以这样规划自己的训练

在这一部分你将学习如何制订自己的训练计划，并使其与日常生活相适应。你一定很想了解最重要的时间规划方法、最佳的训练方式、最恰当的训练强度以及最高效的强化技巧等，而这一切是为无器械训练量身定制的。长话短说，为你的理想身材制订计划吧！

训练计划

刚刚你也知道了，要想在训练中获得成功或者找到乐趣，设置目标是非常必要的。这听起来理所当然，但是事实上很多人都没有具体的训练目标，也没有训练计划。以后你一定不能再这样毫无目的地训练了。

确定目标以及所需时长

首先你要考虑自己的目标是什么，比如，减掉 *X* 千克，体脂率降低 *X*%，肌肉量增加 *X* 千克，在可以想到的每个训练项目中取得新的最佳成绩，去海滨度假前锻炼出六块腹肌，使肱二头肌的围度增加 5 厘米，获得一枚体育运动奖章，等等。但是你还是应该现实一点，六块腹肌不是在几个星期内就能练成的，没有人可以用健康的方法在 10 天内瘦 10 千克。你的理想目标可以为制订训练计划提供一个重要的参考，即为了实现目标所需的时长。如果你的目标（一次比赛、一次度假、一次考试等）没有一个很确切的时间点，那么就在计划里给自己一点缓冲的时间，没必要把生活弄得太艰难了。

要让你的计划行得通，就得考虑到你的生活习惯，在你的日程表上规划好在什么时候训练、能训练多久。当然，也可以有例外。如果你觉得训练实在太重要了，以至你义无反顾地放弃了和爱人一起去看电影的机会也不会有人反对（除了你的爱人），那么建议你最好粗略地估计好你一个星期大概可以花几小时时间在训练上，以及哪一天的哪个时间段你可以进行训练。

训练周期

做计划的一个有效方法（也是专业运动员常用的）就是根据训练周期对训练进行分期。这种方法将一段时间（比如一年或者到实现某个具体目标的期限）分成若干个周期，这些周期又可以细分成更短的周期。以下几点在训练分期时可以用上。

- 大周期就是计划中最长的训练时长，通常为 3~12 个月。

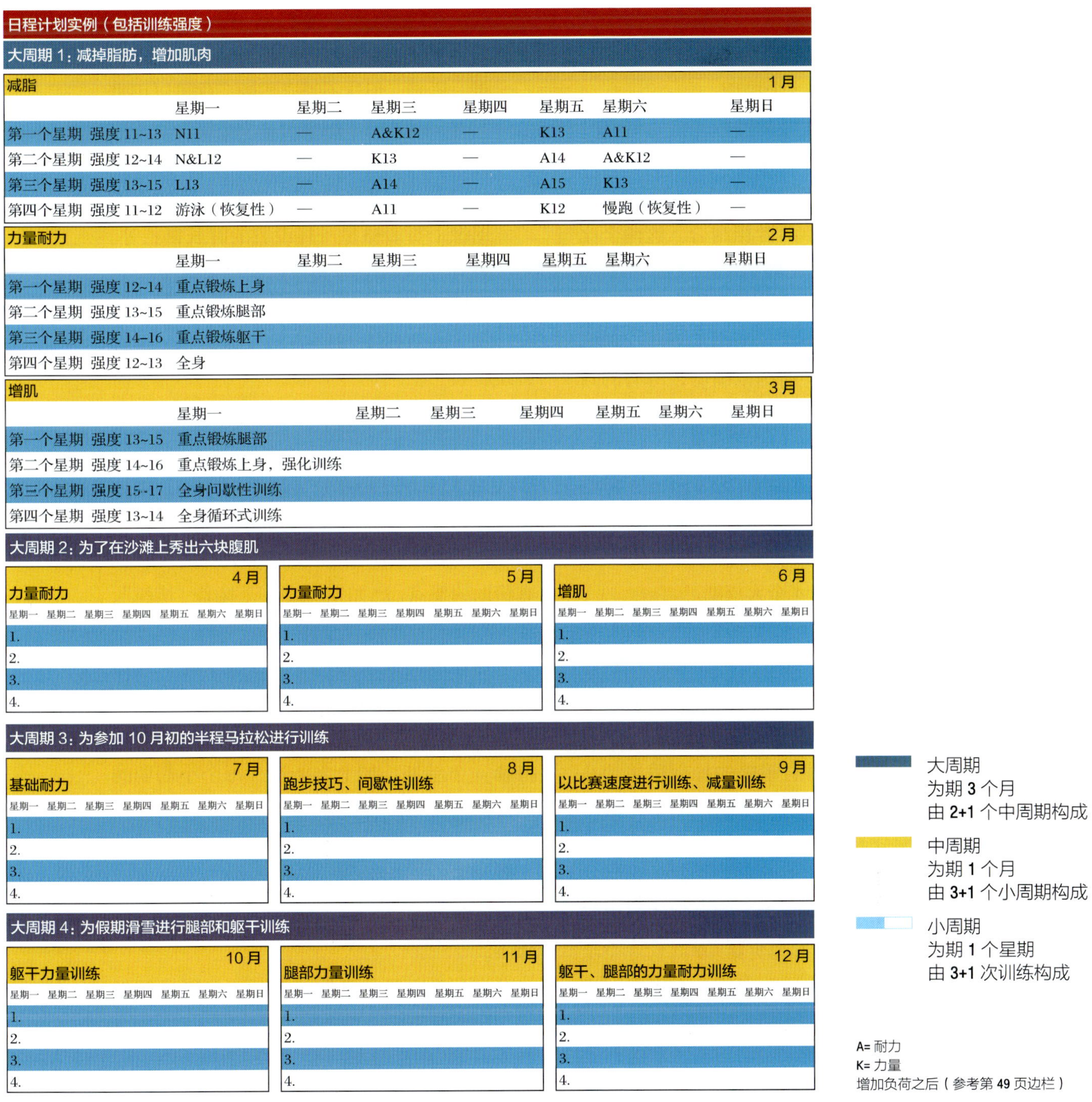

日程计划实例（包括训练强度）

大周期 1：减掉脂肪，增加肌肉

减脂 1 月

	星期一	星期二	星期三	星期四	星期五	星期六	星期日
第一个星期 强度 11~13	N11	—	A&K12	—	K13	A11	—
第二个星期 强度 12~14	N&L12	—	K13	—	A14	A&K12	—
第三个星期 强度 13~15	L13	—	A14	—	A15	K13	—
第四个星期 强度 11~12	游泳（恢复性）	—	A11	—	K12	慢跑（恢复性）	—

力量耐力 2 月

	星期一	星期二	星期三	星期四	星期五	星期六	星期日
第一个星期 强度 12~14	重点锻炼上身						
第二个星期 强度 13~15	重点锻炼腿部						
第三个星期 强度 14~16	重点锻炼躯干						
第四个星期 强度 12~13	全身						

增肌 3 月

	星期一	星期二	星期三	星期四	星期五	星期六	星期日
第一个星期 强度 13~15	重点锻炼腿部						
第二个星期 强度 14~16	重点锻炼上身，强化训练						
第三个星期 强度 15~17	全身间歇性训练						
第四个星期 强度 13~14	全身循环式训练						

大周期 2：为了在沙滩上秀出六块腹肌

力量耐力 4 月

星期一	星期二	星期三	星期四	星期五	星期六	星期日
1.						
2.						
3.						
4.						

力量耐力 5 月

星期一	星期二	星期三	星期四	星期五	星期六	星期日
1.						
2.						
3.						
4.						

增肌 6 月

星期一	星期二	星期三	星期四	星期五	星期六	星期日
1.						
2.						
3.						
4.						

大周期 3：为参加 10 月初的半程马拉松进行训练

基础耐力 7 月

星期一	星期二	星期三	星期四	星期五	星期六	星期日
1.						
2.						
3.						
4.						

跑步技巧、间歇性训练 8 月

星期一	星期二	星期三	星期四	星期五	星期六	星期日
1.						
2.						
3.						
4.						

以比赛速度进行训练、减量训练 9 月

星期一	星期二	星期三	星期四	星期五	星期六	星期日
1.						
2.						
3.						
4.						

大周期 4：为假期滑雪进行腿部和躯干训练

躯干力量训练 10 月

星期一	星期二	星期三	星期四	星期五	星期六	星期日
1.						
2.						
3.						
4.						

腿部力量训练 11 月

星期一	星期二	星期三	星期四	星期五	星期六	星期日
1.						
2.						
3.						
4.						

躯干、腿部的力量耐力训练 12 月

星期一	星期二	星期三	星期四	星期五	星期六	星期日
1.						
2.						
3.						
4.						

大周期
为期 **3** 个月
由 **2+1** 个中周期构成

中周期
为期 **1** 个月
由 **3+1** 个小周期构成

小周期
为期 **1** 个星期
由 **3+1** 次训练构成

A= 耐力
K= 力量
增加负荷之后（参考第 **49** 页边栏）

- 中周期则是中等时长，通常为 4~12 个星期。
- 小周期通常为 1~3 个星期。
- 每次训练是计划里最低级别的组成部分（除了训练里具体的项目外）。

试验过的训练分期是 3 ∶ 1 周期和 2 ∶ 1 周期，在具体实践中两者相结合。这两个比例描述了这样的训练流程：两到三阶段不断增加强度的训练后，紧接着一个恢复期。你可以在这个过程中变换自己的训练重点、训练方式、训练强度或者训练范围等，所有的这一切都是为了更好地实现你的训练目标。

听起来很复杂？其实很简单。你可以参考上一页中的年度计划表实例，表格中的很多训练目标有待完成。下面附上一些解释说明。

- 这一年一共分为 4 个大周期。
- 每个大周期分为 3 个为期一个月的中周期。而这 3 个中周期具有不同的侧重点，并都以最终目标为依据。比如，1 月旨在减脂，2 月重在提升力量耐力，3 月侧重于增肌。像这种有策略的计划适用于几乎任意一种训练目标。
- 中周期分为 3 个星期 +1 个星期，小周期分为 3 次训练 +1 次训练。在这个过程中，训练强度一直在改变。衡量训练强度时参考的是博格值（参见第 49 页）。3 个星期（中周期）和 3 次训练（小周期）后分别有一个星期和一次训练作为恢复期。这个策略适合绝大多数健身目标。
- 为了更直观易懂，这里的大周期都设置得一样长，但这不是必需的。你可以用半年时间来减肥，但只用 8 个星期来准备体育比赛（比如做 100 个俯卧撑）。这是完全可以的，就算是下一级的中周期也不用像上页表格里一样设置的时长都相等。

最好马上检验一下自己的训练计划。这里再给出一些分步骤的指导。

（1）先有一个粗略的目标，比如“拥有六块腹肌”。

（2）将目标具体化，并加上时间期限，比如 6 个月——这就是一个大周期。

（3）将大周期细分为几个中周期，比如将其分为 3 个时长为两个月的中周期。

（4）在中周期里要设置几个对实现目标有帮助的要点，比如先“减脂”，接着“增肌”，然后“进一步雕琢”。

（5）中周期为期两个月，将这两个月再分成 3+1 的小周期，每个小周期持续两个星期；或者分成两个 3+1 的小周期，每个小周期持续一个星期。如上文所说，每个小周期的训练强度互不相同。

（6）考虑一下你每个星期可以进行几次训练。比如：一个星期 4 次，每个小周期做 4 组或 8 组训练项目；再按照 3+1 模式，做三休一。

（7）确定每个星期的哪几天可以进行训练，并考虑训练内容和训练强度等。

简易周期：有侧重点地进行训练

如果你觉得上述周期计划太复杂了，那么这里还有一个简单的办法可以帮助你制订自己的训练计划：合理地安排几个紧邻着的时间段，给每个时间段设计不同的侧重点。如果你是耐力运动员，那么在以比赛时的速度和强度进行训练之前，可以先做一些基础性的耐力训练。另外，如果你想要同时达成减脂和增肌两个目标，那么“同时”将是一个难题，因为实际上这很难实现，所以你最好安排有不同侧重点的两个阶段。首先用两个月的时间减脂，可以结合一些力量训练和耐力训练，同时稍微控制一下饮食。接下来的两个月用来增肌，进行高强度的力量训练和少量的耐力训练（或者最好完全不做），并保证蛋白质等营养物质摄入充足。这相当于之前有关训练分期的具体例子里的中周期。

适合不同目标的最佳训练方案

有很多方法可以将你制订好的训练计划融入你的日常生活中。在接下来的几页中，你可以了解到最常见的 20 多种对无器械训练来说最有用的训练方案。这些方案之间的区别主要涉及训练中具体项目的顺序、锻炼的肌群、时间预算、一次训练中训练强度的设计等。这些方案的混合形式也常常出现。比如在循环训练中，可以进行全身训练或身体分区训练。

通过阅读第 65 页的表格，你可以对适合不同目标的训练方案有一个大致的了解。这里还有一个提示：虽然这些训练形式是为完整的训练设计的，但你也可以在一次训练中只挑选其中的一部分来做，特别是涉及专门的强化训练的方案。你可以根据慢速或金字塔方案，只完成少数训练，比如针对某些肌肉区域进行训练。赶紧尝试一下吧！

训练形式（根据训练顺序划分）

站点式训练

最经典的（健身房里的）训练：每个训练项目完成两组或多组，做完该项目后再做下一个。因为每组训练之间的休息时间加起来较长，所以整体训练所需的时间也较长，对肌肉的训练强度也较大。可以参考的训练见第 296 页、第 299 页和第 310 页。

循环式训练

这种方式非常受欢迎，尤其适合初学者。每个训练项目只完成一组，然后接着做下一组，直到一轮都做完后再短暂休息。然后再做一轮或多轮。进行循环式训练，可以节省每组训练间的休息时间。这会让身体没有休息时间，心率上升，因此尤其能锻炼你的耐力。可以参考的训练见第 298 页、第 300 页和第 302 页。

训练内容（大致按照肌群划分）

全身训练

这个名字体现了训练内容：全身的大肌群在一个训练项目中都得到锻炼。每周做两三次这样的训练就足够了，但是每次的时长要逐步增加。

分区训练

在分区训练中，你身体的不同肌群的训练被分配到不同的日子进行。如果你愿意一个星期做3次以上的训练，或者每天训练甚至一天进行多次训练，分区训练就特别有好处。分区的方式数不胜数，可以把身体分为2个、3个、4个或5个区域等。此外还有很多划分肌群的变式方法。最有效和最简易的方法是分为2个区或者3个区，将肌群分在2个或3个训练日进行锻炼（关于更多分区训练项目，详见第301页）。下面给出一些例子。

分为A、B两区，每周训练3次：

星期一A，星期三B，星期五A（或者星期一B等）。

分为A、B两区，每周训练4次：

星期一A，星期二B，星期四A，星期五B。

分为A、B、C三区，每周训练3次：

星期一A，星期三B，星期五C。

以下是划分肌群的几种可行的办法。

（1）分为上身和下身。很简单，上身为A区，下身（腿和臀部）为B区。

（2）“肌肉预疲劳法”分区。这里涉及的是协同作用的肌肉。比如在俯卧撑中，撑离地面的动作主要由肱三头肌、肩部前部和胸肌三者共同完成。前面提到的所有肌肉在一开始训练时就得发力，即使是比较小的肌肉，比如例子里的肩部肌肉和肱三头肌。当此后针对这些肌肉进行训练时，它们已经预先有疲劳感了，这会使训练的强度更大。

这种分区法又称作推拉法，因为它把主要动作是将身体推离某物的训练（推）和主要动作是将身体拉近某物（拉）的训练区分开来。

（3）无肌肉预疲劳分区。另一种方法是在一个训练项目里同时锻炼主动肌和对抗肌。这样在某一块肌肉工作的时候，另一块可以稍作休息。这听起来很容易，但实际上这个变式的强度更大，因为在短暂休息之后，所有的肌肉就能够更用力地工作了。这样的结合可以是肩部前后的肌肉、股四头肌和股二头肌、胸肌和上背肌（包括肩部后部肌肉）。

对抗肌训练法

在前面你已经了解了有关主动肌和对抗肌的概念，如果不小心忘了，请翻回第34页。这种训练形式利用的是肌肉或肌群之间的关系，主动肌和对抗肌的训练总是紧挨着进行的，形成两者相结合的混合组训练（参见第66页），中途没有休息时间。一些试验过的组合实例为俯卧撑和与之相反的划船运动或引体向上、双杠臂屈伸和二头弯举、深蹲和提臀动作。你可以在一次对抗肌训练中锻炼到全身的肌肉。由于组合训练的强度较大，最好再进行下一级的细分，比如将不同区域的肌肉分散到不同的训练日进行锻炼。每一组训练之间的休息时间为90~120秒。关于训练计划的具体例子，可以在第300页找到。

根据时间预算进行训练

15分钟训练

15分钟只是一个选项，但是它在相关训练的研究中最受欢迎。你也可以选择20分钟或者

30 分钟训练。这个概念的主旨是让你不再以“我没时间”为借口，然后把短短的 15 分钟当成一段可以进行训练的时间；另外，让你的身体在短时间内得到强度尽可能高的训练。关于 15 分钟训练的例子，可以参见第 296 页。

特定强度的训练

HIT

HIT 是 High Intensity Training（高强度训练）的缩写，你可能已经隐约知道这代表了什么……在这种训练中，身体被当成一个整体进行训练，时长最多为 60 分钟。那么在这段时间里你要做什么呢？你的每个（较大的）肌群要完成一到两个训练项目，每个项目由一组动作构成，每组动作缓慢重复 6~8 次，每个动作用时 6~10 秒。你也可以将两个训练项目合并到一个组合里。这种训练和以下几种训练的关键在于训练强度，做一组里的最后一个重复动作时必须用最大力气，要有身体燃烧的感觉。此后继续用强化技巧做一些训练来把肌肉最后的一点力量耗尽，比如半程动作（只完成动作的一部分，见第 67 页）或者递减组训练（参见第 69 页）。然后再做第二个训练项目。每次高强度训练之后要休息两天。随着时间的推移，你要不断地提高训练强度，但不要增加重复次数或者组数。这种训练方法尤其适合无器械训练者，因为它提供了很多不同且更难的变式（比如俯卧撑、提膝运动、卷腹等）。

爆发力和慢速相结合

在这种形式的训练里，你要在每一次训练和重复中进行向心运动的时候用最大的爆发力，但一定要保证身体不歪斜、不摇晃。然后保持结束姿势几秒，接着在离心运动的时候尽可能地放慢速度。这样可以保证肌肉的收缩能力达到最大。此外，快速和慢速工作的肌纤维都能参与其中。具体例子参见第 309 页。

超慢速训练

或许你很难相信，但这种训练确实很快就能完成，最长训练时间应该控制在 30 分钟以内。但它还是有这么个名字，因为在这种方式的训练中，每一个重复动作都要尽可能地慢，保持在 15~20 秒，其中 10 秒向心运动，5~10 秒离心运动。每个项目做一组动作，每一组 60~120 秒，这取决于你可以坚持多久。如果你能坚持 2 分钟以上，则会提高动作的强度。在每组动作的中途不允许停下来休息，动作要保持最大活动半径。当你觉得实在没办法继续坚持下去时，尝试着再坚持 10~15 秒。休息时长为每个项目之间 1 分钟，组合项目之间 2 分钟。

高紧张度训练

这种训练尤其适合无器械健身者，因为它能提高简易训练的强度，而且不需要杠铃。顾名思义，在高紧张度训练中，全身的紧张度都要增加。诀窍是，即使在较小的力量负荷下，每分每秒也要将肌肉绷到最紧。这需

日常肌肉绷紧练习

你可以将高紧张度训练原理运用到日常生活中，利用空闲的几分钟时间来完成额外的小训练。比如，你可以将一块或者多块肌肉绷紧大约 5 秒，然后短暂放松，接着重复绷紧动作。每天都可以进行多组这样的小训练。试着在一个星期的时间内用这种方式使得全身的肌肉都受到额外的锻炼。在普通训练中也可以加入肌肉紧张度训练，比如在完成训练动作时某块肌肉始终保持一定的紧绷度。

要额外进行练习，因为它并不像听起来那么简单。高紧张度不意味着你的身体要像痉挛一样，而是要求你调动起全身的肌肉，使它们像锁链一样环环相扣。你可以充分发挥想象力，感受一下肌肉在你的身体里是怎么产生力量并保持的。需要的话，想象你正在抵抗外部阻力，比如在做俯卧撑的时候想象有一个训练伙伴坐在你的背上。你也可以将本来不需要用上的肌肉带到训练中来，比如想象一下在做深蹲动作的时候，往地面方向拉伸腿部后面的肌肉。具体例子参见第 304 页。

减息训练

在这种训练形式中，几组动作之间和几个训练项目之间的休息时间随着训练的进行逐渐缩短，这也适用于多次训练之间。这样能使肌肉有更少的时间进行恢复，强度也就增加了。所以减少休息时间可以代替以增加杠铃片等重物的方式来提高训练强度，毕竟无器械训练中用不到这些附加的重物。具体例子参见第 303 页。

单次重复训练

这个训练的主旨是，在一组动作中保持肌肉的机能，并通过这种方式尽可能频繁地、更多地用上身体的重量。

在这种训练中，每次重复动作后都要稍作休息。一开始休息时间只需要 1~2 秒，随着重复次数的增加，可以延长到 20 秒左右。这样你就可以将本来连着做只能重复 10 次的动作提高到一组 20~30 次。

这是为什么呢？因为每次做完动作后的休息可以推迟肌肉的供能不足和含酸过度情况出现的时间。在这种训练形式中，你会清晰地感受到血液的流动，血管也会变粗。每次训练时完成一组上述形式的动作。

金字塔训练法

在这种训练方式中，每组动作的重复次数随着组数的增加而递减，同时增加负重、阻力或者强度。比如，第一组重复 12 次（60% 的最大力量或者博格值 12），下一组重复 10 次（70% 的最大力量或者博格值 13），再下一组重复 8 次（80% 的最大力量或者博格值 15），最后一组重复 6 次（85% 的最大力量或博格值 16）。通常每次训练做 3~5 组。休息时长为两组动作之间 60 秒，两个训练项目之间 90 秒。

上述例子称为钝金字塔型，从最高 12 次递减至最后以 6 次重复动作收尾。相应地也有“尖金字塔型”，最后以 1 次重复动作结束。这种变式更适合那些想要增加最大力量的进阶训练者。还有其他的金字塔型，比如倒金字塔型（随着组数的增加，强度降低，重复次数增多）。在这种情况中，热身运动尤其重要，因为第一组动作的强度就已经很大了。另外还有双金字塔型，即在一个“金字塔”的一端再接一个朝向相反的“金字塔”，比如按照 12 次、10 次、8 次、6 次、6 次、8 次、10 次、12 次这样的顺序和重复次数进行训练。这是一个强度较高的变式，能真正耗尽肌肉的力量。

还有一种形式，即在功能性训练中，金字塔训练以每组 1 次动作开始，然后进行 10~20 秒的短暂休息，接着第二组做 2 次动作，第三组做 3 次动作，以此类推，直到做不完一组完整的动作为止。然后倒着再做一遍，直到回到最初的每组 1 次动作。比如做俯卧撑的时候，先依次完成 1 次、2 次、3 次、4 次、5 次、6 次、7 次，接着依次完成 7 次、6 次、5 次、4 次、3 次、2 次、1 次。

还有其他变式，比如要么完整地完成 2~3 轮金字塔训练，要么在下一轮中看看你能做几次重复动作。比如，先完成 1+2+3+4+5+6+7，接着依次完成 1+2+3+4+5+6，1+2+3+4+5，1+2+3+4……直到一次也做不动了（数字表示动作次数）。更多例子参见第 311 页。这里还有一条给所有想要提高耐力者的小贴士：金字塔训练在耐力训练中也很受欢迎，可以用来做变换强度的间歇性训练等。

次数少且固定的重复动作训练

这种训练策略首先要确定适用于整个训练的特定重复次数，次数最好较少，比如每组重复 5 次（高强度）。随着训练的进行，首先强度像倒金字塔型里的一样逐渐降低（通过使用比原始动作简单的变式动作），接着保持在相对较高的水平上。完整、高质量地做完几组训练，每组重复 5 次，直到做不动为止，接着降低强度继续进行。一个适用于进阶者的例子（在这种方法中，充分热身是非常必要的）为，第一组做 5 次倒立俯卧撑，第二、第三组分别做 5 次单手俯卧撑（两手各一组），第四组做 5 次与拉伸组合在一起的俯卧撑（参见第 254 页），第五组做 5 次爆发型的击掌俯卧撑，剩下的几组做高脚俯卧撑，直至不能完成完整的一组训练为止。休息时长为两组之间 60 秒。其他的例子参见第 307 页和第 308 页。

这种形式适合力量训练，也适合无器械训练，如上述的俯卧撑，以及卷腹、弓步等经典的有众多变式的训练。

次数多且固定的重复动作训练

这种训练形式尤其适合那些很快就让你筋疲力尽的难度较大的训练项目，比如引体向上、俯卧撑的较难变式、单脚深蹲等。和上一种训练相反，你要确定整个训练期间各个项目总共重复的次数，重复次数最好较多，比如 25 次。全面热身之后，先在第一组训练中做尽可能多的、高质量的重复动作（比如 6 次）。然后休息 30 秒左右，接着做第二组，重复次数也尽可能多（比如 4 次）。由于肌肉疲劳，随着组数的增加，你能做的重复次数也就越来越少。即使最后每组只能做 1 次动作，也要尽可能多做几组，直到完成总的 25 次重复动作。训练的目标是，随着训练时间的增加，完成 25 次重复需要的组数越来越少。

如果你能在3组里完成25次重复动作，那么就继续增加次数或者动作强度（比如在做引体向上时换一种抓握方式）。具体的例子参见第297页。

10组训练

这种训练只有一个要点：以最快的频率、用最多的肌肉完成动作。这个原则很简单，但实际操作起来并不容易。每个项目完成10组，每组动作最多重复10次。为了确保你能高质量地完成计划的重复次数，训练的动作不应太复杂，但整个训练过程对你来说应该是有挑战的。如果你能完成10组动作，每组重复10次，那么就增加负荷。每组做完后休息60~90秒。具体的例子参见第305页。

保持活力训练法

保持活力（Grease the Groove）训练法简称GTG训练法。这种训练方法的思想是，如果你在一天内尽可能多地重复某个动作，那么最后你将能够像上了油一样流畅地完成这个动作。这样的训练可以让你完成较大的训练总量，通过不断的、高质量的重复使你的身体得到锻炼，从而完美地完成这一动作。此外，GTG训练法还能让你充分利用各种碎片时间，比如工作时的休息时间。只要有时间（至少每隔两小时）就完成一个项目，比如俯卧撑。每个项目都只完成一定的次数，优先保证动作质量，不要做到筋疲力尽。因为和其他形式的训练不同，GTG训练法需要肌肉尽量长时间地保持机能。如果你一天分10次做俯卧撑，每次重复8~10次，一天下来就完成了相当可观的训练量，但又不会累到需要很长的恢复时间。你可以每天都进行GTG训练，但一定不要每天都锻炼相同的肌肉或肌群。GTG训练对于诸如倒立俯卧撑和单腿深蹲等难度较高的无器械训练项目的入门很有帮助。

高强度间歇训练

高强度间歇训练简称HIIT（要和HIT区别开来），这种训练方法的名字本身是不是就让你的心跳加速了？HIIT的主旨是在短时间内尽可能地用尽力量。一次HIIT训练最长不超过20分钟。间歇训练的比例为2 ：1，即高强度训练的时长是紧接着的较低强度训练时长的两倍。以深蹲为例，在1分钟内全力做8次，在接下来的30秒内以较慢的速度进行，然后再全力做1分钟，慢速做30秒……这样交替做12分钟后，你肯定没法一口气说完“高强度间歇训练”这几个字。

在HIIT中，你当然可以将很多的训练项目结合起来。比如，你可以将自选的4个均衡的项目组合在一起，然后中间没有休息地进行训练。第一轮中每个项目60秒，第二轮中每个项目50秒，然后是40秒、30秒、20秒。到最后一轮时，每个项目10秒。每两轮训练之间只允许休息20秒。

高强度训练的正确打开方式

若选择10组训练项目或者后面将介绍的各种高强度训练，对于初学者来说则不应超过8个星期。接着进行普通的力量训练，也坚持相近的时长，然后进入下一阶段，进一步提高训练强度。

不管具体怎么做，HIIT 都会让你的心跳加速到最高频率，因为太短暂的休息时间不够用来补足你的过量氧耗。HIIT 能产生很好的耐力训练效果。它能提高你的最大摄氧量（参见第 18 和第 19 页）。随着时间的推移，它还能提高你身体的厌氧阈值（乳酸阈值），让你更长时间地处于高负荷下。HIIT 有各种各样的具体实践方法，你可以用 HIIT 的方式进行跑步、骑自行车、游泳或者跳绳等运动，当然也可以做波比跳、俯卧撑或者左右跳步。更多 HIIT 的例子参见第 297 页、第 310 页和第 311 页。

飓风训练

飓风训练是 HIIT 的一种特殊形式，一次训练的最长时间为 30 分钟。这个概念是由功能性训练专家马丁・鲁尼提出来的，最早是为对抗性运动设计的。它的主要内容是将健身训练和高强度的短跑训练结合起来。它要求你首先完成两组自选的健身训练，每组重复 10~20 次动作，紧接着进行 30 秒的短跑训练（可自选形式，比如直线跑、三角形跑、高抬腿跑等）。中间不要停下来休息，连着做 3 次这样的训练，然后休息 90 秒，这样算一轮。接着再完成两轮，可以和之前一样，或者选择其他训练项目。因为短跑会给腿部带来较大的负荷，所以你挑选的训练项目最好是上身运用得比较多，比如俯卧撑、卷腹、引体向上。当然也可以是全身训练，比如波比跳或者左右跳步，这样可以对短跑起到支持作用。具体的例子参见第 297 页和第 310 页。

Tabata 训练

你之前了解的所有关于 HIIT 的内容也适用于 Tabata 训练。Tabata 训练是 HIIT 的一种压缩的、高强度的形式，它是由日本的运动学家田畑泉（Izumi Tabata）提出的。一次 Tabata 训练“只要”4 分钟，却能改变你的生活。在这 4 分钟里，你要完成 8 次间歇性训练，每次包括 20 秒最高强度的训练（尽可能流畅地完成）和 10 秒休息（参见第 297 页）。经过一次 Tabata 训练之后，你肯定会累得趴在地上，但你的耐力会得到提升，脂肪也会疯狂地燃烧。

最理想的高强度训练是同时用到很多肌肉的那些训练。入门者可以选择开合跳或者跪姿俯卧撑，进阶者可以选择波比跳、深蹲跳等。你也可以将多种训练项目结合起来，但最好不要超过 4 种。短跑、旋转训练和拳击等也适合 Tabata 训练。

MAT

这种训练也没有间歇。这种所谓的代谢激活训练（简称 MAT）和 Tabata 训练的时长一样短，一次只需要 3~5 分钟。这就是全部了。在这个时间段里，你要用最大的强度进行训练，不要留任何一点时间休息。挑选一些难度不算太大的训练项目，尤其是你平时可以很好地完成的训练项目，比如左右跳步、卷腹、直线短跑、深

测试你的体能

MAT 的原则使它很适合用来检测你的体能状态，并且可以和其他人进行对比。可以这么测试：在一段固定的时间（最长 5 分钟）内，保证质量地做某个训练项目，重复次数尽可能多。在这个测试中，你可以自己选择是否休息，最后只计算你完成得很好的动作的次数，通常测试 4 分钟。你可以在这 4 分钟内完成 100 个标准的俯卧撑吗？这是一个很好的成绩！

蹲或者俯卧撑。由这些训练项目构成一次MAT，比如下面这个为时4分钟的训练：30秒跳步，20秒卷腹，20秒直线跑，20秒深蹲，30秒俯卧撑，所有项目重复两次，中间不要休息。至于用哪几种训练项目进行组合就比较随意了，只要强度大、能将心率提高到最高水平就行。你也可以在一次MAT里只做一个项目（见上页边栏）。适合MAT的主要是那些可以用到很多肌肉或肌群的项目。

在进行HIIT、飓风训练、Tabata训练或者MAT之前，如果你会犹豫或担心，请去医生那里确认自己是否可以进行这种强度的训练。另外，一个星期内进行1~3次这样的训练就足够了（每次训练前都要做充分的热身运动）。

循环训练

循环训练是一种强度稍微低一些的训练形式，它的耐力强度适当，主要用来进行以身体健康为导向的健身活动。这个名字来源于这种训练由力量训练部分和耐力训练部分组成且循环进行，可以全面激活身体，尤其适合初学者和想要减重的人。举个例子（也可参见第298页）。

- 10分钟热身。
- 每组动作重复20次（每侧各一组）：深蹲、弓步、站姿后屈腿。
- 10分钟慢跑。
- 每组动作重复20次：俯卧撑、直臂前平举、直臂侧平举、提肩、仰卧划船（抬起背阔肌）。
- 10分钟慢跑。
- 每组动作重复20次（每侧各一组）：直起卷腹、扭转卷腹、小燕飞（或蝶泳动作）、侧卧撑。
- 10分钟跑步。

小贴士：如果你在室外进行这种训练，则注意留心观察一下慢跑场地周边的环境或小型活动场地。在那里你可以进行很多种其他的无器械训练项目，比如引体向上的各种变式或者反向划船运动。

适合不同目标的最佳方案：训练方案一览

现在的你像走进了热闹的集市一样，一下子拥有了太多的选择。下页的表格会告诉你哪种训练方案适合什么训练目标。

小提示：这种分类只起导向作用，部分训练之间的界限并不清晰。由于本书的侧重点不在于增强耐力和提高速度，所以在这两个方面我们能找到的合适的训练方案比较少。此外，比起减重等目标来说，耐力和速度在本质上是比较特殊的目标，所以普遍适用于这两者的训练方案自然也就少了。当然，你也可以通过延长你所选择的训练的时长以及提高完成相应动作的速度来锻炼这两方面的身体素质。另外，灵活性和协调性在表格中没有出现，因为这两者的提高更多地取决于你所选择的具体训练项目和对应的完成方式，而跟整体训练方案没有太大的关系。

你的目标提前确定了训练的强度

无器械训练为经典的训练方案（比如站点式和循环式训练、全身和分区训练等）提供了很多根据目标来控制训练强度的可能性，比如改变每个项目的组数、每组动作的重复次数、动作速度、休息时长等。第66页中的表格会让你对这些训练强度参数的影响有一个直观的感受。表格中显示的训练目标和训练形式之间的关系经过了简化，因为每个人的身体对训练刺激的反应各不相同，个人身体素质的影响也很大。比如，一个负荷较轻的训练通常被归入日常锻炼的范畴，但有可能对于入门者来说已经算是增肌训练了。第 66 页表格里展示的是考虑了具体目标的最优化数值。

适合不同训练目标的方案						
方案	训练目标					
	减重	力量耐力 / 全面提高身体素质	增肌	力量	耐力	速度
站点式	适合	最优	最优	最优	适合	不适合
循环式	最优	最优	适合	适合	最优	适合
全身	最优	最优	最优	最优	适合	不适合
分区	适合	最优	最优	最优	适合	不适合
对抗肌	适合	最优	最优	最优	适合	不适合
15 分钟	适合	最优	适合	适合	适合	适合
HIT	适合	适合	最优	最优	不适合	不适合
爆发力 + 慢速	适合	适合	最优	最优	不适合	最优
超慢速	适合	适合	最优	最优	不适合	不适合
高紧张度	适合	最优	最优	最优	不适合	不适合
减息	最优	最优	适合	适合	适合	不适合
单次重复	适合	最优	适合	适合	适合	不适合
金字塔式	适合	适合	最优	最优	适合	适合
重复次数较少且固定	适合	适合	最优	最优	不适合	不适合
重复次数较多且固定	适合	最优	适合	适合	适合	不适合
10 组	适合	适合	最优	最优	不适合	不适合
GTG	适合	最优	适合	最优	适合	不适合
HIIT	最优	最优	适合	适合	最优	最优
飓风	最优	最优	适合	适合	最优	最优
Tabata	最优	最优	适合	适合	最优	最优
MAT	最优	最优	适合	适合	最优	最优
循环式	最优	最优	不适合	不适合	最优	适合

不适合　适合　最优

适合不同训练目标的训练负荷				
大致的训练设计	训练目标			
	减重	力量耐力 / 全面提高身体素质	增肌	力量
强度	从低到高	从中等到高	从高到极高	极高
重复次数	8～25	12～20	5～15	1～5
组数	1～5	1～3	1～3	3～8
动作速度	流畅、慢速（2～7秒）	流畅、慢速（2～7秒）	流畅、慢速（2～7秒）	流畅（1～3秒）
每两组间的休息时间	0～30秒	30～60秒	60～90秒	1～5分钟
每两个项目间的休息时间	休息时间只用来更换器械	1～2分钟	1～3分钟	2～8分钟
恢复时间	1～2天	1～2天	2～3天	3～4天或更多

不使用杠铃等负重器械提升训练强度的方法

无器械训练者常常会遇到的一个难题是，在训练中动作强度的设计往往无法让自己发挥出最大力量，因此也无法根据自己的体重或者阻力来控制强度。虽然你很熟悉自己的体重，但只有在极少数情况下你才能完全用上体重来完成动作，而且不总是能计算所使用的力量的大小。然而你仍然能够看出一个训练项目的强度大小。如果你做了20个卷腹动作后还觉得很轻松，那么你就可以增加额外的承重或者用其他方式增加强度，比如增加肌肉绷紧的时长，即用很慢的速度完成卷腹动作。更多通过给出的负荷数值来增加强度的训练项目见下文介绍。

强化训练（整个训练中）

前面介绍的多个训练方案为你设计适合自己的训练计划提供了多样化的参考，但这还远远不是全部。下面介绍的集中强化技巧能使你的训练更丰富多样，因为这些技巧可以运用在几乎所有的训练方案中。你可以通过对每个训练项目进行巧妙的安排，使你的训练更独特，强度更大，而且不需要每次都用到负重器械。

混合组训练

在前面已经介绍过这个技巧了，比如在介绍对抗肌训练的部分。在一个混合组里结合了两个或者多个训练项目，中间没有休息，这不仅可以减少休息时间，也增加了身体所承受的负荷。或许你在网上或者跟别人交流的时候会遇到其他一些词汇，比如“超级组”“猛犸组”等。它们都用来表示一组里混合了几种不同训练项目的训练，本书里统一使用“混合组”这一名称。

主动肌的结合

完成两组或两组以上针对一个肌群的训练项目，中间不要休息，完成后训练到的肌群会有明显的疲劳感。比如，先做一组双杠臂屈伸，紧接着完成一组对抗阻力的肱三头肌拉伸。

对抗肌的结合

完成两组或两组以上主动肌与对抗肌轮流作用的训练项目。比如，先做一组俯卧撑，紧接着完成一组反握的反向划船。这种方式可以改善参与动作的肌肉之间的协调性。你可以减少休息时间，从而有更多的训练时间。这也是对抗肌训练方式很受欢迎的原因。

协同肌的结合

完成两组或两组以上用到相同肌群的动作，中间不要停下来休息。比如，先完成一组俯卧撑，紧接着完成一组双杠臂屈伸。以这种方式进行训练所起的作用和上述主动肌的结合类似。

预疲劳法训练

在很多无器械训练中，那些较小的辅助肌肉和协同肌肉都会先感到筋疲力尽，而这时较大的肌肉往往还有余力。比如在做引体向上时，手臂和肩部比强壮有力的背肌更早发力。用预疲劳法这一强化技巧，就是要预先让大肌肉也有疲劳感。继续以引体向上为例，可以在做引体向上前先完成仰卧划船动作，以达到训练背肌的作用。

优先法训练

大家习以为常的规则都是先训练大肌肉再训练小肌肉，上面介绍的预疲劳训练法也是先练大肌肉。优先法训练和这两者不同，它要求你首先针对自己较薄弱的肌肉进行训练，让这些肌肉很快变得强壮。比如，在完成俯卧撑动作前，先有针对性地训练你的肱三头肌。注意，这可能会让你的肌肉很酸痛！这种方法的缺点是，经过这种“反向预疲劳法”后，你的大肌肉可能无法得到最佳的训练效果。

交叉组训练

另一种增强较小、较弱肌群的方法是，将针对这些肌群的训练项目加入你的日常训练中，以此代替休息。“交叉”的基本原则是，这些加入训练的项目所针对的肌群不能和你原本要训练的肌群有联系，并且这些项目最好只针对小肌群，因为它们代替的是原计划休息的时间。结合得比较合理的例子是将小臂或肩部力量训练加入腿部训练，或者将小腿肚训练加入胸肌 + 背肌训练。整个流程可以是这样的：弓步、侧平举、弓步、侧平举、深蹲、前平举、深蹲、前平举等。当你进行分区训练的时候，这个技巧尤其有用，因为分区训练中只有某一部分肌肉才是训练的重点，也就是说还有一部分肌肉没有参与，它们作为交叉组加入不会影响到原来的训练。

强化训练（单个训练项目中）

如果你想要自己的肌肉得到酣畅淋漓的锻炼，那么这个强化技巧对你来说很有用。它可以帮助你在每一组训练项目、每一次动作重复中比以往任何时候都要更高效地进行训练。另外，它还可以让你的训练更加多样化，并因此让你更有动力。但也不要太夸张了，在一次训练中最多选择两三种下述方法，最多用在两三个训练项目里。

半程动作

从原则上来说，你在每次训练中都要充分完成全程动作。但作为增加强度的方法，下面这么做是很有意义的（二选一）。

A. 突出一个动作中强度较大的部分。

B. 在一组动作结束后肌肉已经非常疲劳了的时候，再坚持做几个半程动作，将肌肉的力量完全耗尽。

比如双杠臂屈伸，强度最大的是下半程的动作（适合选择 A），最简单的是上半程的动作（适合选择 B）。此外，半程动作在很复杂的无器械训练中也很有效果，比如倒立压肩运动。在探索训练过程和强度大小时，你可以先做一些小的动作，然后持续扩充这些小动作，直到可以完成完整幅度的动作。

“口吃”动作

另外一种打断训练过程且可以加大训练强度的方法就是“口吃”动作。这种方法要求你将一个训练过程至少分为 3 个片段。比如做俯卧撑时，先将身体下沉至离地 1/3 的距离，短暂保持这个姿势，然后稍微抬高一点儿，再下沉到离地 2/3 的距离，接着再在这个高度停留一会儿，稍微抬高一点儿，此后下沉至最低点，再以同样的路径向相反的方向往上撑起。你肯定想不到一个普通的俯卧撑也可以让你这么累！

分段式（一组动作中）

还有一种将动作碎片化的方法，那就是著名的“21 响礼炮”训练法。施瓦辛格就是用这种方法练出完美的肱二头肌的。该方法的原则是：完成 3 段，每段做 7 次重复动作的分段式训练，以此取代常规的一组训练。在第一段的 7 次动作中，只完成半程动作；在第二段的 7 次动作中，完成后半程动作；第三段的 7 次则完成完整的动作。这 21 次动作要紧接着完成，中间不要休息。出于这个原因，你应该降低动作的难度或阻力，以保证你到最后还可以高质量地完成动作。

离心式训练

这种训练强调的是离心阶段的受力，也就是你在结束动作后回到起始动作的过程中的负荷。这种方法能使你的肌肉得到高强度的锻炼，可以在你无法完成整个训练的时候使用。比如引体向上，如果你用双手吊在树枝或者单杠上时，脚能碰到地面，那么就利用脚的帮助先做出引体向上的结束动作，从这个动作开始慢慢下降，接着再将身体向上拉，然后再做更多的离心式运动。实际上，这种方法也可以用在比较难的项目中，比如单手引体向上。

“作弊”式重复动作

从原则上来说，作弊是不允许的，但这是一个例外。如果你让自己的肌肉在它们实际上已经力竭了的状态下继续训练，就可以增强训练刺激。如果你已经累到不能再继续做一个标准的重复动作，那么就试着再做两三个不那么标准的动作。这也可以运用在前面介绍的引体向上的例子中。当你的脚接触地面的时候，试着用脚的力量将身体向上拉起。这个“技巧”还能用在其他很多训练项目中。如果你有训练伙伴的话，则可以让他在你做俯卧撑或者单腿深蹲的时候帮你减小一部分受力。但一定要注意的是，“作弊”动作一定要在不影响身体结构的前提下进行，要注意保护好自己的关节和背部，无论如何都要避免身体在训练中出现不受控的晃动。

超级最大力量训练

这是一个会使你的训练强度特别大的技巧，要求你从一开始就把训练负荷定在你独自完成不了的程度。所以你需要一个训练伙伴来帮助你完成每个动作，比如单手引体向上这种难度很大的训练项目。你的训练伙伴必须既小心又敏锐，一方面要时刻注意着不让你突然承受过大的负荷，另一方面又得为你提供足够但尽可能少的帮助，否则你在训练中就达不到“超级最大力量”了。

不连续训练

和第 60 页中介绍的单次重复训练类似，你可以设计一个强度较大的训练项目，控制在正常情况下你无法坚持完成完整的一组训练的程度。和之前其他技巧所不同的是，你还有能力独自做完一个动作。接着把一组训练分成几部分，每部分重复 1~3 次动作，在每部分完成后休息时间不超过 20 秒。就用这种方式完成尽可能多次的高质量的重复动作。要提前确定你在最后阶段需不需要一个训练伙伴来帮助你完成。

延长组训练

这是上述不连续训练的一种变式，要求你首先完成一组正常的动作，然后短暂休息一下。较轻松的训练休息 2~5 秒，难度大或者强度大的训练则休息 20 秒左右。接着做尽可能多次的重复动作，直到力竭，然后稍作休息，再重复一组尽可能多次的动作，直到做不了完整的一个动作为止。这里也要求你提前确定自己在最后阶段需不需要一个训练伙伴来帮助你完成。

递减组训练

这种方法是延长组训练的延伸。和延长最初一组动作的训练不同，递减组训练要求你在完成第一组后马上减小负荷或者阻力，然后进行下一组训练。在接下来的几组中强度一直递减，直到无法继续为止。这个方式能让你的肌肉得到非常充分的锻炼。比如，你在做完一组复杂的变式俯卧撑（比如蜘蛛侠俯卧撑）后，接着可以做一组普通的俯卧撑，然后再完成一组更简单的项目（比如跪姿俯卧撑），直到你的胸肌和手臂力竭为止。

筋膜拉伸训练

这是递减组训练的一种变式，可以让你的肌肉得到最大程度的充血。在完成一组普通的训练动作后，紧接着完成 5~7 组动作，每组都尽可能多重复几次，每两组动作之间休息 20 秒。后边这几组动作的强度相同，但比起第一组要有显著的降低，大概与递减组训练中能完成的最后一组动作的强度相当。比如，在一组倒立压肩动作后，接着做 5~7 组跪姿俯卧撑或斜撑在桌子边缘完成的俯卧撑。

最大收缩力训练

这种方法有点类似于高紧张度训练（参见第 59 页），要求你在完成动作的时候，在主要负责动作的肌肉（必要的时候还有其他肌肉）达到最大收缩力的位置上（通常是在做反向动作前）保持3~5秒，切实地“榨干你的肌肉”，然后回到原始位置。你可以在整组动作中运用这个技巧，也可以只在做最后一个动作时使用。

末端收缩力训练

这个技巧与最大收缩力训练相似，但它有一个小的动态元素，因此更高效一些。当你做到一个项目的最终动作时，反复将你的肌肉用最大收缩力绷紧，然后再多做几次小幅度的最终动作，多次达到最大收缩力。这个最终动作可以是俯卧撑的最低点或者引体向上的最高点。重复动作的幅度应该尽量小，最理想的情况是几乎感觉不出来的微小运动。摇摆或者晃动是绝对不允许的。

慢动作训练

动作的速度也对训练强度有很重要的影响，超慢速训练（参见第59页）就说明了这个道理。这也适用于单个训练项目，在做每个动作的时候都用尽可能慢的速度来完成。也就是说，在规定的时间内不追求做尽量多次的重复，而是完成最少次的重复。比如，你可以设定一个目标，在不少于30秒的时间内只做一次动作。比起快速动作，这种几乎静止的动作能对更多的肌纤维起作用，此外还能保护关节。

全速训练

一看名字就知道这个技巧和上述的刚好相反。这个强化技巧要求你在保证质量的前提下，用最快的速度完成动作。目标是在固定时间（30~60秒）内做尽可能多次的重复。类似的方法可以在高强度间歇性训练（HIIT）部分见到，比如Tabata和飓风训练等（参见第62页和第63页）。和这些高强度间歇性训练一样，你只有在充分热身后才能开始全速训练，并且只选择比较简单的、你熟悉的项目进行这种训练，比如简易版卷腹、深蹲或者引体向上。较快的运动速度能改善相关肌肉的协调能力，还能调动其他肌纤维，改善肌肉机能，并有助于增肌。

组合训练

最后这个技巧是通过在训练中结合多种训练项目来提高训练强度的。成果即组合在一起的一些动作，也就是你以前可能已经遇到过的“复合动作”。这种组合训练的一个优点是，整个肌肉链必须协同工作。这也能完善你的日常动作，提高身体的灵活性和协调能力。一个很好的例子是上身和下身联系的结合，比如在做深蹲的同时也做侧平举，在做弓步的同时也做反向飞鸟（锻炼肩胛骨）等。本书介绍的部分训练项目已经是很复杂的组合训练了，你可以将这些训练当作自己设计训练表的敲门砖。但在设计训练表的时候，一定要时刻将下面介绍的安全须知牢记于心。

重要的安全须知

无器械健身本身是很健康的活动，你不会面临外界危险，不会被陌生的重物压伤背部，不会让关节受力不当，也不会被哑铃砸伤脚。但你的身体肯定还是有活动限度的，在不超出限度的范围内它能很好地进行运动。原则上，所有超出你能力范围的活动你都不要勉强自己的身体去完成。因为不恰当的强度会导致身体不适，情况严重时可能导致受伤。

这些重要的安全须知是对从第 44 页开始介绍的训练守则的补充。它们是除了每次训练前必须做的热身运动以外的一个保证，可以让你顺利地完成训练，愉快地向你的训练目标前进。

训练安全须知概述

听从你的身体

你的身体状况出现波动是很正常的，毕竟你不是机器，其中的原因很多：睡眠不足、摄入太多酒精、感冒、环境温度太高或太低……这一类或者更小的原因都可能影响你的身心状况。接受这个事实，需要休息的时候就停下来。在训练的控制方面，博格系统能给你提供很多帮助（参见第 49 页）。有了博格值作为参考，你就能很好地按照自己的身体状况来控制训练量。举个例子，当你的身体状况不好的时候，你在达到博格值为 15 的疲劳度时所完成的动作肯定比身体状况良好的时候少。

身体不适即停止

千万不要对身体出现剧烈疼痛的部位进行训练（关于肌肉酸痛的情况参见第 49 页）！这些疼痛是身体给你的警告，告诉你哪里出问题了。你可以继续训练，只要你得的不是椎间盘突出这类让你动弹不得的病症。但是你的训练应该避开疼痛的区域。如果你自己不确定能否继续训练，最好去咨询医生，这样才不会由于自己缺乏经验或自我感觉过于良好而出现疼痛加剧等不好的结果。

保持正确的姿势

始终要保证身体姿势是正确的。垂直于地面的站姿和挺直的背部能有效地避免超负荷。可以想象有人在你的头上绑着一条线并轻轻地往上提拉的感觉。在训练开始前也要保持正确的站姿。当做俯卧撑的时候，不要让身体不受控地向前倒，而要让背部保持挺直并靠近膝盖，然后再用双手在地板上做出支撑的动作。当站立的时候，要保持脊椎在一条直线上，骨盆稍稍前倾，这会让胸椎对齐，接着颈椎也会在一条垂线上对齐。最后背部保持下沉，稍微向后收。这就形成完美的站姿了。更多有关躯干功能区训练的安全须知提示参见从第 74 页开始介绍的内容。

质量高于数量

训练的时候要集中注意力，保证高质量地完成每个重复动作。这不仅可以降低受伤的风险，而且可以提高训练效率。只有在完全掌握了动作流程后，你才能试着去完成更复杂的变式动作。

提防突然的动作

很多受伤的情况都是在匆忙做动作时发生的。在那些你尚未熟练掌握的训练中，肌肉和关节都很容易在突然产生的负荷下受伤。如果没有特殊规定，尽量避免突然做动作。基本原则是：在训练的时候，宁可动作太慢，也不要太快。特别要避免突然的晃动，否则半月板、椎间盘、韧带和关节软骨等可能会因此受伤。

遵循合理的训练顺序

一次完整训练里的训练项目的编排顺序并不是任意的，除非有意偏离正常顺序（比如第 67 页介绍的优先法训练原则）。

（1）新的、陌生的训练项目优先于熟练的训练项目。

（2）复杂的、高强度的训练项目优先于简单的训练项目。

另外，如果你先进行针对较大肌群的训练，再进行针对较小肌群的训练，也会使你的训练更高效。比如先练胸肌，再练手臂肌肉。

针对手臂功能区的安全须知（包括头部）

在这个区域中特别需要考虑安全性的是肩关节。肩关节非常灵活，但是缺乏骨质保障，因此很容易受伤。以下注意事项能够让你的肩关节、肘关节和手腕关节避免受伤。

按照关节轴本身的运动轨迹进行运动

在支撑类训练中会遇到这种情况，比如俯卧撑或侧卧撑。要注意支撑的时候手臂垂直于地面，位于肩部正下方，使肩部、肘关节和手腕在一条直线上。但如果动作变式本身有其他特殊要求，则也是允许的。但是你应知道那样会让关节承受更大的压力，因此要格外注意，防止受伤。

在肩关节相关训练中保持肩胛带稳定

将肩胛骨向下向后收紧，这样你的肩胛带就稳定住了。为什么这很重要呢？因为在肩关节训练（比如侧卧撑）中，肩部要承受较大的压力，需要靠强壮的躯干部分来提供支持。从躯干部分传导力量到手臂要通过肩胛带，但只有在肩胛带固定的情况下肩部和颈椎所受的力才能减小。

在肩胛带相关训练中保持肩关节稳定

和上一条相反，在肩胛带运动的时候，肩关节也要保持稳定，比如在提肩动作中。在这种形式的动作中，肩关节里不同部分间的位置关系会发生改变，因为肩胛骨和肱骨间的关节是球窝状关节。这时候如果移动了上臂，肩关节就会处于类似脱位的状态，这是完全可以避免的。

保持肌肉紧张

在拉伸类训练（比如引体向上）中，手臂和肩部的肌肉要持续处于一定程度的绷紧状态。如果你刚好反过来，一点也不用力，就像一个浸了水的布袋一样挂在单杠上，那么你的肩关节和肘关节就得承受有损关节健康的不必要的拉力。如果你的肌肉太放松，你的肩部就会变得不稳固，因为关节首先是由肌肉来保持稳定的。你的肘关节则会被拉扯到极限状态，这对关节很不利。

动作幅度过大、速度过快会导致受伤

如果在训练过程中，比如在做俯卧撑或者引体向上过程中，动作幅度过大或者速度过快，你的肩关节就会承受巨大的负荷。因为用来稳定肩关节的肌肉同时也负责动作的进行。如果你在做俯卧撑的结束动作时突然改变动作方向，这对肌肉来说是一个巨大的挑战，因为肌肉一方面要用来支撑身体，保持其稳定，另一方面又被突然改变了方向。如果你想要保护自己的肩关节，在做这一类动作的时候就要以较缓慢的速度和较小的幅度进行，不要急躁。

保持手腕关节平直

与小臂和手腕关节相关的肌肉对大多数人来说都是一大弱点。你可以试着吊在单杠上尽可能长的时间，同时保持肌肉紧张、肩关节稳定（参见前面介绍的几点安全须知）。当你坚持不下去的时候，首先一定是因为你的小臂酸疼得坚持不下去了，或者手指抓握不住了。在大多数负重训练中，小臂都能起到稳定手腕关节的作用，但相比之下，小臂的力量很小。此外，由于手腕关节特别复杂，含有非常多的骨头、肌肉和肌腱等，用力的时候轻微偏离正确的方向都可能导致不适、发炎等，所以要尽可能地保持手腕关节平直，使双手处于手臂的延长线上。

靠近躯体可以提高安全性

在训练的时候，可以通过将手臂贴紧躯干来保护肩胛骨和肘关节。在做俯卧撑等动作的时候将肘关节紧贴着身体（手和躯干的方向一致），或者在做引体向上的时候双手不要分开得太远（大致与肩同宽），这样能使关节相对轻松一些。

保持双手在视线范围内

要防止肩部超出活动半径，有一个很简单的办法，即在训练过程中不管如何活动手臂，都要保持双手处于视线范围内。

顺从大拇指的方向

要想使肱骨（大臂的骨头）始终处于关节窝里的最佳位置，以及手和肩部的肌肉可以高质量地完成动作，你需要在手臂受力转动的时候让大拇指的运动方向与手臂一致。这样做符合人体构造的特点，能与人体的肌肉和骨架结构相适应。

保护你的颈部

在做引体向上时，要靠胸部力量往上牵引身体，而不是靠颈部力量。只有这样才能减轻肩部的负荷。这是为什么呢？因为颈部受力会使肩关节处于不利的位置，即肩关节处于“脱位”状态。此外，这会让头部朝前伸，刺激韧带和滑膜囊，影响用来固定关节的肌肉发挥其作用。

判断手臂的位置

手臂处于不同位置时，肩部要承受很大的负荷。即使你的手臂贴着体侧提着 15 千克重的一箱饮料，你的肩部也会处于相对轻松的状态，这时你的肩部承受的拉力大概只是你身体所受重力的 1/5。但如果你的手臂水平伸展开，即使你提的只是这箱饮料的一部分（比如一个咖啡壶），你的肩部承受的力也会是之前的数倍。

小心谨慎地活动你的头部

颈椎长期处于很大的压力下，因为它要时刻保持你那沉重的脑袋的平衡。所以我们也就不难理解，这个区域相对较小的肌肉很容易受到刺激、绷得太紧。此外，这个区域的椎体也相对较小，容易受伤。因此在转头、点头或低头的时候动作一定要慢。你的头部要始终保持在颈椎的延长线上。

针对躯干功能区的安全须知

躯干功能区包括脊椎。脊椎有自己的喜恶，倾向于某些活动方式，也会避开另一些活动方式。你肯定遇到过这种情况：无意识地做某个动作时，突然背部感到一阵疼痛。在大多数情况下，这不会导致严重的后果，但你在训练中应避免这种不适感。

绷紧你的身体

最好在整个训练过程中都绷紧你的身体，这样相对脆弱的颈椎就能受到肌肉的保护。此外，绷紧身体也是某些动作的重要组成部分，比如在俯卧撑或者侧卧撑中，你的身体需要从头到脚呈一条直线，而只有在腹部肌肉和竖脊肌的支撑下，你的骨盆才能保持在这条直线上。有一个让你绷紧身体的小诀窍，就是将肚脐往内收并保持住。在这个过程中要进行正常呼吸，不要憋气，这样你的身体就绷紧了。

控制好你的骨盆位置

当你处在最自然的站姿时，骨盆往往稍微往前倾，这为你保持身体直立提供了最稳当的基座，因为骨盆位置对你的脊椎矫直有一定的影响（参见第71页的保持正确的姿势部分）。脊柱有前凸趋势的人则相反，骨盆要稍微往后倾斜，做出像要坐下的动作。

让你的膝关节保持放松

很多无器械训练动作都是以站姿完成的。在这种情况下，你的膝关节应该始终保持轻度弯曲，这样既可以将椎间盘的压力转移到腿部肌肉上，又能减小膝关节所受的压力。另外，你还可以将双脚的脚尖稍微朝外打开，从而使膝关节弯曲这一动作做起来更为轻松。

遵循身体允许的动作范围

在通常情况下，你的脊椎可以弯曲的幅度是有限的，其中腰椎尤其不适合做侧弯动作。有一个很简单的法则可以为你提供保护：呈站立姿势，双脚的脚尖稍微朝外打开，然后想象你的双脚踩在了两条直线上。在想象出来的这两条直线围起来的区域内，你可以举起物体或者用手支撑着身体坐下。如果你要在这个范围之外支撑身体或者举起某个物体，首先你就要调整脚尖的朝向，使动作在安全范围之内。

向前弯曲的时候支撑住自己的身体

当你要做上身前倾且与臀部呈30度以上角度的动作时，比如双手撑在公园的长椅上，一定要支撑住自己的身体。如果你需要做俯身动作，但身边又没有可供支撑的东西，首先要挺直背部，缓慢下蹲至臀部与膝盖平行的位置，臀部往后移动，然后双手向前伸。你可能已经发现有些训练项目其实违背了这条规则，比如站立式体前屈和俯身侧平举。这样的训练项目在你没有受伤或任何不适的情况下也可以进行。参与支撑身体特定姿势的相关肌肉能在这些项目中得到强化。

在髋屈肌运动时保持后背挺直

在卷腹、仰卧起坐和抬腿项目中，随着动作的进行，可能会出现腰椎突出的状况，给背部带来负担。原因是在这类腹部肌肉训练中，本不应该涉及的髋屈肌也参与其中了。所以要特别注意，在腹部肌肉训练中应该时刻保持由腹部肌肉主导动作的进行。

在仰卧抬腿项目中，双腿下落的高度不应过低；在卷腹项目中，起身也不宜过高。这些动作都要以不对腰椎产生过大的压力为准，以防造成腰椎突出或者下背部疼痛。

不要硬拉你的颈椎

在进行卷腹和仰卧起坐时经常会出现的一个错误是硬拉后脑勺，这对本身就脆弱的颈椎很不利。在完成这些动作的时候，可以将指尖或拳头放在太阳穴处，或者双手交叉抱于胸前。

针对腿部功能区的安全须知

在这个功能区中，最主要的是膝关节。膝关节由于自身的构造，并不能舒服地完成所有的动作。对于这一点，你可能已经有体会了，在很多情况下，膝关节都是被迫完成相关动作的。但从今天开始，你要对此做出一些改变了。

受力的膝关节保持轻微弯曲

不管是做弓步、深蹲还是在站姿下做上身训练，受力的膝关节必须始终保持轻微弯曲。只有这样，用于保持膝关节稳定的肌肉才能发挥作用，防止膝关节受伤，否则韧带组织和滑囊组织也会受到过大的压力。

只旋转不受力的腿

对膝关节来说，旋转支撑腿的伤害非常大！其实每个人都知道这一点，但在比赛中，人们常常因为紧张或兴奋而忘记。如果你要转体，那么就一定要伴随着脚部的旋转，或者只旋转不受力的腿。

用脚来确定运动方向

这一条原则也是用来保护关节轴的。根据人体的构造，臀部、膝关节和脚关节应该在同一方向上进行工作。脚的朝向可以用来确定运动方向。也就是说，膝盖要始终和脚尖保持朝向同一方向。如果将膝关节向内侧或者外侧翻转且弯曲，就会导致膝关节的韧带结构单侧受力，这很容易造成膝关节受伤。

膝盖保持在脚尖后面

在做屈膝和弓步动作时经常出现的一个错误是，膝盖的位置太靠前，甚至移动到了脚尖前面。这会对膝盖造成非常大的负担。所以在做屈膝和深蹲动作时，臀部应向后坐，这样膝盖的位置就会相对靠后，可以将膝盖所受的力降到最小，肌肉也能更好地控制身体的重心。在做弓步动作时也要时刻记着，尽量下蹲，即往前迈一步，然后使身体下沉，而不是使身体朝前倾。这能对膝盖起到很好的保护作用。

下一节中将讲解所有值得你了解的膳食营养知识，这些知识不仅非常有助于保持身体健康，而且也能帮助你实现自己的训练目标。

第 3 章

营养供应

不管你想减脂还是增肌，这一章都会告诉你如何正确地摄取营养，以达成你的训练目标。吃喝对训练的重要性和每个重复动作一样。重要的不只是你吃多少，还有吃什么、什么时候吃、如何搭配饮食。此外，不是所有人都能共用一套营养理论，因为各人的新陈代谢情况不同，需要的饮食策略也不同。

在这个背景下，本章将提供大量的相关信息，告诉你营养物质对不同体质的人是如何起作用的，以及你应该如何安排自己的饮食。此外，你还将了解有关热量、基础代谢和体力活动消耗的知识。即使你未来的生活并不会由热量的多少决定，但这些和能量平衡相关的知识能极大地帮助你更快地实现自己的目标。

新陈代谢：生命和体能的发动机

你的身体在一直不停地消耗能量，即使在睡觉的时候也是如此。幸好你每天都能通过吃喝来获取所需的能量。新陈代谢就是对承载能量的营养物质进行加工，然后将能量分配给全身的各个部位的过程。可以将其想象成一个银行账户，你不断地往里储存能量，也不断地在取出（消耗）能量。你的身体消耗能量不只是为了进行任何一种形式的运动，还为了维持生命必需的生理过程，比如呼吸和心跳。你每天从这个账户里取出多少能量，即你每天消耗多少能量，一方面取决于你多么活跃，做了多少运动，运动强度多大，另一方面取决于一些最基础的因素，比如性别、年龄、身高以及体重等。这些因素决定了你的能量需求。所以每个人的新陈代谢情况都不一样，你的能量需求和利用能量的方式是独一无二的。

千卡和千焦

用来描述食物里所含热量的单位有很多，最常见的是千卡，也经常被称为大卡。与此相对的还有另一个能量单位，即千焦。这两个单位之间的换算关系大致是：1千卡≈4.2千焦。当你摄入了100千卡的热量时，你的身体账户里就自动存入了420千焦能量，反之亦然。

当你通过训练从账户里取走100千卡能量时，这个换算公式也是成立的。事实上，用哪个单位来计算能量并没有区别。在食品包装上，通常这两个单位的能量值都会标出。按照上述换算关系来计算，两者描述的能量值当然也是相同的。这两个单位反映了可供身体消耗的能量，也就是体力活动耗能。

从能量账户里取款：基础代谢和体力活动

你的身体一直都在不停地消耗能量。消耗能量的多少通常用千焦来描述。在你需要的能量中，一大部分用来维持体内正常的生理活动以及支持身体进行活动。

维持心跳、呼吸等基本生命活动所必需的能量代谢就是所谓的基础代谢。你的具体基础代谢值需要由专业的运动医生进行详细的身体分析后才能给出，但其实你并不需要具体的数值。一个简单的公式可以让你估算出一个粗略但有说服力的数值：如果你是男性的话，那么你的基础代谢大概为每千克体重每小时消耗4.2千焦能量。比如你的体重为80千克，那么你维持一天的基础代谢所需的能量就是：

4.2 × 80 × 24=8064千焦/天

如果你严重超重了，身体里有太多的脂肪，那么你应在这个数值的基础上减去10%~20%，因为脂肪组织相对不活跃。此外，还有很多其他的公式可以用来计算基础代谢值，其中一部分更为复杂。由于大部分公式得出来的结果都很相似，都只能得出粗略的估算值，所以你可以省下进行复杂计算的时间。

在生活中，你肯定不是24小时都躺在床上什么也不做。即使你只是在读这本书，除此之外没有做其他动作，你也会消耗除了基础代谢之外的能量，以供大脑用来集中注意力。坐、站、走路以及训练等需要耗费的能量统称为每日能量代谢。通常我们用体力活动系数来大致描述身体消耗的能量。

首先，你可以借助活动系数来确定每天耗能的多少。记录下典型的一个星期的数值（必要的时候也可以记录工作日和训练日的数值），这样你就可以对自己每天需要多少能量有一个大致的了解了。对日常活动的记录越详尽，计算结果也就越精确。下面举个例子。

你每天睡 8 小时（系数 0.95），工作期间主要坐在计算机前 8 小时（系数 1.6），另外还有 5 小时在家里或车上坐着（系数 1.4），购物 1 小时（系数 1.8），打扫卫生 1 小时（系数 1.8），高强度体育锻炼 1 小时（系数 2.4），那么：

$8 \times 0.95+8 \times 1.6+5 \times 1.4+1 \times 1.8+1 \times 1.8+1 \times 2.4=33.4$

将 33.4 再除以 24，得到 1.39，这个数值就是你的活动系数。将活动系数乘以维持基础代谢所需的能量，就得到了你这一天的总能量代谢值。以上面 80 千克的体重为例，基础代谢所需能量为 8064 千焦，活动系数为 1.39，这一天的能量代谢就是 $8064 \times 1.39=11209$ 千焦。

如果不想增重，你每天摄入的热量就不宜超过这个数值。而有训练的时候，如果不想减重，你摄入的热量应该超过这个数值。这一点对于肌肉的增长来说至关重要，对想要长期持续减重的人来说也非常重要，因为只有达到或者超过这个数值，你的肌肉才能更好地增长。

上千种菜谱任你挑选

看到这里，肯定有人想要详细的菜谱或具体的饮食建议。MENTHHEALTH 网站上有 1000 多种菜谱供你随意挑选，每种菜谱中还附有关于热量和重要营养成分含量的说明。祝你用餐愉快！

活动系数	
PAL* 值	对应的活动
0.95	睡觉
1.2	仅仅坐着或躺着（比如生病的时候）
1.3~1.5	坐着做一些幅度很小的动作（比如在办公室中工作以及看电视等业余活动）
1.6~1.7	主要是坐着，但时不时地起立或短暂行走（比如火车司机的工作以及烤肉等业余活动）
1.8~1.9	主要是站立或行走（比如售货员的工作、做家务活）
2.0~2.4	高强度体力活（比如建筑工人的工作、运动、健身）

注：*PAL (Physical Activity Level)：体力活动系数。

往能量账户里存款：吃喝

你的能量账户收支平衡的另一端是“存款”，即通过摄取食物获取能量。想要知道你的能量账户是盈余（能量太多，身体持续增重）还是亏损（能量太少，身体持续减重），你就得计算日常摄入的能量。计算典型的一个星期的数值就足够了。养成每天都记录饮食的习惯，包括喝下去的所有饮料，甚至咖啡里的牛奶、一颗小熊软糖等细节。用这种方式可以让你的所有“罪行”都有迹可循，你可能会对自己一天里断续积攒下的能量值感到惊讶。

食物里的热量究竟来自哪里呢？能量账户里有 4 种“流通货币”，即蛋白质、碳水化合物、脂肪和酒精。你摄入的含有热量的食物和饮料都包含这 4 种能量载体中的一种或多种。

不管是沙拉、黑面包还是巧克力棒，1 克碳水化合物或蛋白质始终含有 16.8 焦热量，1 克脂肪则含有 37.8 焦热量（见下表）。沙拉和巧克力的区别是，你可以肆无忌惮地吃很多沙拉，这才勉强和小小的一根巧克力棒中的碳水化合物含量相当。

食物里的能量载体	
营养物质	每克所含热量（约值）
蛋白质	16.8 焦
碳水化合物	16.8 焦
脂肪	37.8 焦
酒精	29.4 焦

石器时代的身体，过于富足的现代社会

自石器时代以来，人类的基因就没有发生很大的改变。人体的构造天然适合打猎、格斗、攀爬、跳跃、跑步、匍匐前进、抛掷物体等，但并不适合坐下、乘坐自动扶梯、使用鼠标等。人体可以适应长期处于营养不良状态的情况。它会尽力将能量存储下来，一点都不浪费。快餐、薯片、巧克力等食物对它来说就是巨大的“能量炸弹”。如果你生活得很懒散，花大量的时间坐着或者躺着，则也会由此存储大量的能量。你的身体是石器时代的产物。它不仅应该像那时一样活动，而且也要合理地摄取食物，比如在现代提倡的“旧石器饮食法”。这种饮食法主张人们应像石器时代的祖先一样多吃肉、鱼、水果、坚果和部分蔬菜，少吃耕种作物。食物的构成是 20%~30% 的碳水化合物、20%~30% 的

含蛋白质的食物			
食 物	蛋白质含量	其他特点	建 议
肉	高	• 不同肉类的脂肪含量相差较大； • 含有高价值的脂肪酸，此外还有维生素、矿物质和微量元素	• 多吃低脂肪含量的肉类； • 少吃高脂肪含量的肉类； • 少吃热量极高的炸猪排和烤肉等
鱼和其他海鲜	高	• 不同鱼类的脂肪含量相差较大； • 含有维生素、矿物质、微量元素以及非常重要的脂肪酸	• 多吃脂肪含量低的鱼类（比如大西洋鳕鱼、绿青鳕、吞拿鱼和金平鲉）； • 适量吃脂肪含量高的鱼类（比如鲱鱼、鲭鱼、三文鱼和鳗鱼）； • 避免吃炸鱼和烤鱼
豆类及面粉等	高	• 富含维生素、矿物质和膳食纤维； • 部分豆类制品中的碳水化合物和脂肪含量很高	• 多吃，但要留意脂肪和碳水化合物含量，特别是成品
坚果和芝麻	高	• 含维生素、脂肪酸和膳食纤维； • 脂肪含量高	• 适当摄入，要时刻留意脂肪含量； • 避免吃烤制的或加糖的坚果制品
荚果	高	• 富含维生素、微量元素、矿物质和膳食纤维； • 碳水化合物含量高	• 适量摄入，要注意碳水化合物含量
牛奶和奶制品	中或高	• 含维生素和矿物质； • 部分奶制品中的脂肪和碳水化合物含量很高（比如奶油酸奶、牛奶甜粥、冰激凌等）	• 多摄入牛奶、低脂奶酪和天然酸奶 • 避开加糖或奶油含量高的产品
蛋类	中	• 富含脂肪酸和维生素	• 适量摄入（考虑脂肪含量）
蔬菜	低或中	• 含维生素、矿物质、微量元素和植物化学元素； • 富含膳食纤维	• 多吃； • 避开奶油蔬菜制品

脂肪和 40%~60% 的蛋白质。与这种较为极端的低碳饮食相对，德国营养学会（DGE）则提倡饮食中含 50% 的碳水化合物，30%~35% 的脂肪和大概 15% 的蛋白质。这是最科学的一种饮食方法，但根据每个人的体质和不同的训练目标，还可以加以调整和完善。第 88 页有关于体质类型的更详细的介绍。

蛋白质：生命和肌肉的基石

人体的 15%~20% 是由蛋白质构成的，每个体细胞内都含有蛋白质，当然每个肌肉细胞里也含有蛋白质。蛋白质是肌肉组织生长和再生长必需的物质，在身体的其他细胞内也同样重要。蛋白质与脂肪和碳水化合物不同，主要作用并不是作为能量来源，而是起到维持细胞和支持细胞生长的作用。蛋白质及其成分有多种不同的形式，其中包括氨基酸。它们的作用并不全然相同，身体对它们进行加工也需要不同的时长。关于氨基酸和蛋白质形式的更多信息，参见第 92 页。不管你的训练目标是什么，你只需要记住简短而确切的一句话：无蛋白，不肌肉！

24 种最佳含蛋白质食物（有利于增肌和减脂）				
你可以放心吃下列食物：这些优质食物能有效地为你提供蛋白质（包括最佳蔬菜来源），是你每天健康饮食的好伙伴。对于热量高的食物，记得时时刻刻留意脂肪和碳水化合物的含量				
食物种类	热量（千焦）	蛋白质含量（克 /100 克）	碳水化合物含量（克 /100 克）	脂肪含量（克 /100 克）
西蓝花	105	3.5	2.5	<1
脱脂乳	147	3.5	4	<1
腌牛肉	588	22	0	6
鸡蛋	630	12	<1	11
绿豌豆（新鲜）	336	6.5	12	<1
花生（去壳，未经烤制）	2400	25	8	48
虾（速冻）	412	18	1	1.5
羽衣甘蓝	147	4	3	1
燕麦	1550	13	60	7
低脂硬奶酪（30% 脂肪含量，比如伊丹奶酪）	1050	26	0	16
脱脂酸奶酪	546	30	<1	<1
酪农奶酪（20% 脂肪含量）	420	13	3	4
生火腿	483	18	<1	4
生扁豆	1260	24	52	2
低脂海鱼（鳕鱼、鲽鱼、梭子鱼等）	336	18	<1	1
低脂肉类（禽类、牛肉、猪肉）	460~500	24	<1	2
奶豆腐	336	15	3	<1
球芽甘蓝	147	4.5	4	<1
火腿（熟）	588	23	<1	4
黄豆（晒干）	1850	36	30	20
黄豆芽	210	5.5	5	1
罐装金枪鱼	462	26	<1	<1
豆腐	420	11	2	5
核桃	2814	15	12	62

碳水化合物：人体的超级燃料

现在很多人认为碳水化合物并不是好东西，因为它会使人发胖。从一定程度上看，这种说法是有依据的。以前人们以为脂肪是肥胖的根源，而如今证实了（劣质）碳水化合物才是导致肥胖的罪魁祸首。虽然每克碳水化合物所含的热量是相同的，但它有多种不同的形式。简单来说，碳水化合物可以分为快速分解型和慢速分解型。顾名思义，快速分解型碳水化合物会快速进入血液中，迅速提高血糖水平，也会很快被消耗。遗憾的是，如果没有完全将其消耗殆尽，它会很快进入脂肪库里储存起来。慢速分解型碳水化合物则较慢地起作用，需要消化的时间长，只会适量地提高血糖水平，但能持续为身体储存能量。身体对不同碳水化合物的利用速度取决于它们各自的结构。短链碳水化合物的利用速度比较快，长链碳水化合物的利用速度比较慢。我们通常用升糖指数（GI）来反映食物中碳水化合物被利用的速度。通过 GI，我们可以了解某种食物被消化后使血糖和胰岛素水平升高的速度和能力。这个作用对于你的身体脂肪增加与否有重要影响。胰岛素含量高会促进体内脂肪的储存和积累。一旦你的体内堆积了大量没有被消耗的碳水化合物，它们很快就会转化为你肚子上的肥肉。如果你想要减脂，那么不仅要关注摄入热量的多少，而且要注意饮食均衡和食物中碳水化合物的组合配比。

另外，在高强度的身体负荷下，你又需要尽快获取能量，这时快速分解型碳水化合物就能充分发挥它的作用了。总的来说，碳水化合物在力量训练中为你的肌肉力量提供了最重要的能量基础。在耐力训练中，它的作用也不容忽视。关于训练中碳水化合物的补充，参见第 90 页。

升糖指数（GI）

GI 表明了食物中的碳水化合物对血糖水平的影响，但它并不能帮助你对不同的食物进行比较，因为它并没有考虑到碳水化合物的含量。比如白面包和煮过的胡萝卜的 GI 值相近，即使白面包中的碳水化合物含量是胡萝卜的 7 倍有余。这时就引入了另一个概念，即食物的血糖负荷（GL）。GL 同时考量了某种食物提升血糖水平的速度和碳水化合物的含量，所以也能在不同食物间进行对比。GL 值低于 10 是最佳的，11~20 还可以，超过 20 则不好。GI 和 GL 两个数值都会受到食物加工过程的影响。煮过的胡萝卜的 GI 值就要高于生胡萝卜，因为通过加热，胡萝卜中产生了高 GI 值的糖分子。这也是煮过的胡萝卜比生胡萝卜更甜的原因。另外，食物的 GI 值和 GL 值还会因为和其他食物的不同搭配组合而改变。比如，胃里的植物纤维越多，消化过程进行得越缓慢，血糖水平的升高速度也会由此变慢。

含碳水化合物的食物				
食物种类	碳水化合物含量	GL 值	其他特征	建议
蔬菜	低	低	• 含有必要的维生素和矿物质； • 含有优质的慢速分解型碳水化合物，另外还有大量的植物纤维	• 一定要多吃； • 避开奶油蔬菜制品
牛奶和奶制品	低或高	低或高	• 含重要的维生素、矿物质和蛋白质； • 乳糖会使血糖水平适当升高	• 多吃低脂奶制品（酪农奶酪、脱脂酸奶酪、奶豆腐等）； • 适量吃硬奶酪、牛奶、低脂酸奶等； • 避开脂肪含量高的奶制品（如奶油、软奶酪）和加了糖的产品（比如牛奶粥等）
水果	中	中	• 含有丰富的维生素、矿物质、微量元素和植物纤维； • 果糖会使血糖水平缓慢升高	• 多吃
荚果	相对较高	低	• 含有重要的维生素、矿物质和植物纤维； • 另外还含有大量的植物性蛋白质	• 多吃，但要注意热量含量
土豆及土豆制品	相对较高	高	• 含有优质维生素和植物纤维； • 可惜很多土豆制品在加工过程中加入了很多脂肪	• 适量吃新鲜土豆； • 避开脂肪含量高的土豆制品，比如油炸土豆片、土豆沙拉、薯片和薯条
面食	高	高	• 附加的营养物质较少	• 减少摄入； • 建议吃全麦通心粉
米	高	高（白米）或中（长粒米、糙米）	• 除植物纤维外没有太多的碳水化合物	• 适量吃； • 建议多吃长粒米和糙米
面包和其他糕点	高	高（白面粉）或低（全麦）	• 白面粉几乎不含额外的营养物质，而且 GI 值和 GL 值很高； • 全麦制品的 GI 值和 GL 值则较低，也含有更多的维生素和植物纤维	• 适量吃全麦制品； • 避开白面制品（白面包、盐饼干棒、苏打饼干、蛋糕等）； • 尤其要注意避开脂肪含量高的制品（比如可颂、奶油蛋糕、烘制的糕点等）
混合麦片和其他五谷杂粮	高	高	• 大多数谷物早餐含有大量单糖； • 大多数混合麦片含有维生素、矿物质和植物纤维	• 适量吃混合麦片，要注意产品质量； • 避开额外加了糖的混合麦片和谷物产品（比如加入巧克力或饼干碎）
甜品（巧克力、水果橡皮糖等）	高	高	• 含大量的单糖，除此之外没有其他营养物质； • 巧克力制品和杏仁泥等还额外含有大量脂肪	• 避开
果汁	高	中或高	• 果汁本身的含糖量很高； • 部分果汁饮料还会额外加糖	• 只喝纯果汁或少喝； • 避开加糖的果汁
汽水	高	高	· 只含大量的单糖，不含其他营养物质	• 避开

脂肪：人体的“柴油燃料”和能量存储器

脂肪是人体的能量存储器，它尤其喜欢囤积在人的臀部。由于脂肪的能量值极高，你的身体就将它作为存储能量的媒介。所以如果你摄入了过多的脂肪，你自然就会长胖——即使长胖的真正罪魁祸首是碳水化合物。和碳水化合物相比，你的身体需要很长的时间才能将脂肪转化为能量。所以脂肪和脂肪代谢在耐力运动中发挥了重要作用，因为脂肪能在较长的一段时间内为身体提供较多的能量。脂肪的另一个作用是帮助身体对脂溶性维生素（维生素 A、维生素 D、维生素 E 和维生素 K）进行吸收和加工。

脂肪中所含的脂肪酸有不同的种类，除了饱和脂肪酸外，还有单不饱和脂肪酸和其他多不饱和脂肪酸。很多食物中含有多种上述脂肪酸。

饱和脂肪酸广泛分布于各种食物里，比如肉类和奶酪制品中。单不饱和脂肪酸主要出现在橄榄油和菜籽油中。多不饱和脂肪酸作为食物的组成部分非常必要，因为人体无法全都靠自己生产出它们来。大家耳熟能详的脂肪酸有 Ω-3 脂肪酸（常见于鱼类中，比如三文鱼和鲱鱼）和 Ω-6 脂肪酸（常见于核桃、葵花籽油、玉米油和大豆油中）。这些珍贵的脂肪酸参与了体细胞的再生过程，因此对于增肌有重要作用。

脂肪——人体能量储藏室里的宝藏

你已经认识了 3 种富含能量的营养物质，它们就藏在你的身体里。

- 体内蛋白质储存的能量非常有限。诚然，你身体里的蛋白质含量并不低。或许你还记得，人体的 15％ ~20％ 是由蛋白质构成的，如果忘了的话，则可以翻到第 81 页复习一下。但可惜的是，蛋白质并不是主要的能量来源。
- 比蛋白质储存的能量稍多一些的是碳水化合物。碳水化合物以血液里的血糖、肝脏和肌肉组织里供快速消耗的糖原的形式存在于人体中。人体里储存的碳水化合物能提供的能量为 4000~8000 千焦。
- 蛋白质不是主要的能量来源，碳水化合物能提供的能量也不多，那么脂肪就是当之无愧的能量宝藏了。假设你的体重为 80 千克，并进行过较好的锻炼，拥有较低的体脂含量（如 10%），那么你体内的脂肪组织就约为 8 千克。因为其中还有结缔组织，所以 1 千克体脂大概含有 30000 千焦能量。因此你体内的脂肪所储存的能量就达到了 240000 千焦！

含脂肪的食物			
食物种类	脂肪含量	其他特征	建议
肉类	低或高	• 不同肉类的脂肪含量各不相同； • 含有大量优质蛋白质； • 含有人体必需的维生素、矿物质和微量元素	• 多吃低脂肉类； • 减少食用高脂肉类或者完全避开； • 避免吃炸肉排和烤肉
鱼类和海鲜	低或高	• 不同鱼类的脂肪含量相差较大； • 含有大量优质蛋白质； • 含有人体必需的维生素、矿物质和微量元素，另外还有不可或缺的脂肪酸	• 一定要多吃低脂鱼类； • 适量食用高脂鱼类； • 不吃炸鱼排、烤鱼等油脂过多的食物
奶和奶制品	低或高	• 含有人体必需的维生素、矿物质和蛋白质； • 不同奶制品的脂肪含量各不相同（脂肪含量高的奶制品有软奶酪、精制软干酪、冰激凌等） • 部分含有大量碳水化合物（比如水果酸奶、冰激凌等）	• 多食用牛奶、酪农干酪、脱脂酸奶酪、天然酸奶； • 不吃软奶酪和其他加糖的、高脂的奶制品，以及所有奶油制品
蛋类	中	• 含有优质蛋白质和维生素； • 脂肪藏在蛋黄里； • 事实上鸡蛋对人体内胆固醇含量的影响有限，没有人们想象的那么糟糕	• 出于对脂肪含量的考量，适量食用
坚果和芝麻	高	• 富含植物蛋白质； • 含有维生素、人体必需的脂肪酸和植物纤维	• 出于对脂肪含量的考量，适量食用； • 少食烤制或者炸过的产品
高脂烘焙制品	高	• 蛋糕、饼干和其他烘焙制品含有大量劣质脂肪； • 常常含有大量劣质碳水化合物	• 避开
巧克力和杏仁泥	高	• 主要含劣质脂肪，还含有不利于健康的单糖	• 避开
零食	高	• 薯片和花生味玉米条等零食含有大量劣质脂肪和劣质碳水化合物	• 避开
调味汁、马奶酱等	中或高	• 含有劣质脂肪或者过多的饱和脂肪	• 减少食用
食用油、黄油和植物黄油	很高	• 油中含有人体必需的脂肪酸； • 半脂植物黄油的脂肪含量较低	• 适量食用，要选择营养价值高的油

水是生命之源——对体能来说至关重要

你的身体需要大量的水来对营养物质进行加工、分配和利用。根据年龄、性别和训练状况的不同，人体内的水含量为 50%~70%。这些水并不是简单地在人体里晃荡，而是所有体液的基本成分，也是生命存在的基础。人体需要水来对摄入的营养物质（特别是蛋白质）进行加工，此外体内所有的生理过程都需要水的帮助才能顺利进行。

人体会因为流汗而失去水分，即使你有时察觉不到，比如在游泳的时候。根据运动强度的不同，每小时流失的水分为 1~1.5 升不等。如果失去的水分没有及时得到补充，你的体能就会迅速下降，因为血液会变得浓稠，对肌肉的营养补给也会停滞。一旦身体流失了 1%~2% 的水分，你的体力就会明显下降。以体重为 80 千克的男子为例，其体重的 60% 为水分，而流失 500~1000 毫升水分就会对他的体力造成明显影响。如果在运动过程中你没有补充水分，那么训练半小时后就会感到筋疲力尽了。

补水的最佳方式是喝矿泉水。在训练中最好不要喝碳酸饮料，因为这会让你的肚子里积满气体，并在以后的训练中给你带来打嗝等不舒适的体验。如果你需要额外补充碳水化合物，则可以选择电解质饮料或者果汁汽水。

如果你想要减重，那么水还有以下优点：它不含热量，而且当你喝完水后，你的身体会消耗能量——虽然数量很少，但聊胜于无。

是“负债”还是“盈余”：能量账户的收支平衡

你现在知道了你的体内有哪些流通的“能量货币”，那么你的能量账户的收支情况如何呢？你摄入的能量是太多还是太少？对于大部分人来说，两者都有。只要你不是持续地处于饥饿状态或者一天二十四小时不停地进食，你就会一直在摄入能量太多和太少两种状态间切换。你肯定做不到一天内每时每刻都精准地按照身体的需要来摄入能量。但这并不算糟，因为你体内的一切也都在变化。体细胞一直处于修复、重生（尤其是在能量过剩的时候）或者缺损（主要发生在能量不足的时候）状态。

合成代谢状态：给能量账户充值

如果你想要增肌，那么你的身体就需要有剩余的能量，也可以称为能量账户盈余。只有你的体内有了更多的能量，你的身体才会在对营养物质进行加工的时候进入合成代谢状态，这一过程对肌肉的增长至关重要。有一个小问题，即剩余的能量通常并不能全用在合成肌肉上，而是会进入“脂肪库”里囤积起来。所以如果你想要增肌，你就得注意自己吃的食物的品质和搭配方式。

日常喝水建议

在不训练的时候，每天至少要喝 2~3 升水；在训练日，则每训练半小时喝半升水。要将饮水量规律地分配在一天里的各个时刻。在每个训练阶段的前、中、后段，至少每 15 分钟就要喝一点水。

镜子会说真话

比起经常上秤，不如多照照镜子吧！就像用手掐臂部可以很直观地感受到肥肉的多少一样，照镜子也可以给你提供相对靠谱的反馈，能让你清楚地看到自己训练的成效。体重计只能展示一定的体重变化趋势，并不能体现综合的训练效果，因为肌肉显然比脂肪更重。人们经常提到的身高体重指数（BMI）也没法很好地检测训练效果，因为体重和 BMI 都没能指出体内肌肉和脂肪的比例。这就会导致一个错误的认知，即人们往往把经过锻炼而变结实的肌肉当作脂肪。单单通过体重计或 BMI，你会觉得自己变胖了，但实际上可能只是你的肌肉增多了。所以检验训练效果时靠谱的方法是回答以下两个问题：第一个是你的身体看起来如何，第二个是你对自己身体的主观感受是什么。

分解代谢状态：从能量账户中取钱

如果你想要减脂，就得使身体处于能量不足的状态，也可以称之为能量账户负债。这里有一个小问题，即身体在能量不足的时候会更倾向于减少肌肉含量，而不是消耗脂肪库里囤积的脂肪。如果你采用节食的办法，想要通过挨饿来减脂，那么你也会损失肌肉。这会导致你身体的松弛，基础代谢速率的降低，同时伴随着体能的下降，你还得忍受挨饿的痛苦。在这些负面影响的共同作用下，你担心的结果百分之百会发生：不管你怎么节食，体脂还是在不断增加，同时肌肉量不断减少。

但只要掌握了以下原则，你就能有效地避免上述悲剧。

（1）不要让身体处于能量严重不足的状态。减脂是一个漫长的过程，要有耐心。

（2）定期进行力量训练，以保持肌肉量。

（3）在这个过程中，要像以前一样补充足量的蛋白质。

你是什么体质

这些使得能量账户或盈余或亏损的、发生在人体内的过程因人而异，因为每个人的身体对摄入能量的加工和处理方式各不相同。根据人体利用能量的效率和与之相联系的脂肪储存情况，可以大致将人的体质分为 3 种类型：外胚型、中胚型和内胚型。尽管没有人的体质完全符合某种类型，但这种分类方法对你有很大的帮助。你可以大致评估一下自己的身体消化脂肪和减少肌肉组织的速度，以及应该摄入多少能量和摄入什么样的能量。

内胚型体质的特点以及训练、饮食建议如下。

- 这种体质的人的体形普遍较宽。
- 肌肉和脂肪互相交错，有肌肉，但不易辨别。
- 基础代谢速率比其他两种体质的人低，代谢较为缓慢，很容易长胖，而且积累的脂肪很难消除。
- 这种体质的人要注意减少碳水化合物的摄入。
- 如果想要减脂，那么务必在训练中加入耐力训练。

中胚型体质的特点以及训练、饮食建议如下。

- 这种体质的人大多数都很幸运，因为可以拥有健美的、肌肉发达的身体。
- 这种体质的人相对容易长胖，但经过相应的训练也能快速增肌。
- 同时也能相对快速地减肥。
- 饮食应均衡，碳水化合物的摄入应适量。
- 耐力运动有助于减肥，但不是必需的。

外胚型体质的特点以及训练、饮食建议如下。

- 这种体质的人普遍很瘦，大部分都拥有很低的体脂率。
- 可以随心所欲地吃东西，而且不容易长胖。
- 遗憾的是，这种体质的人很难增肌，想要增长一丁点儿肌肉都得为之付出极大的努力。
- 外胚型体质的人新陈代谢过程处于高速运转状态，所以一般有较高的基础代谢率。
- 在进行肌肉训练的同时要增加营养物质的摄入，其中包括碳水化合物。
- 最好避开耐力训练，因为这种体质的人在进行耐力训练时肌肉也会进行分解代谢，从而减少肌肉量。

根据人的体质不同，应对摄入的各种营养物质进行增减，见下图。如果你的体脂率高，或者属于内胚型体质，就要控制摄入的碳水化合物的量。另外，如果你不想发胖，或者觉得自己可能属于内胚型体质，在摄入碳水化合物前要慎重考虑。3 种体质之间的过渡地带并不明显，三者并不是完全区别开的。此外，不存在某种针对某个人群的“正确”饮食。你可以多尝试、多思考，观察自己身体的反应，并且及时根据自己的需求进行饮食调整。

不同体质的人摄入营养物质的比例建议

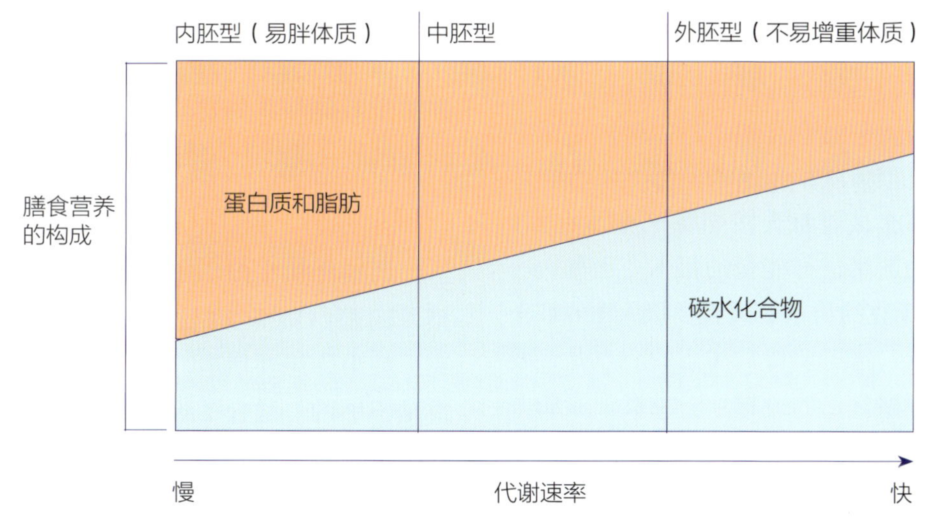

别忘了补充维生素及其他微量元素

前面我们已经介绍了很多含有热量的营养物质，但身体除此之外还需要维生素、矿物质和微量元素这些不含热量的物质。这些物质也是身体必需的，离开它们，其他营养物质就无法被吸收。

维生素 A

促进蛋白质代谢和血细胞合成，从而为肌肉提供足够的氧气。

富含维生素 A 的食物：肝脏、鱼类、胡萝卜和鸡蛋（蛋黄）。

维生素 B2

改善所谓的细胞呼吸过程，促进葡萄糖的转化。

富含维生素 B2 的食物：燕麦片、绿叶蔬菜、白菜和奶制品。

钙

对提高肌肉的伸缩能力有帮助，有利于血液流动，是人体里最常见的矿物质（骨头）。

富含钙的食物：蔬菜、坚果、奶制品和谷物制品。

铁

在将氧气从肺部输送到（肌肉）细胞的过程中起重要作用，因此对你的体能有很大的影响。

富含铁的食物：甜菜根、肉类、菠菜和荚果。

镁

优化能量和氧气供应，提高肌肉的工作质量。

富含镁的食物：坚果、禽类、水果和米饭。

有效的饮食策略：减脂增肌

现在你对营养物质已经有了充分的了解，可能也对自己属于哪一种代谢类型有了一定的想法。接下来将为你介绍多种健康饮食的建议方案。你会读到一些重要的建议，了解应该怎么有目的地吃东西，以及如何拥有理想的身材。

如何增肌

在你迫不及待地去看第一条建议之前，为了避免你产生误会，这里有一个小提示，即这些饮食建议只有在你同步进行有规律的训练的前提下才能起作用。通过搭配合适的饮食和锻炼，此后你只需要享受肌肉增长带来的成就感了！

补全能量缺口

要想增肌，你的能量账户就得有盈余，你的体内必须有多余的能量，只有这样你的身体才能进行合成代谢，这一点在前文中已经介绍了。如果你是典型的外胚型体质，无论如何都无法增加体重，那么试着每天按照每千克体重170千焦的数量进行能量的摄入。比如，一名80千克的男子一天就要摄入13600千焦能量。这里要特别注意的一点是，要时刻观察自己的身材！一旦发现脂肪开始囤积，就要及时减少能量的摄入。先别急着开始做增肌或增加体重的活动，而应适当增加摄入的能量，直到你在镜子里或者在体重秤上能明显看到自己身材的变化。

最理想的营养物质分配

不管你属于哪一种代谢体质，有一个普遍适用的最优营养物质权重可以帮助你增肌：每天摄入的能量由50%的碳水化合物、25%的脂肪和25%的蛋白质构成。在比较极端的情况下，比如完全的外胚型体质，这个权重则可以改成60%的碳水化合物、20%~25%的脂肪以及15%~20%的蛋白质。将这一权重和上述关于具体体质的建议相结合，你就会找到最适合自己的数值。

蛋白质：增肌的关键

如果你想要保持肌肉量，那么每天摄入的蛋白质至少应该为每千克体重1克。如果你想要增肌，那么这个数量通常是不够的。适合增肌的每日蛋白质摄入量应为每千克体重2克，包括不训练的日子。新的研究表明，每天摄入蛋白质超过这个数值更有利于肌肉的增长。

科学家经研究发现，如果增加蛋白质摄入量（比正常情况下多 60%），再搭配适当的训练，那么肌肉就能得到显著的增长。这个定律适用于所有人，不管其之前的饮食里蛋白质含量是过多还是过少。比如，你现在每天摄入的蛋白质为每千克体重 2 克，那么增加 60% 后你就能更好地增肌，也就是每天摄入的蛋白质为每千克体重 3.2 克。要达到这个摄入量，你可能就需要蛋白质补充剂的支持（参见第 92 页）。如果你每天摄入的蛋白质多于每千克体重 2 克，那么一定要多喝水，因为蛋白质分解后的产物会给肾脏带来一定的负担。

能量和营养物质在时间上的分配

在你为了摄入营养物质而狂吃东西之前，你最好先掌握策略：在什么时间摄入多少数量的哪种营养物质，对你达成目标非常关键。基本原则如下。

（1）一天吃 5 ~ 6 餐是最理想的。这种方式可以使你每隔 2 ~ 3 小时补充一点能量，有效降低进入分解代谢状态的风险。每一餐都要含至少 20 克蛋白质。

（2）在训练日要由训练的时间点来决定每一餐的时间。原因很简单：充足的能量补给可以使你的体能在训练中达到最佳状态。训练后补充能量则能让你尽快从筋疲力尽的状态中恢复过来，比如训练中用到的肌肉需要能量来使肌纤维变得更加粗壮。下面的图表展示了训练日最理想的增肌饮食安排。如果你倾向于早上进行训练，那么就在训练后 60 ~ 90 分钟吃午餐，并且让午餐成为这一天内营养最丰富的一餐。

（3）不要空腹进行训练。如果你此前 1 ~ 2 小时没有吃早餐或午餐进行营养补充，那么你应该在训练前补充一定的蛋白质和 10 ~ 20 克碳水化合物。比如，在训练前 1 小时吃一个苹果和喝一杯酸奶，训练前 15 分钟破例吃一块巧克力或含葡萄糖的甜食，或者喝一瓶能量饮料（参见第 83 页）。

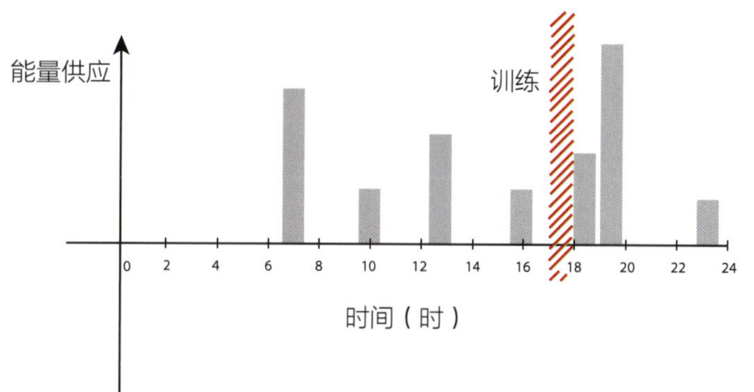

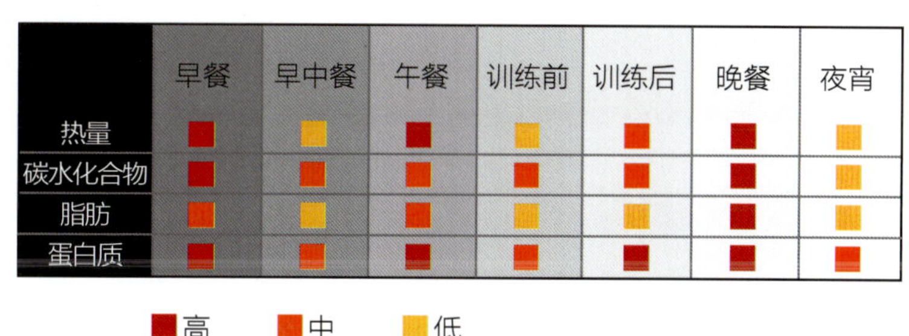

	早餐	早中餐	午餐	训练前	训练后	晚餐	夜宵
热量	高	低	高	低	中	高	低
碳水化合物	高	中	中	中	中	高	低
脂肪	中	低	中	低	低	高	低
蛋白质	高	中	高	中	高	高	中

补充剂：肌酸

肌酸是一种氨基酸，在很多蛋白质补充剂和能量补充剂中都能见到它的身影。它是营养补充剂的一种成分（除了蛋白质和碳水化合物之外）。有可靠的科学数据表明，肌酸对肌肉的合成增长有着积极作用，能促进肌肉力量和爆发力的发展，还有利于身体的再生作用。日常饮食就能满足人体对肌酸的大部分需求，特别是肉类产品。另外，身体本身也会产生肌酸。通常在高强度训练前才需要额外补充肌酸，每天摄入3~4克肌酸就足够了。最好在训练日补充肌酸，或者在特定的治疗中使用；持续摄入几个星期，然后逐渐减少剂量，直到停止。不要过度补充肌酸，否则会对身体自身产生肌酸造成负面影响。

（4）在训练结束后立刻补充大量的蛋白质（大约30克），比如可以喝增肌用的蛋白奶昔。此外，要摄入一定量的（大约10克）快速分解型碳水化合物。举个例子，你可以往蛋白奶昔中加入一勺蜂蜜，或者破例吃一块巧克力、一把葡萄干等。这是为什么呢？因为这些碳水化合物能提高胰岛素水平，在这种情况下蛋白质能更快速地进入肌肉细胞中。此外，你训练的时间越长，你就要在蛋白质之外额外补充越多的碳水化合物。大于半小时的高强度训练后要补充几十克碳水化合物。

（5）在每天的规律饮食中，不要少吃某一餐，否则你的身体进入分解代谢状态的风险很大，你已有的肌肉量也可能会因此减少。在这种情况下，你的训练成果就会变差，也就不能达到增肌的效果。

适合增肌的营养补充剂

所有饮食指南的大前提是：尽可能通过日常饮食，按照多次提到的营养标准达到营养均衡。通常这样就足够了，但在某些情况下，额外补充一些营养也是很有帮助的，特别是对于典型的外胚型体质和处于高强度增肌阶段的人来说，这会让他们更快地达到训练目标。

营养补充剂的市场非常大，每一种成分都有许多种对应的产品。所以如果要详尽地讨论这个话题，笔者完全可以写成另一本书。此处简单地介绍一些可以帮助你更好地实现饮食营养计划的补充剂。这些产品主要是为了满足以下需求。

（1）满足人体对蛋白质的需求。这对素食者来说是一个重要的问题，因为他们的日常饮食中普遍缺乏动物性蛋白。

（2）满足基本的能量需求，特别是对很难长胖的外胚型体质的人来说。

蛋白质补充剂

通过食用蛋白质含量高的补充剂（蛋白质含量最少为70%，最好在80%以上），你可以快速实现高蛋白饮食，这尤其能够帮助你在训练后及时地补充肌肉增长所需要的蛋白质。通常蛋白质补充剂会用水或牛奶冲泡成奶昔状。平均每30克蛋白粉就能为你补充20~30克蛋白质。

这些粉状蛋白质补充剂的蛋白质来源是什么呢？一方面有来源于动物性蛋白的产品，比如常见的乳清蛋白、酪蛋白和鸡蛋蛋白；另一方面有来源于植物性蛋白的产品，比如大豆蛋白，素食者可能对此感兴趣。一定要注意产品的质量和大豆的产地，另外产品最好不要含有除了必要成分之外的添加剂。

你常常会在一种补充剂中看到上述的多种蛋白质，因为这些不同的蛋白质有各自的特点。最关键的一点是，身体能以多快的速度对某种蛋白质进行消化。

相比之下，身体对乳清蛋白和大豆蛋白的消化速度比较快，对酪蛋白和鸡蛋蛋白则比较慢。这些消化速度较慢的蛋白质适合持续的基础饮食。酪蛋白会让人产生饱腹感，这很适合想要减重的人。

如果你是为了训练而紧急储备能量，就比较适合食用身体可以快速消化的蛋白质，比如大豆蛋白就可以在身体里非常迅速地被消化、吸收。但在多数情况下，补充剂里的大豆蛋白都会和更大比例的乳清蛋白相结合。这些蛋白质能够迅速地进入肌肉组织，此外还能运送大量有价值的氨基酸，比如人体必需的亮氨酸等。它们对肌肉组织的维持和增长都有帮助作用。另外，乳清蛋白也是所有蛋白质中生物学价值最高的一种。生物学价值这个名号听起来意义重大，事实上也确实如此，它描述了身体将额外补充的蛋白质转化为自身蛋白质的效率高低。人体能将生物学价值为 104~110 的乳清蛋白更多地转化成自身的蛋白质。

增重补充剂

你在增重过程中遇到困难了吗？这种所谓的增重补充剂很适合你。增重补充剂含有大量的热量，除了蛋白质外还有快速分解型碳水化合物，如糖、葡萄糖和麦芽糊精。这会让你的胰岛素水平升高，能够为你快速补充能量，重新填满空了的碳水化合物储存库。要想真正达到效果，一份增重奶昔最好含有至少 40 克碳水化合物和 30 克蛋白质。

各项运动的能量消耗

你完全可以选择自己喜欢的运动方式——运动总是好的。这个表格会用大致的数值告诉你不同的运动类型每小时消耗的能量。基本原则是：运动强度越大，消耗的能量就越多。以下平均数值是以体重 80 千克、身高 1.8 米的男性为例得出的

运动类型	能量消耗（千焦 / 小时）
足球、手球、篮球	2500~3800
轮滑、滑冰	1700~3000
跑步（包括慢跑）	2100~3400
北欧式健步走、徒步	1700~2500
骑自行车	1700~3000
划船	2500~3400
游泳	2100~3000
长距离滑雪	2100~4200
网球	1700~2500
排球	1300~2100

如何减脂

如果你想要减脂，那么要遵循的法则肯定与很难长胖的人不一样。总的来说，减脂不仅仅意味着体重秤上数值的减小，而更多的是要用聪明的方式塑造出理想的体形。长期来看，以下介绍的策略对你的训练和营养均衡很有帮助。

保持理智

成功且持续的减脂就是要减去体内松弛的脂肪部分，并且要减去的只有这一部分。相反，肌肉则应该被保护好，不

能减少。为什么呢？你在前面也了解到了，肌肉是很活跃的组织，一天二十四小时都在消耗能量。这一点对于减脂来说很重要，因为如果你的肌肉量减少了，你消耗的能量也就减少了。也就是说，在饮食不变的情况下，这会让你更容易积累脂肪，减脂只会变得更难。

如果你想要有针对性地和体内的脂肪进行斗争，那么除了肌肉之外，你最需要的是耐心。设定一个小目标，比如从现在开始每周减 200 克体重，那么半年后你就会减掉 5 千克体重。用这种温和的方式慢慢地减重，往往能达到减脂的效果。不要为了减脂而长期处于饥饿状态，也不要采取任何一种极端节食方式。这些过激的方式固然会让你迅速降低体重，但是也会让你未来的减脂工作更加困难，同时会造成肌肉的流失，此后体重还很可能会反弹。

保持运动

任何一种形式的运动都有利于减脂。多运动和有节制的饮食相结合肯定比一味地少吃东西能更快更有效地进行减脂。这样你的身体就会很快进入分解代谢状态，在摄入能量的同时消耗更多的能量，

训练日的减脂膳食计划

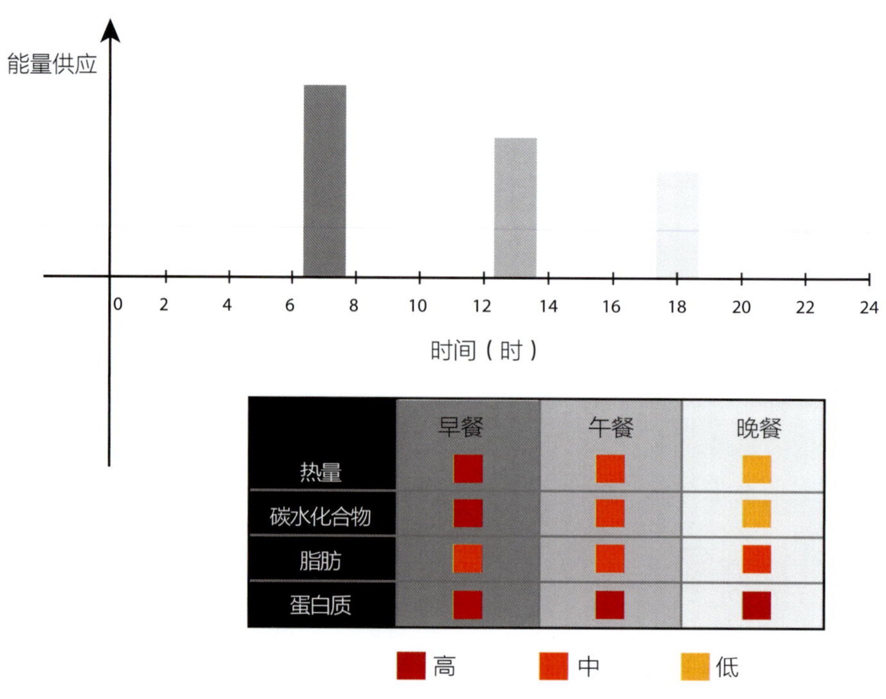

这也是减脂的基本前提。

维持肌肉量

为了防止肌肉在分解代谢阶段流失，你应该进行一定的力量训练。对于超重的人来说，增加肌肉量对于减脂来说是很有效的。如前文所说，肌肉的增加有利于消耗更多的能量。如果你想在力量训练中减脂，就应该有侧重点。增肌和减脂不太可能同时进行，因为你的身体无法同时处于合成代谢和分解代谢状态。你可以在前 6~8 个星期侧重于减脂，减少能量的摄入，并结合力量训练和耐力训练。接着，在此后的 6~8 个星期进行增肌，结合高强度的力量训练，摄入适量减少而又足够的能量。

理想的营养物质分配

如果你想要减脂，那么你就应该减少碳水化合物的摄入，增加蛋白质和适量脂肪的摄入。如果你严重超重了，那么你就可以这么吃：每天的饮食由 40% 的碳水化合物、30% 的脂肪和 30% 的蛋白质构成。如果你只是想减去几千克，那么你要做的就是稍微控制饮食，每天的饮食中含 45%~50% 的碳水化合物、25% 的脂肪和 25%~30% 的蛋白质，再根据你的体质类型对这些数值进行调整。

完美的减脂饮食计划

减脂也有捷径，但遵循以下基本原则。

（1）每天吃三餐，而不像需要增肌的人一样一天吃五餐。这样会降低你摄入过多能量的可能性。如果两次进食之间没有太多的休息时间，那么你的胰岛素水平就会升高，从而降低脂肪代谢速率，身体会倾向于囤积脂肪——这是你最不想看到的。上页中的图表简单地说明了如何对每一餐的营养物质进行优化。

（2）如果你做不到一天只吃三餐，那么你可以在两餐中间吃一点低热量、容易产生饱腹感的小零食，比如胡萝卜、彩椒、黄瓜等生蔬菜。如果实在需要，也可以吃一些纯蛋白食物，比如脱脂酸奶酪等。

（3）从下午开始就要减少碳水化合物的摄入。这样你的胰岛素水平在晚上就会比较低，你的身体就可以更充分地消耗脂肪。

（4）第二天早上通过早餐来结束能量不足的状态。早餐应该是你一天中含能量最多的一餐。午餐的时候再一次充分补充能量，到了晚餐时则应该节制一些。

（5）你需要足够的能量来完成以减脂为目的的训练，包括力量训练。你应该有针对性地摄入这部分能量。即使你想要减脂，也可以在训练前吃一点碳水化合物含量高的小零食，比如可以吃一根香蕉。紧接着的一餐应该富含蛋白质，而少含碳水化合物，比如一小锅酪农干酪搭配一勺蜂蜜。

控制你的食欲

在控制食欲这件事上，很多人都遇到了极大的困难。这导致的后果是摄入的能量远比所需要的多。你也是这样吗？请你阅读以下建议。

- 吃得慢的人更容易有饱腹感。所以你吃每一口的时候多咀嚼几下，吃慢一些。每吃一口都将餐具放下，这也会帮助你放慢进食速度。
- 将注意力集中在吃上。不要在看电视、读书或做其他事情的时候进食，也不要在进食的时候做其他事——除了跟同桌的其他人聊天。
- 眼睛跟着吃。如果你装盘的时候只盛了半盘，那么你在吃完的时候看着空盘更容易有饱腹感。
- 多吃富含植物纤维的食物，比如蔬菜、荚果和全麦制品。
- 也可以多吃高蛋白食物，因为身体需要较长的时间对蛋白质进行消化。肉类、鱼类和低脂奶酪制品都能较快地让你有饱腹感。

掌握了这些关于健康饮食的知识，你就可以更好地照顾你的健身器械——身体。现在你可以正式开始训练了。下一章将介绍数百种训练项目，为你提供大量精神食粮！

第 4 章

最佳无器械训练

本书将用约 200 页的篇幅为你介绍 300 多种无器械训练项目，它们适用于不同的训练目标、体能素质和身体部位。很多项目后面还附有升级版和力量变式，为你提供多种选择，所以你可以在这一锅“乱炖”中找到适合自己的“菜”。

在介绍具体的训练项目前，以下几页内容还为你提供了一些对你很有帮助的训练提示，比如关于训练的阐述以及对于最实用的、可以用来辅助训练的日常物品的介绍等。

实用的日常训练物品

以下介绍的几种实用物品可以帮助你丰富训练方式，提高训练强度。来展示一下你的创造力吧，看看你的周围有什么可以用来辅助训练的小物品！

- 箱子、楼梯、椅子、床、沙发、桌子、大块的石头、树干、篱笆、花园围墙、汽车发动机盖（拜托用你自己的车）等可以作为支撑物或者用于提高高度，你可以坐或躺在上面，也可以跨过、登上或者跳下这些物品等。
- 稳固的树枝、门框、横梁、栏杆或者运动场上的单杠、双杠等可以用来悬吊身体。
- 路灯杆、金属托架、自行车架等可以用来支撑。
- 石头、装满水的瓶子、比较厚的书本、比较重的工具（比如锤子）可以作为小小的额外负重加入训练中，适用于所有你能空出手来的训练项目。
- 一箱饮料、重的袋子（装满盆栽土、猫粮等）以及汽车备胎可以提供较重的额外负重，适用于所有你能空出手来的训练项目。
- 有稳固的提手的袋子或背包（可以按照你的需要来填充背包）适用于所有能双手空出来的、可以额外增加负重的训练项目。

关于训练的阐述

本章构成

按照训练目的和相应的身体部位，本章介绍的与无器械训练相关的训练项目分为 6 个部分。

（1）热身运动，其主要目的不是进行力量训练，而是激活身体，比如提高身体的灵活性和速度。

（2）针对手臂、肩部、胸部及上背部肌群的强化训练。

（3）针对躯干功能区的力量训练（关于身体的功能分区的介绍，参见第 36 页）。

（4）针对腿部功能区的力量训练。

（5）适合全身的力量训练。

（6）拉伸运动。

训练项目的分类

不是每个训练项目都能被明确地归类到某个范围里，比如有些热身运动也可以说是全身训练。此外，也不是每个训练项目都只用到功能区内的肌肉。人体的各部分是紧密联系在一起的，这种联系也是肌肉发力和发挥功能的前提。作为肌肉“基座”的身体躯干在很多力量训练中都无法避免被派上用场。就算你只是坐着读这本书，你的躯干也在工作，因为只有腹部肌肉和背部伸肌共同作用你的上身才能保持挺直。

为了使训练项目的划分更清晰易懂，也为了让你在制订训练计划时有更好的参考，所有的力量训练都是按照每一部分的引言里介绍的运动过程进行分类的。比如，所有涉及躯干弯曲和拉伸的训练项目都会出现在躯干功能区这一部分里面。

除了全身训练之外，在所有其他训练里都会介绍各个训练项目侧重锻炼的肌群。这样你就可以很快地认识到，比如，手臂功能区的训练项目是为什么服务的，哪些项目可以有效地锻炼到肩部，哪些可以锻炼到手臂，哪些可以锻炼到胸肌。

而那些相对“不明确”的训练（比如全身训练）则是考虑到所有训练项目的编排情况而做出的分类，这样对你制订训练计划更有帮助。你可以在热身运动部分和适合全身的力量训练部分找到相关内容。全身训练一般是指涉及两个以上身体功能区的比较全面的训练，而不是真的能高强度地锻炼到全身的每一块肌肉——这种效果只有通过以不同方式相结合的剧烈运动才能达成，比如艺术体操。

关于训练项目的介绍

关于每个训练项目的介绍都包含了一个完整动作——从初始姿势到结束姿势。如果没有其他特殊说明，那么在做完一个完整的动作后你可以直接回到初始姿势，这样算一次重复。在一个训练项目中做多少次重复动作，则完全取决于你的训练计划（参见第 5 章）。

训练项目的难度

本书中有适合不同体能的训练项目。为了让你更快地做出适合自己的选择，每个项目都标注了 1~3 个不等的哑铃图案来表示该项目的复杂程度。这种分级可以帮助你了解哪些项目适合入门者，哪些适合进阶者，哪些适合经验丰富的健身高手。当然，这样的分级没法具体地描述每个项目对于你个人来说的难度。所以这 3 个等级只是告诉你该项目相对于其他相似项目的复杂程度。

另外，用文字表述的入门变式基本上都比用图片描述的项目简单。与之相反的是力量变式，这些项目通常都增加了难度。此外，还有另一种可能，即改变运动过程，而强度基本上不变。

不同数量的哑铃代表着不同的含义。

：简单的项目，适合健身入门者。

：中等复杂度的项目，适合健身进阶者。

：复杂度较大的项目，适合经验丰富的健身者。

训练的基本原则

这一部分会告诉你如何正确地完成动作，但这不足以让你高效地、目标明确地进行训练并避免受伤。和正确的动作要领同样重要的还有从第 39 页起开始介绍的训练基础这一章里给出的所有提示，你在制订和调整训练计划的时候都会用到这些。此外，从第 71 页起开始介绍的安全须知也应熟记于心。如果这些要点都掌握了，那么你离完成自己的健身目标也就不远了。

关于项目的描述

在一些项目的图片里，除了我们的模特莫里茨·特尔曼之外，你还会看到其他一些物品，比如支架、木箱（综合训练箱，适用于上下跳、支撑等）、毛巾和砖头。这些东西仅仅代表所有你可以在自己的周围找到的能用来辅助训练的物品。

- 支架代表悬挂器械，只要你可以将自己的身体悬挂在它的上面即可。
- 木箱代表所有能提供高度差的东西。
- 毛巾代表可以帮助肌肉提高张力的训练器械。对于书里介绍的用到毛巾的项目，如果实在找不到合适的毛巾和替代品的话，你也可以不用毛巾进行训练。
- 砖头则代表所有你可以拿在手上的、增加负重或者阻力的东西，以此来增加训练强度。如果你的身边没有合适的物品，那么就徒手进行训练，但要用上肌肉的最大张力。上页和本页边栏介绍了几种实用的可用来辅助健身的日常物品。

实用的日常训练物品（续）

- 背包适用于为背部增加负重，比如躯干和腿部训练等。
- 毛巾可以作为垫子使用，以保护膝关节等；或者作为增加肌肉紧绷程度的悬挂辅助用具。
- 抱枕、床垫和毛毯可以用于缓冲压力。蹦床、沙滩和沙袋等可以提供不稳定的地面，适合平衡感训练。
- 小石块或横放的树干等可以用作标记；你也可以踩在上面，从上面跳过去完成相关训练。
- 手推车可以用来移动较重的物体。
- 可以利用传统的带轮子的办公椅的不稳定性完成相关训练。
- 粉笔、可以画标记的石头或者人行道上的图案可以用来进行步伐 + 跳跃等协调性组合训练。

热身运动及提高灵活性的训练

这部分主要介绍一系列热身运动以及一些能帮助你提高身体灵活性的训练项目。提高身体的灵活性并不是指让肌肉和身体变得强壮，而是要使各项身体机能配合一致，即更灵活、更快速、更熟练，协调性更高。

总的来说，这部分的训练项目都会有心脏－循环系统自动参与，而且具有增强耐力的附加作用。这对于想要减脂的人来说很有帮助。这些训练项目的重点不在于力量训练，而在于心肺激活（比如第 101 页的开合跳和第 108 页的波比跳），或者提高动作速度和身体的协调性（比如第 113 页的俯卧撑＋下蹲组合训练）。这一节不包含需要较大力量的爆发性训练（比如鼓掌俯卧撑），你可以在相关的力量训练章节中找到这些内容。

本部分的前半部分训练项目很适合运用到热身运动里。你也可以将这些项目（以及后半部分的项目）作为普通训练的一部分来丰富自己的训练内容，比如用来进行交替训练，或者用下面介绍的活动方式更充分地利用训练的间歇时间。

后半部分的训练项目则主要针对提高身体的灵活度。这些项目可以帮助你提高动作速度和身体的敏捷度。在这一部分，你会看到一些较复杂的运动流程。你可能不会将它们用在热身环节，比如第 119 页介绍的鲤鱼打挺。

欲判断你在热身环节中应该选择哪些训练项目，你只需要记住一个简单的法则：热身运动必须是你毫无障碍、不需要过多考虑就能轻松完成的动作。其他会对你的身体造成过大负担，或动作过于复杂而你又不熟悉的训练项目则不应该在热身环节进行。

开合跳

训练部位：全身

A

- 身体站直，双脚并拢，双手自然地垂于身体两侧。

B

- 在起跳的瞬间双手伸直，从两侧高举过头顶。双脚打开，以分腿的方式落地。
- 落地后立即跳回初始姿势。给自己规定一个时间（比如 30~60 秒），在这段时间内尽可能多次地高质量完成这个动作。

力量变式：两手各持一重物（书本、石头等）。

开合前进跳步

训练部位：全身

A

- 向前跨一大步，左脚在右脚之前。左臂斜着向上举，右臂处于左臂的延长线上并向后伸展。

力量变式：每一步大腿都弯到与膝盖同高。这样会降低速度，但会增大强度。

B

- 双脚同时起跳，落地时右脚换到左脚之前，同时变换双手的位置。
- 不要休息，直接跳到起始姿势，重复以上动作向前进。

注意膝盖和脚尖的朝向一致。

双腿交叉手臂侧展开合跳

训练部位：全身

A

- 双脚打开，比肩稍宽。双臂向前平举，与肩等高。掌心并拢，拇指向上。

力量变式：闭眼进行训练，这能极大地增强你的平衡感。

B

- 双脚起跳，落地时双腿交叉，同时双臂在肩部高度往外展开。
- 接着立刻跳回初始姿势。限时重复动作。

每次落地时双脚的位置都要进行交换，一次右脚在前，一次左脚在前。

双臂侧展深蹲跳

训练部位：全身

A

- 上身挺直，膝关节稍微弯曲，双脚并拢。
- 肘关节弯曲 90 度，双手并拢置于身前。

变式：以弓步姿势落地。

B

- 用尽全力打开双脚跳起，以深蹲姿势落地。同时上身前倾，双臂爆发性地在肩部高度向身体两侧展开。
- 放松跳回初始姿势，短暂地保持这一姿势，为下一次的爆发性深蹲跳积蓄力量。

臀部稍微往后坐，这样你的背部才能保持挺直。

抬手侧步跳

训练部位：全身

A

- 双脚打开，屈膝，上身前倾，背部保持挺直。双手垂于两腿之间，握紧拳头。

力量变式：双手握住重物进行训练。

B

- 上身直立起来，手臂高举过头顶，同时跳起。落地时，右脚向左脚并拢。
- 接着马上跳回初始姿势，在下一次重复动作的时候换成左脚向右脚并拢。两侧轮流，重复动作。

在双手向上伸展到最高位置时，主动夹紧肩胛骨。

弓步踢腿

训练部位：腿部和臀部

A

- 呈弓步姿势，左腿在前，右膝几乎碰到地板。上身保持竖直，双手握拳置于胸前。

B

- 左腿用力快速地伸直，同时右腿往上踢，踢到脚和头部几乎平齐的高度。上身尽量保持稳定。
- 接着马上回到弓步姿势。
- 下一次重复动作时，换另一侧进行。

入门变式：非支撑腿不往上踢，而是用脚尖轻点一下支撑腿前的地面，然后回到弓步姿势。

非支撑腿尽可能快速用力地向前上方踢。

单腿高踢腿

训练部位：腿部和臀部

A

- 双脚打开，与胯同宽，呈蹲姿。上身保持挺直并稍往前倾。肘关节呈90度弯曲，双手在胸前握拳。
- 抬起右腿，右膝关节稍微弯曲，保持右腿处于悬空状态。

B

- 上身快速用力地直立起来，左腿伸直。同时右脚用力朝前踢，踢到脚几乎与肩同高。
- 然后回到起始时的蹲姿，但非支撑腿要保持悬空状态（初学者在必要的时候可以让脚接触地面）。
- 在下一次重复动作时双腿交换。

下背部始终保持挺直，上身不要向前倾。

变式：非支撑腿可以换成朝侧边踢。

转体（用毛巾辅助）

训练部位： 全身

A

- 双手以与肩同宽的距离握住一条毛巾。双臂伸直，保持与肩部平齐的高度。如果没有毛巾，则可以刻意地绷紧双臂。
- 左脚在前，呈弓步姿势，右脚的脚后跟离地。身子稍微向左转。

B

- 转体 180 度，使得右脚在前，左脚点地。手臂的姿势不变，上身保持挺直。
- 马上再转回初始姿势，换另一侧进行。

力量变式： 双臂伸直，小幅度地上下挥动。

毛巾的妙用

在本书介绍的某些训练项目中，毛巾将作为你的辅助训练器械。毛巾是一个特别实用的辅助工具，因为它能够有效地提高训练强度，丰富训练种类。另外，毛巾的使用不受场地的限制，不管你在家、外出度假还是出差都能毫不费劲地使用。毛巾最高效的用法是（比如在本项目中）作为增强肌肉张力的辅助工具，这种用法不需要与项目的动作有联系。毛巾还可以用在诸如卷腹、屈膝、推肩、硬拉等项目中。在平滑的地板上，毛巾还可以作为润滑剂。比如在做俯卧撑的时候，双手各压在一条毛巾上，在训练过程中可以前后滑动毛巾来增加训练强度。最后，毛巾也非常适合作为垫子使用，比如在做与跪姿相关的动作或者握拳俯卧撑等时。

投掷铅球动作

训练部位：全身

A

- 左脚在前，呈弓步姿势。左膝关节弯曲，直至左侧大腿几乎与地面平行。右脚的脚后跟离地，上身保持挺直并稍向前倾。
- 右臂向前伸，左臂弯曲，握紧拳头，想象自己像铅球运动员一样握着铅球将其置于左胸上方。

B

- 快速转体 180 度，使右脚在前。同时右臂向下挥，左臂猛地向上伸，和推肩姿势一样（与投掷铅球不同）。
- 回到初始姿势。
- 换另一侧做下一组动作。

力量变式：手上可以加点重物（但不要将其投掷出去）。

空拳

训练部位：上背部、肩部、三角肌和躯干

A

- 身子挺直站着，膝关节轻微弯曲。左脚在前，背部保持笔直。双手于胸前呈握拳姿势。

力量变式：双手握住书本、水瓶或石头等重物来完成动作；或者在做出拳动作时，双脚迅速往前迈步。

出拳的时候，手臂往内旋转，使手背朝上。

B

- 右臂从肩部高度爆发性地笔直向前出拳，将身体的重心更多地转移到左腿上。身体稍微往左转，右脚放松。
- 右臂迅速收回，回到初始姿势，接着换左臂出拳。左右两侧轮流进行。
- 在下一组动作中变换双脚的前后站位。

拳击（用毛巾辅助）

训练部位：手臂、上背部、肩部和躯干

A

- 站直，双手抓住毛巾置于胸前，双手间距大致与肩同宽。膝关节轻微弯曲。
- 左臂弯曲，将毛巾朝身体方向拉，掌心向上。与此同时，右臂伸直，将毛巾朝前拉，掌心向下。

力量变式：想象你的双脚一前一后站在一条直线上，试着在训练过程中保持这一站姿。

上身保持挺直，避免前倾。

B

- 迅速变换双手的位置，左手向前出拳，右手往回收。在此期间，要使毛巾处于绷紧状态。保持同样的速度，左右两侧轮流进行。

俯卧撑 + 伸展跳组合（波比跳）

训练部位：全身

A

- 呈俯卧撑姿势，身体呈一条直线。手臂弯曲，直到胸部几乎贴着地面。

保持几个动作之间的连贯性，中间不要有停顿。

B

- 撑起身体，接着双脚向后蹬地，使双膝向胸前位置靠近。借着惯性，双手离地，重心后坐，呈蹲姿。

入门变式：可以省略伸展跳动作或俯卧撑动作。

力量变式：在做俯卧撑动作的时候，全身都贴着地面，夹紧肩胛骨，使双手离地。接着用手臂和胸肌的力量撑起身体，其他动作照常。

C

- 双腿用力向上跳，同时手臂向上伸展，然后回到初始的俯卧撑姿势。不要休息，接着重复动作。

单手波比跳（垫高物辅助）

训练部位：全身

A

- 左手撑在一个有一定高度的物体（如椅子等）上，呈单手上斜俯卧撑姿势。右臂悬空，肘关节弯曲 90 度。身体从头到脚呈一条直线。

B

- 弯曲双腿，用爆发力跳向该物体，双脚在物体前落地。

力量变式：在结束动作时加一个伸展跳。力气足够大的人可以在一开始做一个单手上斜俯卧撑动作。

C

- 接着抬起身体，直到完全站直。
- 回到初始姿势。
- 做下一组动作时，换另一侧进行。

起身时双手往后下方摆动，带动身体直立起来。

侧向波比跳

训练部位：全身

A 

- 单手撑在一个有一定高度的物体（比如箱子）上，指尖朝前。双脚位于物体右侧约 1 米处。
- 双脚前后站立，右手撑在胯上。

B

- 往物体方向跳，使双脚在物体边上落地，呈蹲姿。上身稍微前倾，保持挺直。

C

- 接着双腿伸直，上身也挺直。左腿用力往右蹬，使身子往远离物体的方向移动。
- 落地时右腿屈膝，左腿放松地往后摆。借助落地时的冲击力，身体靠右腿站起，左腿在物体边上落地。
- 回到初始姿势。
- 做下一组动作时，换另一侧进行。

力量变式：在初始姿势时，支撑臂弯曲成直角再撑起，做一个完整的斜卧撑动作。

物体的高度越低，训练的难度越大。最低应该控制在一级台阶的高度。

俯卧撑提膝

训练部位：全身

A

- 呈俯卧撑姿势，双手撑在肩部下方，身体挺直。

力量变式：在开始时做一次完整的俯卧撑动作。

B

- 双脚同时蹬地，使膝盖靠近上身，双脚在臀部下方落地，然后伸直双腿，使身体直立起来。紧接着用力提起右膝，膝盖朝胸部位置靠近。同时，双手在胸前呈握拳姿势。
- 回到初始姿势。下一次重复动作时换成提左膝，两腿交替进行。

俯卧撑 + 跳箱组合

训练部位：全身

A

- 双手撑在一个有一定高度的物体（比如公园长椅或楼梯等）上，做出上斜俯卧撑姿势。身体呈一条直线，手臂弯曲，使胸部贴近物体。

变式：用单手完成支撑动作（或者不做完整的俯卧撑动作）。改变跳步的数量和速度，或用双脚跳上物体。

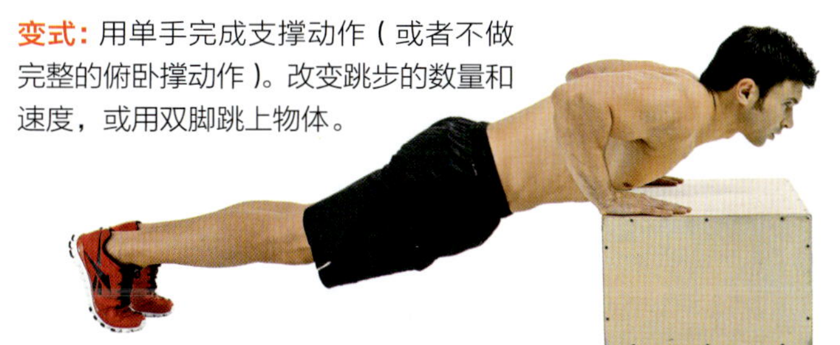

B

- 手臂伸直，撑起身体。撑起时顺势屈髋屈膝跳起，然后直立起身体。左右两脚轮流单脚跳上物体，手臂自然摆动。
- 回到初始姿势，不要停顿，接着做下一组。

组合训练更高效

本章介绍的所有组合训练有一个共同的目的，那就是最大限度地激活全身，这是单个训练很难做到的。只要条件允许，你也可以试着把自己最喜欢的训练项目加入热身环节，并且和其他训练项目进行组合。为了能切实地锻炼全身，组合训练最好要涉及两个以上的身体功能区，你也可以在每个功能区对应的部分找到相关的单项训练。在通常情况下，如果你能在组合训练中使本来垂直于地面的身体部位平行于地面（反之亦然），再回到初始姿势，那么这个训练基本上就能达到激活全身的效果，比如本页介绍的训练和波比跳变式训练。

俯卧撑 + 拳击组合

训练部位：全身

A 

- 呈俯卧撑姿势，手的位置大概在肩部正下方，双脚并拢，身体呈一条直线。

B

- 做一个俯卧撑动作，弯曲手臂，直到面部贴近地面。接着双臂伸直，撑起到原始位置。紧接着屈膝跳起，带动身体直立起来。
- 双手迅速握拳，提到胸口位置。向左转身，同时右臂用力向左出拳。脚随着动作的进行自然转动，背部始终保持挺直。

C

- 不要停顿，转回正常站姿，接着换左手向右出拳。
- 紧接着回到初始姿势，开始下一组训练。

用力伸直手臂，想象每一拳都击在沙袋上。

力量变式：可以用 4~12 次快速出拳代替一次用力出拳。要特别注意的是，脚要随着出拳动作进行旋转，并带动身体转动，使骨盆的转动方向和出拳方向一致。

俯卧撑 + 相扑蹲组合

训练部位：全身

A

- 呈俯卧撑姿势，双手位于肩部正下方，双脚并拢。

如果有需要的话，则可以让手掌稍微离地，主要靠指尖支撑。

B

- 屈膝跳起，使双脚位于双手的外侧。双脚要彻底接触地面，脚后跟也要贴在地面上。
- 臀部朝向地板，背部保持挺直。

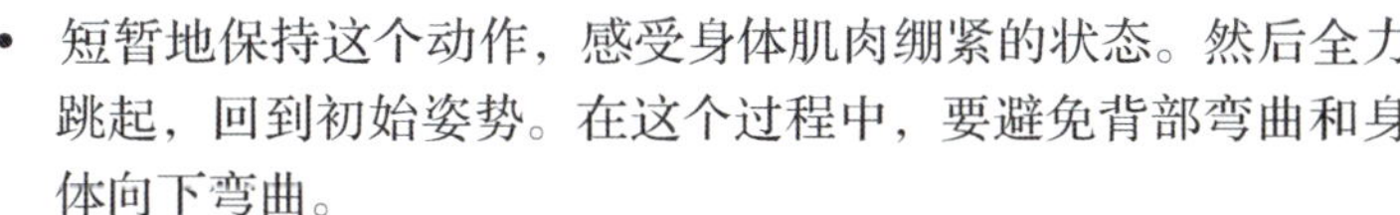

- 短暂地保持这个动作，感受身体肌肉绷紧的状态。然后全力跳起，回到初始姿势。在这个过程中，要避免背部弯曲和身体向下弯曲。

俯卧撑 + 下蹲组合

训练部位：全身

手臂伸直，手指朝向前方。

入门变式：在做最开始的俯卧撑动作时，可以只轻微地弯曲手臂，不要弯至脸部贴近地面。

A

- 脚尖、膝盖和手掌接触地面，然后脚尖和手指同时发力，使膝盖稍微离开地面。
- 肘关节像做俯卧撑时一样弯曲，直到脸部几乎贴着地面。

B

- 手脚用力向下压，紧接着屈膝跳起，直起上身，以蹲姿落地。
- 短暂地保持蹲姿，接着双脚用力向后跳，身体朝前倾，再回到脚尖、膝盖和手掌接触地面的初始姿势。

俯卧两侧伸展

训练部位： 上身

A

- 呈俯卧撑姿势，身体呈一条直线。

入门变式： 用平板支撑的姿势代替俯卧撑。

B

- 将重心放在左臂上，向右转体，右臂伸直上举，指向天花板。同时，左腿向前伸直，左右脚前后放置。左脚外侧接触地面。
- 回到初始姿势，紧接着换另一侧重复以上动作，两侧交替进行。

转体时身体也要保持在一条直线上，臀部不能向下、向前或向后倾斜。

力量变式： 在保证动作质量的前提下，提高动作频率。

俯卧交替跳

训练部位：全身

A

- 呈俯卧撑姿势，手臂垂直于地面，双脚并拢。
- 收起右腿，提右膝靠近胸部，使右脚在臀部下方接触地面。

B

- 双脚同时用力，提左膝，右腿往后伸直，两脚互换位置。
- 不要停顿，双脚轮换交替进行。

变式：双腿同时收起或往后伸直，呈蹲姿或俯卧撑姿势。

俯卧单腿跳

训练部位：全身

A

- 呈俯卧撑姿势，手臂伸直，手掌撑在肩部正下方。提右膝至胸部位置，右腿和右脚处于悬空状态。
- 检查一下身体是否绷紧并处于一条直线上。

B

- 左脚用力蹬，提左膝，使左脚在臀部下方落地。
- 紧接着左腿往后伸直，回到初始姿势。
- 在下一组动作中，换另一侧进行。

爬行

训练部位：全身

A

- 双膝跪地，双手撑地，接着膝盖抬起，臀部弓起。
- 然后左手和右腿同时往前迈步。

B

- 紧接着右手和左腿同时往前迈步，左右两侧交替前进，用这种方式在室内爬行。

也可以左手和左腿同时向前，右手和右腿也一样。

变式：做同样的动作，以后退的方式进行。

力量变式：在训练过程中，抬起一只脚，用剩下的“三足”前进。

后撑手前进

训练部位：全身

A

- 坐在地上，膝关节弯曲成直角，脚后跟接触地面，脚尖翘起。双手撑于臀部后方，臀部抬起，上身稍微往后靠。
- 先是右脚向前迈步，接着……

B

- 左脚朝前迈步，以这种方式在房间里运动。双手要么和双脚同时往前移，要么在双脚都接触地面的时候朝前移动。

臀部始终保持不接触地面。

变式：可以尝试不同的运动方向，比如向后、向左、向右或者临时转变方向。

后撑手 + 快速踢腿组合

训练部位：全身

A

- 坐在地上，双脚接触地面，手臂夹紧身体，双手撑在肩部正下方的地面上。臀部抬起，左腿朝前伸直。

B

- 右脚用力蹬地，然后右腿迅速朝前伸直。同时左腿弯曲，左脚接触地面。左右腿有节奏地轮流做动作。

力量变式：双脚同时跳起、同时落地。

臀部不要固定在一个位置上，而要随着动作的进行向上运动。

猴子跳

训练部位：全身

A

- 先做深蹲动作，保持背部挺直。双臂向前伸直，与肩同高，目视前方。

B

- 身子向前倾，双臂保持伸直状态。双手以大于肩部的宽度向前下方伸，直至接触地面。接着双脚用力撑地……

C

- ……朝双手的方向跳，落地时膝盖应夹在双手之间。接着回到 A 的姿势，然后重复同样的动作。

变式：也可以在落地的时候使膝盖处于双手外侧，前提是双手打开的距离大概与肩同宽。

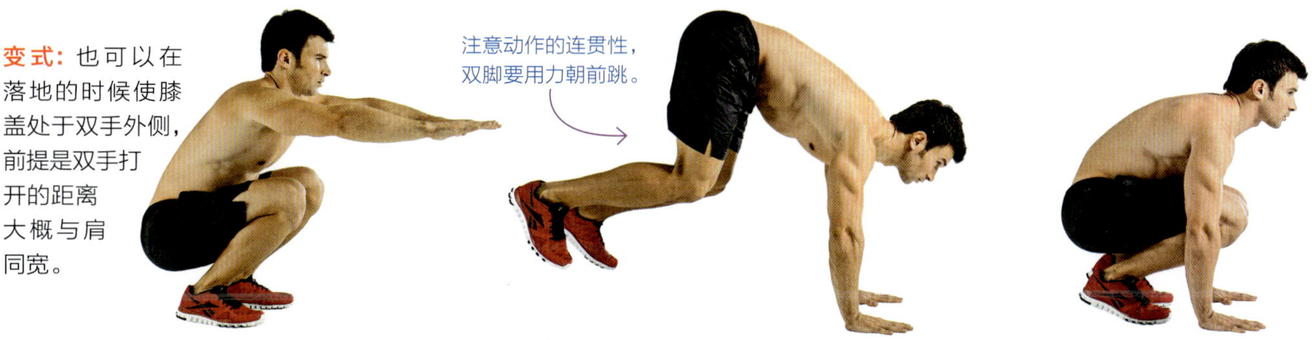

注意动作的连贯性，双脚要用力朝前跳。

侧向猴子跳

训练部位：全身

A

- 呈站姿，然后左脚向左前方迈一步。身子朝前倾，双手在左脚前方撑于地面。

B

- 将身体的重心移到手臂上，双脚离地朝左侧跳步。

C

- 双脚的位置和初始动作呈镜像，即右腿弯曲，左腿伸直，双手撑于右脚前方。
- 然后跳回初始姿势。

也可以用拳头代替手掌撑在地上，这时要注意保持手腕稳定。

变式：这套动作也可以在你居住的房间里做，即在结束动作时转体 180 度（通常逆时针转体比较顺畅，你可以通过尝试，摸索出适合自己的方向），然后右脚往右前方迈步，双手撑于右脚前方……以此类推。

鲤鱼打挺

训练部位: 全身

A

- 平坐在地上，然后向后卷起身体，将身体的重心移动到肩部。膝关节弯曲，双手置于头部两侧。

B

- 接着用爆发力抬起髋部，双手用力撑压地面，尽全力抬起双腿，双腿迅速下摆。

C

- 双脚迅速收回，使得落地时双脚位于臀部下方。同时上身和手臂用力向前伸，避免身体向后倾斜。双脚落地后站稳，然后稍微弯曲膝关节，手臂向前伸。
- 短暂地放松一下，接着回到初始姿势。

这个敏捷性训练（不适用于热身）需要用到爆发力和快速力量。要用上全身的力量把自己从仰卧的姿势弹射起来，这样才能使双脚平稳地接触地面。

入门变式: 身体不用离地，只需顺着弯曲的背部朝前滚动，然后双脚顺势站起。

动态是关键

在这个训练项目中，动态也很重要。试着让你的来回动作都处于连贯流畅的动态中。要注意不能用置于脑后的双手助力，因为起身动作的目的是激活躯干肌肉，而不是双臂肌肉。

动态卷腹 + 站立组合

训练部位：全身

A

- 站直，双手置于脑后。肩胛骨夹紧，使肘部朝向体侧。

B

- 左脚朝后退一步，左膝接触地面，然后将左腿盘至右腿下方。

C

- 臀部慢慢向下坐，直至碰到地面。

D

- 上身向后躺，直到背部完全接触地面。
- 在往后躺的过程中，右腿顺着惯性抬起，离开地面。
- 绷紧身体，接着卷起身体，利用惯性顺势站起来。

重心下沉的快速换步

训练部位： 腿部和臀部

A

- 双脚打开，与胯同宽，呈站立姿势。然后右脚往前迈一小步，膝关节和手臂弯曲，双手握拳置于胸前。

力量变式： 想象你的双脚始终位于一条直线上，这会给你的身体平衡带来更大的挑战。

上身自始至终处于绷紧状态，保持挺直。

B

- 双脚放松地跳起，在空中迅速交换位置，然后以左脚在前、右脚在后的姿势落地。膝关节同样处于弯曲状态。
- 紧接着再跳回初始姿势，左右两侧交替进行。

快速台阶跳

训练部位： 腿部和臀部

A

- 站在有一定高度的物体（比如台阶、路缘石、公园长椅）前，将右脚抬起放上去。绷紧身体，稍稍往前倾。左脚的脚尖点地，手臂模拟跑步时的姿势，左臂在前。

变式： 可以改变物体的高度，比如在公园长椅上进行台阶跳，膝盖提起的高度要远比在普通台阶上高。台阶更适合快速换步动作。

摆臂的方向始终与脚的运动方向相反，模拟快速跑步时的节奏。

B

- 尽全力起跳，迅速提起左膝，落地时左脚踩在物体上，同时右脚接触地面。
- 紧接着再一次起跳，左右两脚互换位置。不要休息，重复动作。

力量变式： 双脚同时跳上或跳下，或者着重训练单脚跳的高度。

快速侧向换脚台阶跳

训练部位：腿部和臀部

A

- 两腿叉开，站在有一定高度的物体（比如石头、树根、倒着放置的水果筐等）右侧。然后抬起左腿立在物体上，双腿膝关节弯曲，呈下蹲姿势。双臂弯曲，右臂在前。

入门变式：可以先靠左腿的力量登上物体，然后右腿也站上去，相当于多了一步，以此衔接动作。接着再跨出左腿站到地上。

B

- 双脚用力起跳，右腿迅速抬高，使右脚落在物体上。同时，左脚跳到物体左侧的地面上。最终姿势和初始姿势呈镜像。
- 不要休息，跳回初始姿势，接着重复动作继续训练。

很多人在这个过程中会顺边，和跑步的姿势不一样。这也没关系，将注意力集中在腿部的训练上。

前后小跳

训练部位：腿部

A

- 站直，双脚并拢，手臂靠在双腿两侧。
- 稍微屈膝，身体稍稍向前倾，脚后跟离地。

力量变式：尽全力往前跳，并尽可能缩短脚掌触地的时间。这个训练项目不限于前后跳，你也可以尝试向左和向右跳。

B

- 双脚放松地朝前跳一小段距离。前脚掌接触地面，然后立即跳回原来的位置。脚后跟在整个训练过程中都不要接触地面。上身保持挺直，双手贴在身体两侧。
- 不要休息，重复相同的动作。

最好有肉眼可见的标记作为参照（比如人行道上的砖缝等），可以往前或往后跳过标记。

单脚跳

训练部位：腿部

A

- 先采用普通站姿，然后屈膝，上身保持挺直，接着往前倾。双臂和身体保持平行，双手往后伸直。左腿弯曲，悬在空中。

B

- 右腿用力向上跳，上身直立起来，双臂往前摆动。
- 用右脚接触地面，然后迅速往上跳。重复 5 次动作后换另一侧，同样重复 5 次。左右两侧轮流进行。

在往上跳的时候，踝关节要用力；落地的时候，膝盖要有一定的弹性，随着惯性屈膝。

力量变式：在跳起的时候支撑腿可以尝试收缩，但这时一定要保证地面是软的，有弹性。在沙滩上做这个训练时，强度也会大得多，因为沙子会随着你的每次落地而下陷。

注意事项

最好在柔软、有弹性的地面上进行单脚跳，比如在草坪、塑胶跑道或者沙滩上。这是为什么呢？因为单脚跳（更确切地说是单脚跳落地的时候）施加给关节组织的负荷远比双脚跳大。除了膝盖的负荷外，最大的问题是可能会对椎间盘造成单侧压力过大。如果这种单侧负荷的情况一直持续，就很可能造成损伤。所以我们不仅要在相对柔软的地面上练习，而且也不要连续做多于 5 次的单脚跳。

注意事项

（1）在初始姿势时的双脚距离是整个训练过程中最小的，不要小于这个距离。

（2）骨盆始终保持在同一高度，膝关节弯曲的角度也不要改变。

（3）上身保持同一姿势，只移动腿部。

侧并步

训练部位： 腿部和臀部

A

- 双脚打开，与胯同宽。膝关节弯曲，上身挺直并稍向前倾。双臂弯曲，位于身体两侧。

B

- 左脚迅速往左侧跨一小步，然后右脚立刻跟上，使双脚的距离和初始姿势时一致。
- 接着左脚继续往左跨一步，重复以上动作。也可以换成右脚往右跨步，回到原来的位置。保持深蹲的姿势，在房间里不停地移动，完成训练。

变式： 可以通过改变 3 个变量来控制本训练的强度：移动速度、步伐大小以及膝关节弯曲的程度。速度越快，步伐越大，膝关节弯曲的程度越大，训练强度越大。

三角跑

训练部位： 腿部和臀部

用 3 个记号标记出一块三角形区域，每两个记号之间的距离应大于 10 米。

A

- 站在其中的一个记号上。
- 朝另一个记号快速跑，然后用手碰一下地上的记号。

在用手碰记号的时候记得屈膝，避免背部不必要的弯曲。

B

- 紧接着直起身，跑向下一个记号，也用手碰一下记号，然后跑回起点。
- 每一轮之后稍作休息，或者几轮之后再休息。

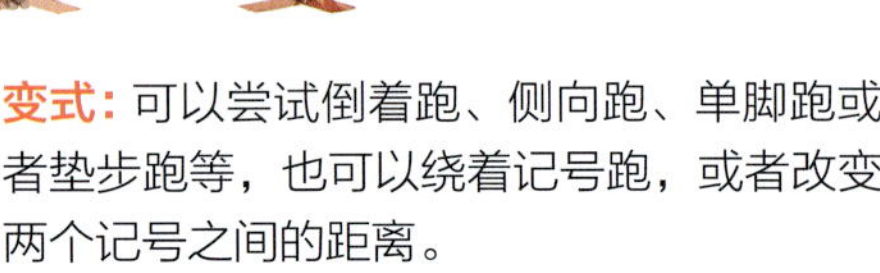

变式： 可以尝试倒着跑、侧向跑、单脚跑或者垫步跑等，也可以绕着记号跑，或者改变两个记号之间的距离。

高抬腿跑

训练部位：腿部、臀部和躯干

A

- 双脚打开，与胯同宽。身体站直，然后以爆发力抬起右膝至前胸高度，同时左腿伸直，重心放在左脚的脚尖。右臂向后摆，左臂向前伸，像要往前跑一样摆臂。

变式：改变动作速度，或者用左右脚轮流朝臀部踢来取代向上提膝，也可以将向后踢和向上提膝结合起来。

B

- 然后收回右腿并伸直，接着抬起左膝至前胸高度，同时用力摆臂，交换双臂的位置。
- 快速连贯地重复动作。

在抬起膝盖的时候，保持上半身挺直。

推墙跑

训练部位：腿部、臀部和躯干

A

- 站在一面墙前面约 0.5 米处，双脚打开，与胯同宽。双臂伸直撑在墙上，高度与肩部一致。上身绷紧，保持笔直，脚后跟离地。
- 从一条腿开始（这里以右腿为例），迅速用力地抬高右膝关节。

B

- 然后左腿以爆发力蹬地，右脚接触地面，同时抬高左膝。膝盖要抬高到使大腿与地面保持水平的位置。
- 左右腿以最高的频率交替重复动作。

臀部和上身应尽量保持不动，尝试着只动双腿。

靠墙的跑步训练

通过推墙训练（比如本页介绍的推墙跑）可以提高你的快速跑技巧。在训练中要注意动作干脆利落，特别是上身和骨盆要保持稳定。尽可能缩短双脚接触地面的时间。这个用来提高技巧的项目不适合持续进行好几分钟，而应在被分割成的较短的时间段内（比如 10 秒）用尽全力进行训练。

俯卧撑＋短跑组合

训练部位：全身

A

- 呈俯卧撑姿势，双臂弯曲，直至身体几乎触及地面。

B

- 用爆发力撑起身体，然后提起左腿，使左脚位于臀部下方，接着从俯卧撑姿势迅速转换成短跑启动姿势。撑起身体时和往前跑时要调动起全身所有的力量。
- 以最快的速度向前跑几步，然后慢慢走回原地。

手臂摆动的幅度要大，这样可以帮助你更轻松地往前跑。

变式：在俯卧撑姿势之后，可以用高抬腿跑来代替短跑。

快速跳敏捷梯

训练部位：腿部和臀部

在地面上画6~10个大小相同的长方形——每个长方形大约一脚宽、两脚长——共同组成一个梯子（称为敏捷梯）。你可以用粉笔在地上画，也可以用树枝画，或者用小木棍拼成，还可以利用人行道的地砖图案。

A

- 站在敏捷梯的左边，先将右脚迈进第一个格子里，然后左脚迈进相同的格子里，同时右脚迈出格子，站在第二个格子的右边。

上身尽可能保持挺直，手臂随着腿部运动的节奏摆动。

B

- 迅速移动左脚迈进格子里，紧接着右脚迈进，左脚迈出，以此类推，直到跳完所有格子。
- 放松地走回出发点，再从头重复。

变式：改变步法，你可以双脚跳、倒退跳、交叉腿跳、单腿跳，或者每跳完一个格子后转身换个方向跳等；也可以结合俯卧撑动作，用俯卧撑的姿势完成敏捷梯的训练。

快速交叉跳

训练部位：腿部和臀部

在地上画一个十字，划分出 4 个区域。

A

- 左右脚分别站在靠后的两个区域里，然后尽可能快速地交换双脚的位置。

B

- 右脚站在左后方区域，左脚站在左前方区域，再次尽可能快速地交换双脚的位置。时间过半后变换步法。

C

- 左脚站在左前方区域，右脚站在右后方区域，快速按对角线交换双脚的位置。时间过半时变换步法。

D

- 右脚站在左前方区域，左脚则站在右后方区域。然后快速按照以下顺序完成交叉步：首先左脚移动到右脚旁，然后右脚移动到左后方区域，左脚横向移动到右前方区域，接着右脚移动到左脚后方，左脚移动到右后方区域，右脚再移动到左前方区域。这样你就又回到了初始姿势。不要休息，按这个顺序重复交叉跳动作。时间过半后变换步法。

E

- 双脚都站在同一个区域里，然后双脚同时快速地跳到其他区域。

典型的平衡动作训练

这个训练项目能够锻炼你的灵活性，尤其能锻炼你的平衡力。如果你记住了这几条线的位置，那么可以尝试闭着眼做。你会惊讶地发现，闭着眼保持平衡和确定方向的难度要远远大于睁着眼睛。

单脚站立 + 平衡步组合

训练部位：腿部、臀部和躯干

首先在地面上画一个十字，然后加两条线，将 4 个区域平均分成 8 个。

A

- 左脚站在图案的正中央，右脚悬空。

B

- 上身保持挺直，左腿弯曲，试着用右脚的脚尖去碰每条线上尽可能远的位置，比如先碰右后方的线。

C

- 然后碰正后方的线，接着碰左后方的线……

D

- ……碰正前方的线。在训练过程中可以随意选择要触碰的线，但最好尽可能平均分配触碰每条线的频率（左边中间的线除外）。
- 做完一组后，换另一侧进行，左右脚交替。

力量变式：支撑腿弯曲的幅度越大，训练的强度也就越大。

一条直线上的深蹲 + 跨步组合

训练部位：腿部和臀部

A

- 两脚站在一条直线（比如路缘石或者边界线等）上，右脚在前，左脚在后，两脚都朝向正前方。上身挺直，双手垂于身体两侧。

B

- 屈膝，左膝几乎碰到地面。保持这个姿势 2~3 秒，然后起身。
- 左脚向前跨一步，使左脚和右脚在一条直线上，然后重复以上的屈膝动作。
- 两腿交替进行，在画好的线上前后移动。上身始终保持挺直，双脚尽量一直踩在直线上。

手臂、肩部、胸部及上背部肌群强化训练

这一节将介绍数十种增强手臂、肩部、胸部及上背部肌肉力量的训练项目，即上肢肌群参与的运动。

运动模式

下列动作可以锻炼上肢肌群和头部（参见第36页的说明）。

- 手臂平举或向任意方向挥动。
- 肩部和肩胛带的活动。
- 引体向上。
- 单手或双手的平板支撑、俯卧撑。
- 手臂、肩部、胸部和上背部肌肉绷紧。
- 头部的活动和支撑动作。

训练的肌肉

上述的一系列活动方式展示了上肢肌群的多样性。

（1）手臂肌肉。这部分肌肉大致可以分为以下3个部分。

- 肘窝和肱二头肌：它们位于手臂的前部，主要用于屈肘。
- 以肱三头肌为主的手臂伸肌：其主要作用是伸肘。
- 前臂肌肉：主要由伸肌和屈肌构成，其功能是支持手指的屈伸和腕部的旋转。

（2）肩部肌肉。从解剖学的角度来看，肩部有以下两个重要的肌群。

- 肩胛带肌群：用来支持肩胛骨和锁骨的活动。肩胛带肌群分布在上身的不同地方，所以能支持上提、下降、前伸、后缩、上旋和下旋6种运动。从它的功能来看，也可以将它的一部分视为肩部肌肉。有些肌肉（比如斜方肌）是由完全不同的部分组成的，它们的肌纤维有各不相同的走向，因此承担了不同的功能。
- 肩关节肌群：包括三角肌，起到包裹、加固肩关节并支持肩关节活动的作用。它下方的肩袖肌群也起到了重要作用，能将肱骨固定于肩胛盂上。因此在任何锻炼中都不应忽视肩部的旋转。

（3）胸肌。胸肌主要由胸大肌构成（从功能上看，胸小肌属于肩胛带肌群），它的主要作用是支持手臂朝身前挥动和手臂的旋转。

（4）上背部肌群。这个肌群里有一些强有力的大肌肉，这些肌肉对上身轮廓的塑造起到了决定性作用（如大众眼中迷人的倒三角形），其中包括背阔肌。它们的作用是支持手臂向上及向后运动，比如在做引体向上和划船运动的时候。

常规俯卧撑

训练部位：胸肌、肩部和肱三头肌

A

- 先采取跪姿，双手打开，与肩同宽。保持指尖朝前，接着伸直双腿，用脚尖接触地面。

B

- 屈肘，俯身至胸口快贴近地面的位置并稍作停留，再集中力量将身体快速推起。

绷紧臀部肌肉，以保持身体呈一条直线。

力量变式：也可以自由变换俯卧撑的频率和幅度，比如俯卧的时候身体尽可能缓慢地下降，或者分步骤下降，在每个高度停住并保持 1~2 秒。撑起的动作类似。

俯卧撑基本要领（适用于任一种俯卧撑）

（1）臀部不能塌陷，从头部到脚后跟要保持在一条直线上。这一动作的实现需要绷紧全身的肌肉，肚脐也要收紧，腹部肌肉更是要处于绷紧的状态。

（2）手掌应处于肩部的正下方。一旦手掌偏离这个位置，肩部就要受到额外的压力。当然，如果是有意为之，也可以达到额外的锻炼效果（参见变式俯卧撑）。

（3）每次俯卧时身体都要尽可能贴近地面，但不要趴在地上。

（4）撑起到初始位置的动作要比俯卧的动作快且有力。

（5）如果可以的话，尽量选择一些柔软的地面，你的腕关节（以及做握拳俯卧撑时的指关节）会因此轻松不少。

下斜式俯卧撑

训练部位：胸肌、肩部和肱三头肌

A

- 先保持常规的俯卧撑姿势，然后将脚尖放在具有一定高度的物体（如椅子或者床）上。臀部稍稍翘起，全身稍微弯曲，近似于直线。

B

- 屈肘，使上身下降，直至鼻尖靠近地面。短暂保持几秒后再将身体用力撑起。

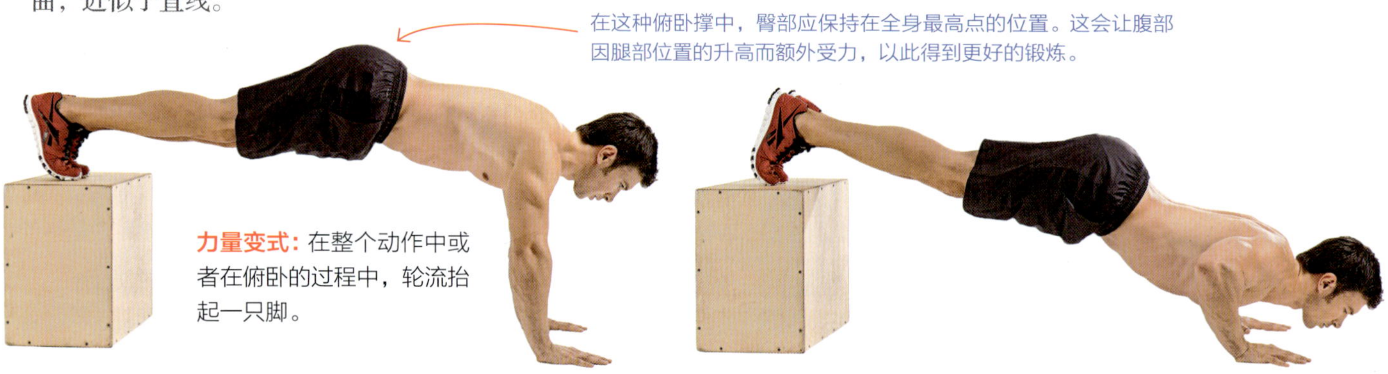

在这种俯卧撑中，臀部应保持在全身最高点的位置。这会让腹部因腿部位置的升高而额外受力，以此得到更好的锻炼。

力量变式：在整个动作中或者在俯卧的过程中，轮流抬起一只脚。

上抬式俯卧撑

训练部位：胸肌、肩部和肱三头肌

A

- 先保持常规的俯卧撑姿势，然后将手撑在具有一定高度的物体（如椅子或桌子）上。

B

- 屈肘，使上身下降，直至胸部略高于垫高的物体。保持这个姿势一段时间后再撑起身体。

力量变式：使用台阶式的垫高物，可以将手撑在不同的台阶上。在每做完一次俯卧撑后，改变手的位置。

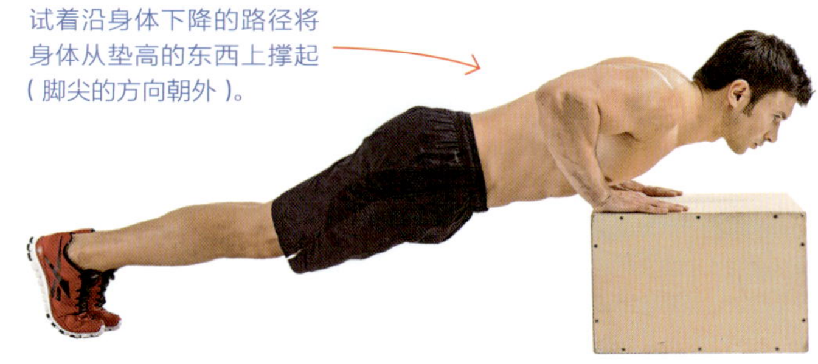

试着沿身体下降的路径将身体从垫高的东西上撑起（脚尖的方向朝外）。

跪式俯卧撑

训练部位：胸肌、肩部和肱三头肌

A

- 先保持常规的俯卧撑姿势，然后双膝跪地，小腿交叉翘起。

B

- 肘关节弯曲，让身体下降至胸部贴近地面，在最低点稍作停留，再将身体推回至初始位置。

力量变式：这个俯卧撑入门动作可以依靠双手错位支撑来提高训练强度，比如左手靠前 5 厘米、右手靠后 5 厘米或者相反。在实际操作中，轮流交换手的位置，能对肌肉锻炼起到较好的作用。

双脚相叠俯卧撑

训练部位：胸肌、肩部和肱三头肌

A

- 先呈常规俯卧撑姿势，然后将右脚的脚尖立于左脚的脚后跟上。

B

- 屈肘，使身体缓慢下降至上臂几乎与地面平行。短暂保持这一姿势后再用力撑起身体。做下一组动作时，交换双脚的位置。

支撑脚应处于身体中线的位置，即双手中间对应的位置。

入门变式：可以将手撑在垫高的物体上，以此来降低此动作的难度。

力量变式：可以使叠放在上面的脚全程保持悬空状态。

针对肱三头肌的训练

在钻石俯卧撑中，双手的距离很近对肱三头肌是一大挑战。只有为数不多的训练项目和极少数的俯卧撑动作可以锻炼到手臂的伸肌。

俯卧撑 + 完全趴下组合

训练部位：胸肌、肩部和肱三头肌

A

- 呈俯卧撑姿势，手臂伸直。

力量变式：双手在身体两侧撑在具有一定高度的物体（比如两本较厚的书）上。

B

- 手臂弯曲，身体下沉，直至完全接触地面。
- 手掌短暂抬离地面，然后再撑起，直至手臂完全伸直。要注意绷紧全身的肌肉，使身体始终呈一条直线。

用力夹紧肩胛骨，这样可以额外锻炼上背部肌肉。

钻石俯卧撑

训练部位：胸肌、肩部和肱三头肌

A

- 呈俯卧撑姿势，双手互相靠近，使双手的大拇指和食指分别贴在一起。

入门变式：用手指摆出一个较大的钻石外形，双手相距 5 厘米左右。

B

- 手臂弯曲，身体下降至几乎碰到地面。短暂保持这个姿势，然后撑起身体。

双手的大拇指和食指摆出钻石形状，这也是这一俯卧撑动作名字的由来。

超人俯卧撑

训练部位： 胸肌、肩部和躯干

A

- 呈俯卧撑姿势，然后手臂向前伸直，用指尖抵住地面，手腕关节保持稳定。

B

- 身体下降到靠近地面——更多地通过改变手臂和肩部的相对位置来下降——想象着手臂伸直越过头顶的感觉，而不是弯曲手臂。短暂保持这个姿势，然后再撑起身体。

入门变式： 手掌靠近头部一些，使手臂和地面的角度更接近垂直状态。

收紧腹部和肩胛带肌肉，以保护下背部肌肉和肩关节。

宽距俯卧撑

训练部位： 胸肌、肩部和肱三头肌

A

- 趴在地上，腹部贴紧地面，双腿伸直。然后双手放在身体两侧，但不要完全往侧边伸直。指尖抵住地面，躯干和肩胛带绷紧，然后依靠手指和脚趾的力量撑起身体。

B

- 手臂弯曲，使身体慢慢下降，直到胸部几乎贴近地面。短暂保持这个姿势，然后再撑起身体。

入门变式： 以跪姿完成这一组动作。

手掌应和肩部处在一个平面上。

你的肩关节能承受住吗

本页介绍的这两个训练项目都会给肩关节带来较大的负荷，因为支撑的杠杆较长，会对这个主要靠肌肉稳定的关节产生较大的作用力。所以这两个项目只适用于进阶健身者和那些专门锻炼过肩部肌肉以及肩部没有受伤的人。因此你可以慢慢地尝试和摸索，先从较短的距离开始，然后慢慢增大两手间的距离（宽距俯卧撑）或者手掌到头部的距离（超人俯卧撑）。如果你不是用指尖而是用手掌撑住地面，那么建议你选择较软的地面（比如地毯），这样可以有效地保护你的手腕关节。

三角形俯卧撑

训练部位：胸肌、肩部和肱三头肌

A

- 呈俯卧撑姿势，两手间的距离稍宽于肩部。

B

- 手臂弯曲，使上身先靠近左手方向下降。身体保持水平，肩部两侧始终处于同一高度。
- 短暂地保持这个姿势，然后……

C

- ……以身体贴近地面的高度，上身向右平移。短暂保持这一姿势，然后再撑起身体，回到初始姿势。
- 在下一次重复动作时，先向左再向右平移身体。左右交替轮换进行。

试着在身体向左或向右平移的时候使胸部尽可能靠近左手或右手，同时要始终保持身体呈水平姿势。

入门变式：以撑在桌面上代替撑在地板上。

力量变式：在身体贴近地面的时候，向左和向右多做几次平移，然后撑起身体。

握拳俯卧撑（一）

训练部位：胸肌、肩部和肱三头肌

A

- 呈俯卧撑姿势，双手握拳，用拳头抵住地面。

B

- 手臂弯曲，身体下降至胸部几乎贴着地面。短暂保持这一姿势，然后再撑起身体。

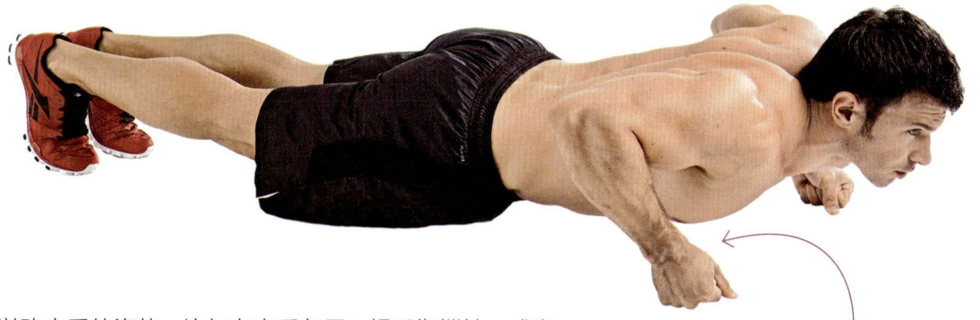

在这一训练项目中，手腕关节始终保持挺直。

变式：可以改变手的姿势，比如左右手各用 **3** 根手指撑地，或者左手用手掌，右手握拳等。

握拳俯卧撑

握拳俯卧撑的一大优点是运动路径较长。在这种姿势下，你的初始位置相对较高，可以让胸肌在靠近地面时绷得更紧，也需要用更大的力量。关于这一点，你在具体训练中能清楚地感受到。此外，手腕关节也不会受到像标准俯卧撑时那么大的压力。

握拳俯卧撑应该在较软的地面上进行，因为你是依靠手指的骨头和骨头上很薄的皮肤撑在地上的。如果你在生硬的混凝土地面上试过握拳俯卧撑，你就知道这一点的重要性了。

握拳俯卧撑（二）

训练部位：胸肌、肩部和肱三头肌

A

- 腹部贴着地面，然后双手握拳撑在胸部两侧的地板上。大拇指弯曲，指向前方。绷紧躯干肌肉，然后抬起身体，使身体贴着地面滑过。

B

- 伸直手臂，撑起前胸。臀部和腿部保持在靠近地板的位置。短暂保持这一姿势，然后再弯曲手臂，身体下降至初始姿势。

入门变式：在训练过程中，可以让膝盖接触地面。

移动俯卧撑

训练部位：胸肌、肩部、肱三头肌和躯干

A

- 呈俯卧撑姿势，双手交替移动：左手先往身体前方移动一段距离，右手处于胸部下方。

B

- 手臂弯曲，身体下降，直到胸部几乎贴着地面，然后再撑起身体。
- 身体要始终绷紧。双手互换位置，现在将右手往前移动一段距离，左手处于胸部下方。左右手交替，重复动作。

力量变式：以这个姿势在一定的空间内移动，比如倒退着爬上台阶。这时脚也要相应地移动。

侧向移动俯卧撑

训练部位：胸肌、肩部和肱三头肌

A

- 呈俯卧撑姿势，双手撑在肩部下方的地面上，双脚并拢。
- 手臂弯曲，使身体下降，然后再撑起。

B

- 左手往左边移动，右手跟着往左移动，然后重复一次俯卧撑动作。接着左手再往左边移动，右手跟上，以此类推。双脚的位置始终不变，只需跟着手的移动进行旋转。你能完成完整的一圈俯卧撑吗？
- 在下一组训练中，向相反的方向进行。

在做俯卧撑的时候，双手始终保持在肩部正下方。

俯撑前进（双腿伸直）

训练部位：胸肌、肩部、肱三头肌和躯干

A

- 呈俯卧撑姿势，右手向前移动一段距离，左手撑在胸部下方。双腿并拢伸直，脚尖接触地面。

B

- 左手向前移动一段距离，将身体的重量分摊一部分到左臂上。
- 紧接着右手再向前移动一段距离，将身体的重心稍微倾斜到右臂上。左右手交替前进。

双腿伸直，随着手往前移动，不要用脚的力量帮助前行。

平卧前进

训练部位：胸肌、肩部和手臂

A

- 腹部贴紧地面，双腿伸直。双臂向前伸直并贴在地面上。双手握拳，目视前方。

B

- 小臂和拳头用力挤压地面，然后带动身体尽可能朝前移动。
- 手臂再次伸直，然后重复动作，在房间里移动。

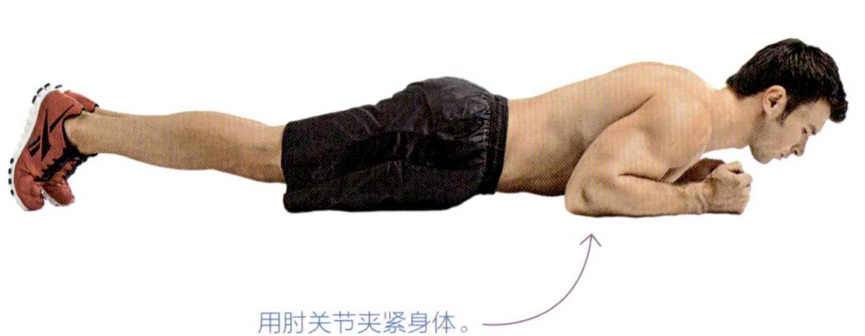

用肘关节夹紧身体。

力量变式：尝试着每次只用一只手的力量往前移动，左右手交替进行。

蜘蛛侠俯卧撑

训练部位：胸肌、肩部、肱三头肌和躯干

A

- 呈俯卧撑姿势，双腿伸直，绷紧身体。

B

- 手臂弯曲，身体下降。同时提起右膝，使膝盖往肘关节方向移动。右腿保持悬空一段时间，然后再撑起身体，右腿伸直，右脚回到初始位置。
- 做下一次动作时换成提起左膝，左右腿交替进行。

身体稍微朝提膝的那边旋转。

力量变式：在结束动作时，小腿向侧边伸直，不要让脚尖碰到地面。

转体俯卧撑

训练部位： 胸肌、肩部、肱三头肌和躯干

A

- 呈俯卧撑姿势，然后臀部向脚尖方向推移。膝盖向右转，使臀部向左倾斜，将身体的重心放在左侧。双脚放松，随着转动的身体移动。双臂向前伸直。

B

- 然后使身体在双臂之间向前移动，这时膝盖回到和身体呈一条直线的位置。弯曲双臂，使身体下降到几乎贴着地面。双手位于胸部下方。

像活塞一样沿着身体的纵轴前后移动臀部和上身。

C

- 再次将身体往后推，然后膝盖往左转，使臀部向右倾斜，将身体的重心放在右侧。
- 左右两侧交替进行。

俯卧撑 + 单手划船组合

训练部位： 胸肌、肩部、手臂和上背部

A

- 呈俯卧撑姿势，双手之间的距离略大于肩宽，双脚并拢。

B

- 手臂弯曲，使身体下沉至贴近地面。短暂保持这一姿势，然后再撑起身体。

C

- 用力抬起右臂，手臂绷紧，在胸部旁边握拳并稍微保持一会儿，然后再次用手掌撑地。左侧也重复同样的动作，左右两侧交替进行。

肘关节朝向天花板，肩胛骨夹紧。这个划船动作可以额外锻炼到上背部肌肉，包括三角肌后束。

力量变式： 可以随着手臂的抬起，也抬起一条腿。腿部保持绷直状态。

钟摆俯卧撑

训练部位：胸肌、肩部、肱三头肌和躯干

A

- 呈俯卧撑姿势，双手位于肩部下方，双腿伸直。手臂弯曲，做一个完整的俯卧撑动作。
- 手臂完全伸直的时候，提起左腿，使左腿在身体下方像钟摆一样向右晃动。

B

- 左腿回到原来的位置，换右腿往左边移动，然后回到初始姿势。

双手撑在地板上，始终不移动。

单手俯卧撑

训练部位：胸肌、肩部、肱三头肌和躯干

A

- 呈俯卧撑姿势，左手撑在肩部正下方的地板上，右手放在背上。

入门变式：以跪姿进行。

B

- 弯曲左臂，直到胸部几乎贴着地面。短暂保持这个姿势，然后再撑起身体。
- 在下一组动作中，换右侧进行。

试着在整个训练过程中保持左右肩部位于同一高度，使得前胸与地板呈平行状态。

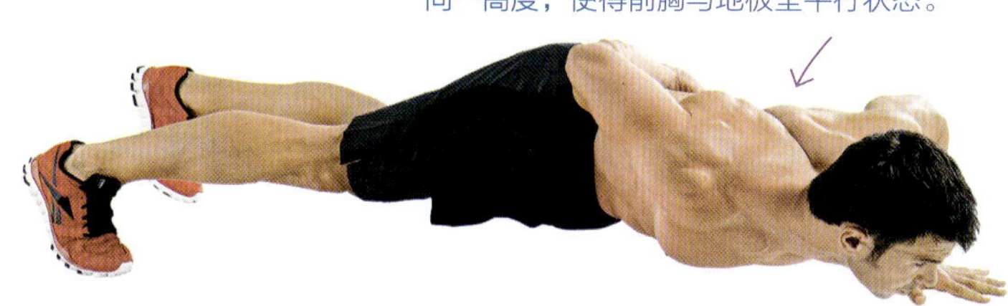

力量变式：在训练过程中，不受力的那一侧的手臂向外伸直，与肩同高。

不要感到沮丧

飞行式俯卧撑算得上本书中最难的训练项目之一了。你只有掌握了正确的技巧，加上身体有足够的力量，才能够产生巨大的身体张力来绷紧身体。所以慢慢来吧，不要着急；先从一些简单的动作开始，比如下面介绍的入门变式等。如果你能够掌握倒立动作，对于这个训练项目也会有帮助。

半飞行式俯卧撑

训练部位：胸肌、肩部、肱三头肌和躯干

A

- 呈俯卧撑姿势，手掌撑在地上，指尖朝向脚的方向。

B

- 手臂弯曲，直到胸部几乎贴着地面。短暂保持这一姿势，然后再撑起身体。

臀部保持悬空。

入门变式：也可以用跪姿来降低难度。

力量变式：升高脚的位置，比如将其放在一个饮料箱上。这对下一个训练项目能起到一定的过渡作用。

飞行式俯卧撑

训练部位：全身，尤其是上身

说明

- 手臂向后旋转，双手在肋骨下方撑在地面上，大拇指朝向外侧，身体呈俯卧撑姿势。
- 手臂弯曲，身体不要完全下降至靠近地面。将身体的重心往头部方向转移。躯干和腿部肌肉绷紧，保持身体平衡，然后将双脚抬起。尝试尽可能长时间地保持这个姿势，脚不要落地。

只有通过自己的不断尝试与摸索，你才能找到双腿在空中的平衡点。

入门变式：通过左右移动膝盖来保持平衡，这样可以让你更轻松地保持身体悬空。

靠墙俯卧撑

训练部位：胸肌、肩部、肱三头肌和躯干

A

- 双脚撑在墙上，呈俯卧撑姿势。脚掌在墙上的位置高于身体的其他部位，绷紧躯干，保持身体平衡。

B

- 肘关节弯曲，使身体下降，直到胸部几乎贴着地面。身体始终保持在一条直线上，然后再撑起。

由于双脚撑在墙上，肩部受到的压力会增大，所以你的双手要位于肩部的正下方或者和肩部保持在同一个平面上。

入门变式：可以先将脚往更高的位置移动，找一找靠墙俯卧撑的感觉，然后再回到原来的高度进行训练。

力量变式：在入门变式的高度上做完整的俯卧撑动作；身体和地面之间的角度越大，训练强度也就越大。

爆发力俯卧撑

训练部位：胸肌、肩部和肱三头肌

A

- 呈俯卧撑姿势，手掌位于肩部正下方，身体快速地下降。

B

- 然后用尽全力撑起身体，利用向上的推力，双手迅速离开地面。身体始终保持在一条直线上。然后双手接触地面，撑住身体。紧接着再弯曲手臂，重复下一次动作。

撑起身体时手腕也要用力，每一点推力都不要放过。

力量变式：在两手旁各放一个具有一定高度的物体，试着在撑起身体后再次接触地面时，双手撑在该物体上。

变式：双手在离地的时候做一次击掌动作。

单手垫高俯卧撑

训练部位： 胸肌、肩部和肱三头肌

A

- 呈俯卧撑姿势，左手撑在具有一定高度的物体上，右手撑在地面上。然后弯曲双臂，使后脑勺和左手的高度一致。

B

- 用爆发力撑起身体，紧接着身体向左侧移动。根据垫高物的大小和形状，决定是立刻让左手在垫高物的左边接触地面，还是先左右手同时撑在垫高物上，再用左手撑地面。

C

- 结束姿势和初始姿势呈镜像。保持结束姿势一会儿，然后身体往相反的方向移动，回到初始姿势。以此类推，左右手交替进行。

落地时将注意力集中在手上，要控制好手落地的位置和姿势，以免手腕受伤。

入门变式： 选择较矮的垫高物，比如一本较厚的书等。

爆发性俯卧撑 + 手臂前伸组合

训练部位： 胸肌、肩部、肱三头肌和躯干

A

- 呈俯卧撑姿势，手臂弯曲，身体下降至几乎贴近地面。

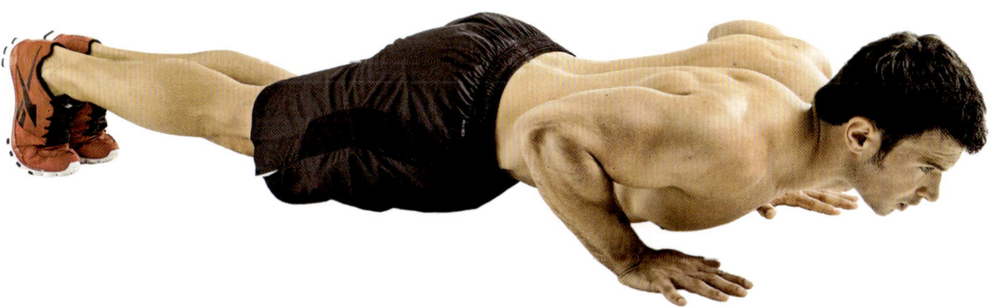

B

- 用全身最大的力量撑起身体，然后手臂在空中往前伸展。
- 迅速收回手臂，在身体下方以俯卧姿势接触地面。

手臂尽量往高处伸展，并位于身体的延长线上。

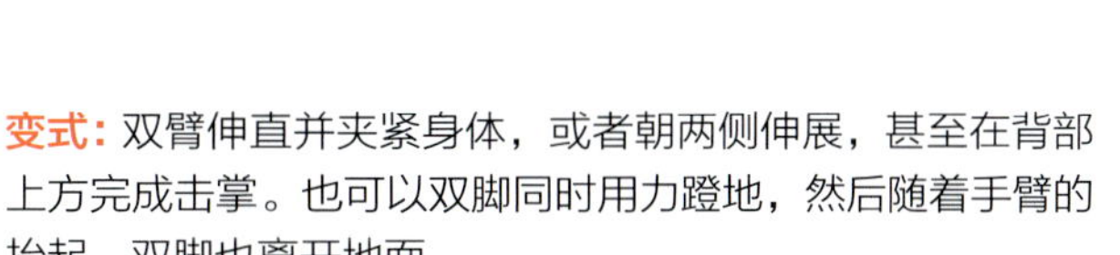

入门变式： 以跪姿进行训练。

变式： 双臂伸直并夹紧身体，或者朝两侧伸展，甚至在背部上方完成击掌。也可以双脚同时用力蹬地，然后随着手臂的抬起，双脚也离开地面。

避免脸部接触地面

这个训练项目适合不满足于只做普通俯卧撑的进阶健身者。在做这个项目时，受伤的概率非常大，一瞬间就可能脸部接触地面摔倒在地上。所以双手要非常迅速地抬起和放下，循序渐进地完成这一项目。一开始双手向前伸的幅度稍微小一些，然后慢慢加大。为了确保安全，可以在床（较软的床垫）、沙滩或草地等较软的地方完成动作；也可以在胸部和脸的下方放置垫子，以达到缓冲的效果。

开合俯卧撑

训练部位：全身，重点训练上身

A

- 呈俯卧撑姿势，双手撑在肩部下方的地面上，双脚并拢。

入门变式：只做双脚的开合动作，双手保持不动。

B

- 手脚同时撑开，即双手之间和双脚之间的距离都增大，然后以这个姿势弯曲手臂，使身体下降至贴近地面。
- 然后再撑起身体，在落地的同时，双手和双脚都各自回到初始姿势的位置。

尤其要避免落地时腰椎突出。

动态俯卧撑＋臀部后移组合

训练部位：胸肌、肩部、肱三头肌和躯干

A

- 呈俯卧撑姿势，双脚打开，大致与胯同宽。双腿弯曲，臀部往后移动至脚后跟的上方，手臂伸直。

力量变式：在结束动作的时候再做一次完整的俯卧撑动作，然后回到初始姿势。

B

- 手臂弯曲，躯干从两臂之间往前下方移动，直到胸部超过小臂的位置，身体几乎贴着地面。肘关节弯曲成直角，胸骨贴近地面。
- 短暂地保持这一姿势，然后回到初始姿势。

在训练过程中，腰部要尽可能贴近地面。

反向推肩

训练部位：肩部和肱三头肌

A

- 呈俯卧撑姿势，将脚尖放在垫高物上。手掌朝垫高物方向移动，直到腿和躯干、手臂垂直。双臂和双腿都伸直。

B

- 屈肘，直到头部几乎碰到地面。短暂地保持这一姿势，然后再撑起身体。

臀部和躯干始终位于肩部的正上方，否则会给身体带来不必要的负荷，或者使身体失去重心。

入门变式：可以双脚立在地面上，然后双手慢慢朝脚的方向移动，使臀部向上翘起。

角度不同，作用也不同

这个训练项目实际上只是一个变式俯卧撑，但它和常规俯卧撑完全不同，是以垂直的姿势向地面方向移动的。在这种倒立姿势下，主要用力的就不再是胸肌，而是肩部肌肉了。想象一下站姿推肩动作，这个反向推肩动作（以及后面的 4 个动作）和它一样，不同的只是头部朝下而已。

单腿等距推肩

训练部位：全身，重点是肩部和肱三头肌

说明

- 将脚尖放在垫高物上，呈俯卧撑姿势。手掌向垫高物方向移动，直到手掌处于髋部正下方。双腿稍微弯曲，然后抬起左腿，脚后跟朝向天花板。
- 保持这一姿势 10 秒，然后换另一只脚。

单脚放在垫高物上的姿势会对腿部肌肉产生一定的压力，要有意识地绷紧双腿的肌肉。

变式：你可以像之前描述的那样加上起始动作和结束动作。在每一组或两组动作后换另一条腿进行训练。

反向三角推肩

训练部位：肩部、肱三头肌和躯干

A

- 呈俯卧撑姿势，将脚尖放在垫高物上。双臂伸直，以略大于肩宽的距离撑在地上。手掌朝脚的方向移动，直到上身与地面垂直。

B

- 双臂弯曲，上身朝左手方向移动到能力允许的最远距离。

头部尽量保持在颈椎的延长线上。

C

- 然后头部紧贴着地面，上身再向右手方向移动。接着再撑起身体，回到初始姿势。

入门变式：在平地上以跪姿进行训练。

力量变式：在头部靠近地面的时候，多次左右来回移动上身。

靠墙倒立推肩

训练部位：肩部、肱三头肌和躯干

A

- 背对一面墙站着，然后双臂以略大于肩宽的距离撑在地面上。双脚踩在墙上，慢慢往上移动，同时手掌也要往墙的方向移动，直到身体呈一条直线并垂直于地面。

B

- 双臂慢慢弯曲，使身体下降，直到大臂平行于地面。短暂地保持这个姿势，然后再撑起身体，回到初始姿势。

力量变式：在身体下沉的时候，将重心移向单侧手臂，两侧轮流。也可以尝试着不用墙来辅助，做无支撑倒立——前提是你必须熟练地掌握了倒立动作，甚至可以倒立行走。

单手倒立

训练部位：肩部、肱三头肌和躯干

A

- 靠墙做倒立姿势，脚尖抵在墙上，保持身体稳定。

B

- 身体的重心转移到右臂上，双脚打开，以保持身体的平衡。然后抬起左手，将其放在臀部后方。
- 保持几秒，然后回到双手倒立姿势。紧接着抬起右手。也可以稍作休息，然后再继续做。

慢慢增强力量

引体向上是一种很简单而又需要一定技巧的运动，动作要点如下。

- 控制好身体，慢慢向上拉，下降时也一样。要避免借力摆动身体（除了第273页介绍的变式肌肉训练）。既不要夸大这个训练项目的作用，也不要小看其中存在的受伤风险。
- 即使在低位的时候也要绷紧手臂和肩胛带肌肉。为什么呢？因为在初始动作时，全身的重力向下拉拽身体，会导致肩部和肘关节过度拉伸，这是要避免的。
- 始终绷紧躯干，以保证上拉和下降时身体的稳定性。
- 要想充分全面地激活肌肉，就要用不同的握法、不同的握距来完成多组引体向上。本页介绍了两种引体向上的训练方法。

正手引体向上

训练部位：上背部、肩部和肱二头肌

A

- 找到适合做引体向上的物品（比如树干、攀援架、钢架、稳固的门框等），它们要能承受住你的体重，并且能让你的手臂完全伸展开来。
- 双手分开握在物品上，其间距大于肩宽，大拇指指向内侧（左右手大拇指相对）。小腿勾起，相互交叉。

B

- 双臂弯曲，将身体往上拉，直到肩部和手掌的高度几乎一致。短暂地保持这一姿势，然后回到初始姿势。

结束动作时夹紧肩胛骨。

反手引体向上

训练部位：上背部、肩部和肱二头肌

A

- 找到一个合适的、安全的横杆，然后双手以大于肩部宽度的距离反握在上面。小腿交叉向后翘起。

在将身体向上拉之前，要保持身体的稳定，不要摇晃。

B

- 肘关节弯曲，将身体向上拉，直到下巴高于手掌的位置。短暂地停留一会儿——要避免颈部过度拉伸和头部前倾。然后回到初始姿势。

侧握引体向上

训练部位：上背部、肩部、肱二头肌和胸肌

A

- 找一个稳定的横杆，双手紧握在上面，大拇指朝向头部方向，以侧握的方式抓稳杆子。双脚离地，小腿向后翘起并相互交叉。

力量变式：在训练过程中，将大腿或伸直的腿部向前抬高，使腿和地面平行。

B

- 双臂弯曲，将身体向上拉，直到头部从横杆的右边越过横杆。短暂地停留一会儿，然后再下降身体。在做下一个动作时，换成头部从横杆的左侧越过横杆。左右两侧交替进行训练。
- 在下一组动作中，交换双手的位置。

在结束动作时，要用最大的力量绷紧胸肌和肱二头肌，以达到更好的训练效果。

蜘蛛侠引体向上

训练部位：上背部、肩部、肱二头肌和腹部

A

- 找到一个合适的、安全的横杆，然后双手以大于肩部宽度的距离正握在上面。手臂和肩部保持绷紧，双脚离地。

B

- 手臂弯曲，左肩向左手靠拢。同时提起左膝，向左侧肘关节靠近。短暂地保持这一姿势，然后慢慢地回到初始姿势。
- 换另一侧做下一组动作。左右两侧交替重复该动作。

下巴至少应与横杆同高。

如何完成你的第一个引体向上

你还没能完成一个标准的引体向上？不要灰心，几个星期后你就可以做到。

（1）首先，靠手臂的力量挂在横杆上，不用其他辅助手段。躯干、肩部和手臂保持绷紧状态，试着保持这个姿势尽可能长的时间。

（2）你可以保持 15 秒了？那么现在你可以做“被动的”引体向上。借助椅子或者石头，使头部达到横杆的高度。从这个高度往下，慢慢使身体下降。尽可能多重复几次这个动作。

（3）可以毫不费力地完成 10 次上述动作了？那么现在你可以在朋友的帮助下完成完整的引体向上了。他可以在你往上拉的时候帮你一把，你可以单独完成下降的动作。

（4）在朋友的帮助下，完成 10 次重复动作也没问题了？现在你已经充分准备好了，在下一次健身时，你至少可以独立完成一次完整的引体向上。

引体向上的诸多变式

力量变式

- 靠指关节前端将身体向上拉。这一训练项目在攀岩中很受欢迎，可以有效地锻炼小臂力量。
- 单手握杆，保持尽可能长的时间。
- 正手宽距握杆。
- 两种握法相结合，即一手正握，一手反握。

入门变式

- 找一个高度和肩部相近的横杆，这样可以借助腿部的力量完成引体向上。
- 每完成一次引体向上后，松手回到地面上，放松手臂和肩部。
- 跳着抓握横杆，靠惯性将身体往上拉。
- 让朋友抓住你的腿，必要的时候将你往上推。

平移引体向上

训练部位： 上背部、肩部和肱二头肌

A

- 找到一根合适的、安全的横杆，然后双手以大于肩部宽度的距离正握在上面。小腿交叉并向后翘起。

力量变式： 在身体处于高位时，左右来回移动上半身。

B

- 双臂弯曲，将身体向左上方拉，使下巴朝左手方向靠近。短暂保持这一姿势。

C

- 保持身体在高位，将身体向右侧平移，使下巴靠近右手。同样坚持一会儿，然后再下降至初始姿势。

引体向上（用毛巾辅助）

训练部位： 上背部、肩部、肱二头肌和小臂

A

- 将两条毛巾绑在一根合适的横杆上，两条毛巾间的距离大致与肩宽相当。两手各抓住一条毛巾的尾端，小腿向后勾起并相互交叉。

B

- 肘关节弯曲，将身体向上拉，直到肩部和手的高度平齐。在这个高度保持一会儿，然后回到初始姿势。

绷紧躯干的肌肉，控制好身体，在将身体往上拉的时候避免摇晃。

力量变式： 用一只手抓着毛巾，另一只手扶着受力一侧的手腕，然后将身体向上拉。为了确保安全，在脚下放置一个可以随时提供支撑的垫高物。

正确的发力方式

在做引体向上时，抓握的方式不同，受到锻炼的肌肉也不同。反握、两手相距较近的侧握（参见第 153 页）以及双手抓在两根平行的横杆上，此时主要锻炼的是肱二头肌。胸肌也有一定程度的参与，尤其是在下降过程中。相反，如果是正握，那么负荷就会后移，主要锻炼的是上背部肌群和肩部肌肉。

此外，双手的握距越大，引体向上的难度就越大。如果要借助毛巾等完成引体向上，建议另外做一些握力训练，因为这样可以有效地增强小臂肌肉的力量。

收紧肩胛骨

训练部位：上背部和肩部

A

- 双手以大于肩宽的距离抓握横杆，掌心朝前。躯干、手臂和肩部都用力，将身体稳当地悬挂在横杆上。双脚离地，小腿往后勾起并相互交叉。

力量变式：在开始做动作时提膝，并在训练过程中保持膝盖靠近胸口的位置不变。

B

- 肩胛骨用力向后下方收紧，其余的身体部位保持不动。保持收紧的姿势一会儿，然后放松。

反向划船

训练部位：背部、肱二头肌和肩部

A

- 找一个较低矮的横杆（大约1米高），比如树枝、自行车架或者桌面。双手握住树枝、横杆或者桌子的边缘，双手间的距离与肩同宽。双手的大拇指相对，朝向里侧。脚后跟接触地面，骨盆抬起，使身体呈一条直线。

B

- 手臂弯曲，将身体向上拉，直到下巴越过横杆。短暂地保持这一姿势，然后回到初始姿势。

力量变式：脚后跟站在一个垫高物（比如石头或椅子）上，使你的身体在初始姿势下更倾向于水平状态。

单手完成动作，但要注意这对肩部造成的压力是巨大的。所以这一变式只适合经过严格训练的健身者。

反向划船（用毛巾辅助）

训练部位：上背部、肩部、肱二头肌和小臂

A

- 将毛巾挂在高约 1 米的横杆上，然后将毛巾拧一圈，双手分别握住毛巾的两端。抬起骨盆，双腿伸直，脚后跟接触地面。

入门变式：每重复一次动作后，稍作休息。

B

- 双臂弯曲，将身体向上拉，使胸部尽可能往双手方向移动。短暂地保持这一姿势，然后回到初始姿势。

你的身体要始终保持在一条直线上。

力量变式：在训练过程中，保持一只脚离地，同时双腿伸直。

站姿单手划船

训练部位：上背部、肩部和肱二头肌

A

- 找一个垂直于地面且稳定的杆子、较细的树干、门框或者固定的门把手等。左手握杆，握持部位大致与肩同高。身体保持挺直，然后往后倾斜，直到左臂完全伸直。右手叉腰，膝关节稍微弯曲。双脚整个接触地面，也可以选择用脚后跟接触地面。

B

- 左臂弯曲，将身体向前拉，直到几乎站直。然后慢慢回到初始姿势。在训练过程中保持所有肌肉绷紧。
- 在下一组动作中换另一侧进行训练。

受力的肘关节夹紧身体，并保持在这个位置。

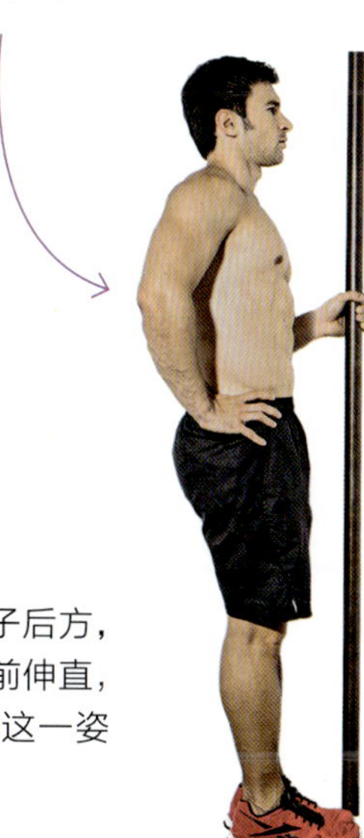

力量变式：斜着站立，双脚站在杆子后方，使杆子位于双腿中间。将一条腿向前伸直，脚离地，在整个训练过程中都保持这一姿势。在下一组动作中换另一条腿做。

前倾单手划船 + 转体组合

训练部位：上背部、肩部、肱二头肌和躯干

A

- 左脚向前迈一步，上身保持挺直，然后向前弯曲。左手放在背后，右手握拳并向下伸直。膝关节稍微弯曲。

力量变式：抬起右腿并向后伸直，在训练过程中始终保持这一姿势，脚不要落地。

B

- 右臂弯曲，右侧肘关节带动拳头从身体右侧划过。同时上身向右转，头部跟着往右转。
- 在下一组动作中换另一侧做。

肩胛骨往内收紧，肘关节朝向天花板。

腹部贴地式反向飞鸟

训练部位：上背部和肩部

A

- 腹部贴紧地面，手脚伸直，和身体呈一条直线。然后手臂抬起，和地面平行。躯干和臀部肌肉绷紧。

B

- 双臂弯曲，在肘关节大致呈直角的时候夹紧肩胛骨，将肘关节往上撑，使小臂和地面垂直。绷紧肌肉，短暂地保持一会儿，然后回到初始姿势。

力量变式：在收紧肩胛骨的时候再做一次小的收缩，使肩胛骨在最大的压力下夹得更紧一些。

双手握拳，使手臂肌肉绷得更紧实。

靠墙反向飞鸟

训练部位：上背部、肩部和肱三头肌

A

- 背对着一面墙，在离墙约 0.5 米的地方站好，上身和臀部靠到墙上。手臂贴着墙面，用手掌外侧接触墙面，身体绷紧。

入门变式：如果你的肱三头肌的力量不够，就试着弯曲手臂，使双手指向前方，然后用肘关节将身体推离墙面。如果墙面比较粗糙，就穿长袖训练衫来保护肘关节。

B

- 手臂和手往墙上推，使上身离开墙面。手臂保持伸直，只剩手掌外侧贴着墙面。短暂地保持这一姿势，然后回到初始姿势。

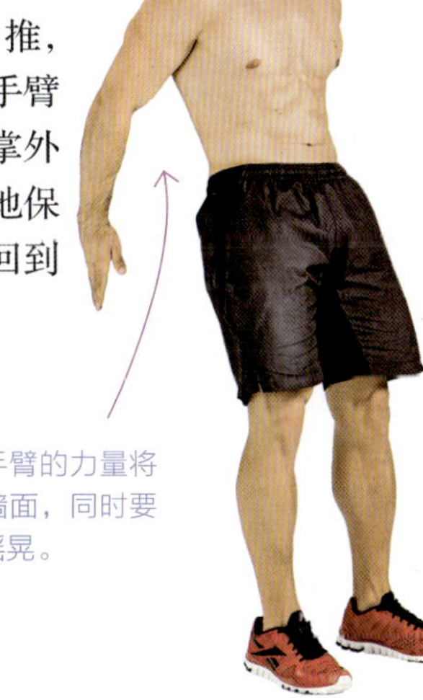

试着只用手臂的力量将身体推离墙面，同时要避免身体摇晃。

转臂反向飞鸟

训练部位：上背部和肩部

A

- 双脚打开，与肩同宽。展开双臂，与肩同高。翻转手臂，使掌心向上，大拇指指向身后。

力量变式：双手各加点重物，比如手上拿本书或者拿块石头。

B

- 手臂伸直，尽可能地往后伸展，同时用力夹紧肩胛骨，肩部下沉。这个运动的幅度不大，所以保持这一姿势一会儿，然后慢慢地放松，回到初始姿势。

手臂始终朝后翻转，这会让训练更有效，也会额外锻炼到胸肌。

身体前倾是一个好方法

涉及弯腰的动作（比如本页介绍的前倾式侧平举）可以有效地增强背伸肌的力量。背伸肌在保持脊椎稳定方面起着关键作用，也使脊椎可以灵活地运动。背伸肌由很多较小的肌肉组成，不能受太大的压力，所以在训练过程中要始终保持背部挺直。在拉起动作和推举动作中，如果加上身体前倾，就会增大训练强度，因为在手臂从前往后运动的过程中还要额外克服手臂的重力。如果你有条件以前倾的姿势完成训练，那么就把握好机会吧！

躺姿下压

训练部位：上背部、肩部和肱三头肌

A

- 背部贴地躺着，两侧肘关节触地，使小臂和地面垂直。如果需要的话，则可以在肘关节下面垫一条毛巾。双脚抬起，使大腿和地面垂直，小腿相互交叉。
- 肩部绷紧，抬起头。

力量变式：在训练过程中，脚后跟接触地面，将臀部抬离地面几厘米。

B

- 肘关节向地板方向下压，使挺直的上身离开地面。保持这一姿势一会儿，然后慢慢地回到初始姿势。在接下去的重复动作中，背部不用完全贴到地上。

用肘关节夹紧身体，可以得到最佳的用力点。

前倾式侧平举

训练部位：上背部和肩部

A

- 双脚打开，与肩同宽。上身挺直，向前倾斜。膝关节稍微弯曲，手臂向前伸展，和胸部垂直。双手握拳，大拇指朝向外侧。绷紧躯干、肩部和手臂。

B

- 绷直的双手向身体两侧平举，使手和肩部的高度一致。上身保持不动，背部挺直。短暂地保持这一姿势，然后慢慢放低双手。

在结束动作时，肩部下沉，绷紧上身的肌肉。

手臂交替前平举

训练部位：上背部、肩部和手臂

A

- 双手分别持一个重物（比如砖头、书本或者装满水的瓶子等）。左臂伸直，抬至与肩部同高，右臂则垂直向上伸展。

B

- 然后左臂向上伸展，直到左臂垂直于地面；同时右臂向下移动，直到右臂与肩同高。
- 背部保持挺直，肩胛骨向下沉。左右手交替进行。

入门变式：你也可以空手进行训练，将注意力集中在手臂和肩部肌肉的收缩上。

Y 形侧平举

训练部位：上背部和肩部

A

- 双脚打开，与肩同宽。双手各持一个重物（比如图中的砖头），并置于身体两侧。掌心朝向身体。

B

- 双臂伸直，朝侧前方平举，两臂之间大致呈 90 度角，高度与肩部相当。短暂地保持这一姿势，然后慢慢回到初始姿势。

变式：可以改变手臂的运动轨迹，比如向前或者向侧边平举。

空手做也没问题

关于本书里介绍的要额外用到砖头或者毛巾的训练，也可以空手进行。即使做肱二头肌集中弯举动作（参见第 168 页），也完全可以不加重物进行训练，关键在于肌肉的收缩。想要达到最佳训练效果，在训练过程中始终保持相应的肌肉高度绷紧非常重要。这种等距训练可以额外激活肌纤维，在一定程度上可以起到负重训练的效果。

L 形前平举（包括肩部回旋）

训练部位：上背部、肩部和肱二头肌

A

- 双脚打开，与肩同宽。双手各持一个重物（如砖头、书本等），并置于身体两侧。掌心朝向身体。

B

- 手臂弯曲，直到小臂与地面平行。

C

- 大臂从身体两侧向上举，直到与肩部平齐。

D

- 小臂向后转，使其与地面垂直。
- 按照原路线回到初始姿势。

变式：可以只完成本训练项目的部分动作，比如从 C 到 D 的肩部回旋；也可以按照自己的喜好来编排，比如先完成动作 D，然后在脑后伸展肱三头肌，接着从侧面或前面慢慢放下双臂，回到初始姿势。

提肩（用毛巾辅助）

训练部位：上背部和肩部

A 

- 双脚打开，与肩同宽。抓握住一条毛巾，双手间距与肩同宽。肩部下沉，肩胛骨收紧。

B

- 肩部尽力向耳朵方向耸起，同时避免上身向前弯曲。保持这一姿势，然后回到初始姿势。

变式：可以用重物（比如一箱水）替代毛巾进行训练。

双手高举过头顶 + 提肩组合

训练部位：上背部和肩部

A

- 双脚打开，与肩同宽。双手各持一个重物（比如书或砖头），大拇指在前，高举过头顶。手臂伸直，肩部下沉。

B

- 肩部尽可能向耳朵方向耸起，然后保持这一姿势。手臂保持不动，肩部不要朝后倾斜。然后肩部下沉，回到初始姿势。

变式：此处也可以用毛巾替代重物，或者干脆空手做。

根据个人喜好调配阻力

在这种包含阻力的训练（也可见第168页介绍的肱二头肌集中弯举动作）中，可以随时通过增大或者减小阻力来改变训练强度。比如在本页介绍的训练中，你可以用脚对手臂施加阻力，这会使手臂的受力增加许多；也可以绷紧腿部，靠腿部自行承受重力来减小手臂的负荷。

坐姿侧抬腿

训练部位：肩部

A

- 侧坐在地上，上身向右倾斜，用右手撑住地面。双腿弯曲，左腿抬高。左手贴在左侧小腿下面，掌心朝下。左腿放松，使其重量全压在左手上。

B

- 用左手的力量将左腿向上抬起，直到大臂与肩部同高。短暂地保持这一姿势，然后慢慢回到初始姿势。左腿不要贴到地面，避免腰椎突出和驼背。

俯卧向后提肩

训练部位：上背部和肩部

A

- 腹部朝下趴在地上，脚尖接触地面。手臂呈直角弯曲，大臂与肩部同高。头部和手臂抬离地面，大拇指朝向天花板。

B

- 尽可能将手臂向后举，同时用力收紧肩胛骨。短暂地保持这一姿势，然后慢慢地放松，回到初始姿势。头部和手臂避免接触地面。

变式：手臂朝两侧伸直，然后抬起。要想使躯干绷得更紧，则可以在抬起手臂的同时也抬起绷直的双腿。

单臂划拉

训练部位：上背部、肩部和躯干

A

- 双脚打开，与肩同宽。然后屈膝，上身向前倾斜，背部保持挺直。手臂越过头部向前伸展，使手臂处于上身的延长线上。绷紧躯干、肩部和手臂肌肉。

B

- 右臂从侧面向后伸展，使右手和左手处在一条直线上。短暂地保持这一姿势，然后原路返回，同时左手往后伸展，左右两侧交替进行。

力量变式：在训练过程中，向后抬起一只脚，单脚站立完成动作。

尽可能使手臂和躯干平行，避免手臂在划动过程中画圈。

快速小幅转体（用毛巾辅助）

训练部位：肩部、手臂和躯干

A

- 双脚打开，与肩同宽。双手握住一条毛巾，两手间距与肩同宽。手臂向前伸直并与地面平行。向两边拉毛巾，使毛巾处于绷紧状态。稍微屈膝。

B

- 轻微地来回转动身体，手臂同步左右移动，但始终保持毛巾处于拉紧状态。

只通过旋转躯干和骨盆来转体，腿部保持不动。

力量变式：在转体的同时，手臂在身前慢慢地上下移动，始终保持毛巾处于拉紧状态。

肩部区域的有效保险

针对肩袖肌群的训练项目在任何训练中都不应该被忽视。这部分肌群虽然小，但很重要，其中包括使手臂可以外转的冈下肌等。很多人的这部分肌肉都要弱于它的对抗肌（即让手臂可以内转的肌肉，包括有力的胸肌）。如果你经常锻炼这部分较弱的肌肉，就能降低肩部单侧负荷过重的风险和肩部受伤的风险。经过平衡训练的肩部要比平衡失调的肩部更能承受负重、更有力。

卧姿肩部外旋

训练部位： 肩部

A

- 左侧身体贴地侧卧，左侧肘关节处于肩部下方，支撑住身体。右手在身体前侧放松地握住重物（比如一本书或一块石头），大臂放在髋部上方。

B

- 右侧大臂向后旋转，尽可能地带动小臂和重物一起向上移动，保持躯干不动。
- 在下一组动作中换另一侧进行训练。

大臂在训练过程中始终和躯干贴在一起，既不抬高也不降低。

肩胛带拉伸

训练部位：上背部、肱三头肌和肩部

A

- 手臂伸直，与地面保持垂直，在身体后侧撑在一个垫高物上。如果垫高物较低，那么就伸直双腿，用脚后跟接触地面。如果垫高物较高，则适当地弯曲双腿，用全脚掌接触地面。肩部和颈部的肌肉放松，使躯干向下沉，头部和肩部的水平位置也向下移动。

想象将你的肩部和耳朵拉开到最远的距离。

B

- 绷紧肩部和颈部肌肉，将上身向上撑，同时尽可能向下收紧肩胛骨。短暂地保持这一姿势，接着回到初始姿势。

力量变式：训练过程中，在保持双腿伸直的前提下抬高双腿，这会让躯干得到更多的锻炼。

颈部上拉（带阻力）

训练部位：上背部和肩部

站立的位置紧挨着栏杆或桌子，以保证手臂垂直于地面。这样才能充分地用上肩部和颈部的力量。

说明

- 在栏杆或者较重的桌子前站立，双手从下往上握住栏杆或桌子的边缘，掌心朝前，大拇指指向外侧。双手间距略大于肩宽，手臂略微弯曲。
- 双手紧握住栏杆往上拉，像要将栏杆举起来一样（在理想状态下，栏杆应是固定的）。想象着肩部往耳朵方向耸起。保持肌肉紧绷，然后放松。

变式：左右手轮流进行。

肱二头肌集中弯举（用腿部提供阻力）

训练部位：肱二头肌

A

- 坐在椅子或床的外缘，双脚开立，上身保持挺直并稍微前倾。左侧肘关节往左侧大腿内侧施压。左手抓在右侧膝关节窝处，并将右腿稍微向上提起。右手撑在髋部。

B

- 左臂弯曲，将右腿向上抬起，直到右侧膝关节靠近胸部。保持肌肉紧绷，然后伸展手臂，但不要将腿完全放下。可以利用腿主动抬起或者反向施压来提高或降低动作的难度，也可以通过调节肌肉的紧绷程度来改变训练的强度。
- 在下一组动作中换另一侧进行训练。

变式：左侧小臂旋转 180 度，使手背贴在膝关节窝上，然后完成上述动作。

坐姿肱二头肌弯举（用腿部提供阻力）

训练部位： 肱二头肌

A

- 坐在地上，双腿打开，膝关节稍微弯曲。左侧肘部往左侧大腿内侧施压，左手抓住右侧膝关节窝。右手在臀部边上撑住地面，左手轻轻抬起右腿。

B

- 左臂弯曲，将右腿朝胸部方向抬起。上身保持不动。根据训练的需要，可以用右腿向左臂反向施压。
- 在下一组动作中换另一侧进行训练。

肱二头肌弯举（用手提供阻力）

训练部位： 肱二头肌和肱三头肌

A

- 双脚打开，与肩同宽。左臂绷紧并稍微弯曲，左手半握拳，掌心向上。右手从上方抓握住左手的腕关节。

B

- 左臂弯曲，拳头朝上移动，同时右手向下压，用力的程度视训练目标而定。根据提前安排好的组数保质保量地完成动作。
- 在下一组动作中换另一侧进行训练。

变式： 这个训练项目很适合和训练伙伴一起完成。双手握拳，双臂伸直，放在髋部前面，让你的训练伙伴用双手从上往下施压，然后你来完成肱二头肌弯举的动作。

肱二头肌弯举（用毛巾辅助）

训练部位：肱二头肌

A 

- 背部靠墙站立。找一条至少1米长的毛巾，双手握住毛巾的两端，然后左脚踩在毛巾中间。左腿放松，手臂稍微弯曲，夹在身体两侧。

B

- 手臂弯曲，使拳头向胸部方向移动，直到肘关节大约呈直角。根据训练需求，可以额外用左脚向下施压。
- 在下一组动作中换另一侧进行训练。

大臂紧靠着身体，使肱二头肌可以充分得到锻炼。

力量变式：单手完成训练，即用单手抓住毛巾的两端，其余动作同上。

半后仰肱二头肌弯举

训练部位：肱二头肌和躯干

A 

- 找一根稳固的横杆，可以是树干或者阳台栏杆等，其高度低于肩部。双手从下往上抓握横杆，掌心向上。身体略微后仰，用脚后跟站立。手臂稍微弯曲。

骨盆抬起，使身体呈一条直线。

B

- 手臂弯曲，将身体往横杆方向拉，使胸部靠近横杆。身体的其他部位保持不动。

力量变式：在训练过程中抬起一只脚，或者双手正握和反握交替进行。

半后仰单手肱二头肌弯举

训练部位：肱二头肌和躯干

A

- 找一根稳固的横杆，可以是树干或者阳台栏杆等，高度低于肩部。双脚站在横杆下，右手从下往上抓握横杆，掌心向上。双腿绷直，身体保持挺直，然后向后倾斜。左手叉腰。

B

- 右臂弯曲，将上身往手掌方向拉，使胸口靠近横杆。短暂地保持这一姿势，然后回到初始姿势。
- 在下一组动作中换另一侧进行训练。

髋部保持稳定，在训练过程中不要塌陷。

力量变式：横杆越低，你的身体越接近与地面平行，就需要越大的力量。

臂屈伸（一个垫高物上）

训练部位： 肱三头肌和肩部

A

- 背对一个垫高物（如椅子、公园长椅等），双手伸直撑在上面，大拇指相对。双腿伸直，脚后跟接触地面，然后抬起右腿并保持挺直。

B

- 双臂弯曲，使身体垂直下沉，直到大臂与地面水平。背部始终保持挺直。短暂地保持这一姿势，然后撑起身体。
- 在下一组动作中换另一侧进行训练。

入门变式： 双脚接触地面，或者双腿稍微弯曲，使双脚离臀部近些。

臂屈伸（两个垫高物上）

训练部位： 肱三头肌、肩部和躯干

A

- 找两个垫高物（如椅子或者箱子），两者相距约1米。背对其中的一个垫高物，双手撑在上面，将脚后跟或者小腿放在另一个垫高物上，臀部悬空。

B

- 双臂弯曲，直到大臂与地面平行。背部尽可能保持挺直，双腿伸直。短暂地保持这一姿势，然后撑起身体。

力量变式： 可以在大腿上增加重物（比如一两本较重的书）。

单手臂屈伸

训练部位：肱三头肌、肩部和躯干

A

- 背对着一个垫高物，右臂伸直撑在上面。双腿朝前伸直，用脚后跟站在地上，左手置于胸前。

B

- 右臂弯曲，直到右侧大臂与地面平行。臀部竖直往下沉，而不是向垫高物的方向移动，所以腿部也会稍微弯曲。髋部保持挺直。
- 在下一组动作中换另一侧进行训练。

力量变式：在结束动作时，轮流抬高左右腿。

如果你觉得自己的身体不平衡，则可以将两脚之间的距离加大。

臂屈伸（两个垫高物中间）

训练部位：肱三头肌、肩部和胸肌

A

- 找两个约 0.5 米高的垫高物（比如桌子等）。掌心贴在垫高物上，指尖朝前，双臂伸直撑在上面。躯干绷紧，抬起双脚，小腿向后抬起并相互交叉。

B

- 慢慢地弯曲手臂，使身体下沉，直到肘关节约呈直角。短暂地保持这一姿势，然后撑起身体。

收紧腹部，这样可以额外锻炼到躯干肌肉。

仰卧撑

训练部位：肱三头肌、肩部和躯干

A

- 双腿伸直，坐在地上，双手于臀部后方撑在地面上。抬高臀部，直到身体从头到脚呈一条直线。肩部位于双手的正上方。

B

- 双臂弯曲，使身体下沉，直到臀部几乎贴到地上。短暂地保持这一姿势，然后撑起身体。

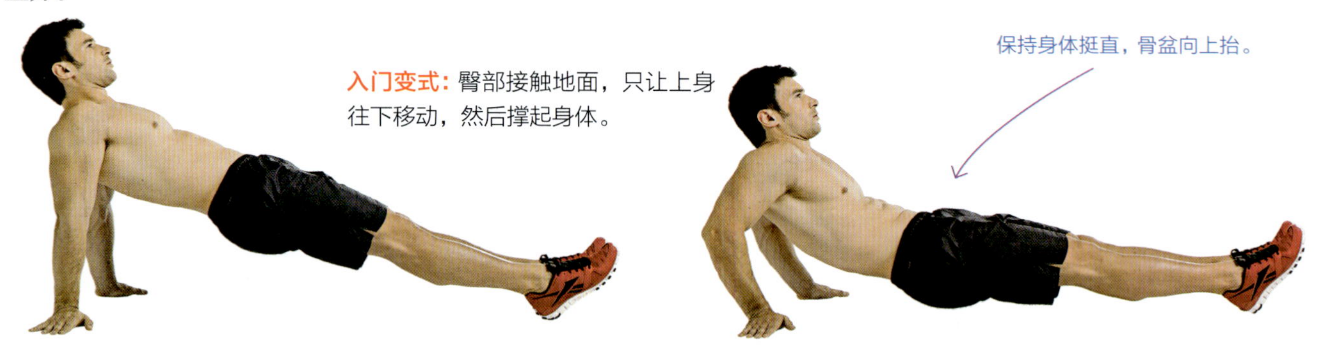

入门变式：臀部接触地面，只让上身往下移动，然后撑起身体。

侧卧肱三头肌拉伸

训练部位：肱三头肌和肩部

A

- 身体左侧卧在地上，双腿伸直。右手放在胸前的地上，左手抓住右侧肩部，绷紧全身。

B

- 右臂伸直，将上身抬高。
- 在下一组动作中换另一侧进行训练。

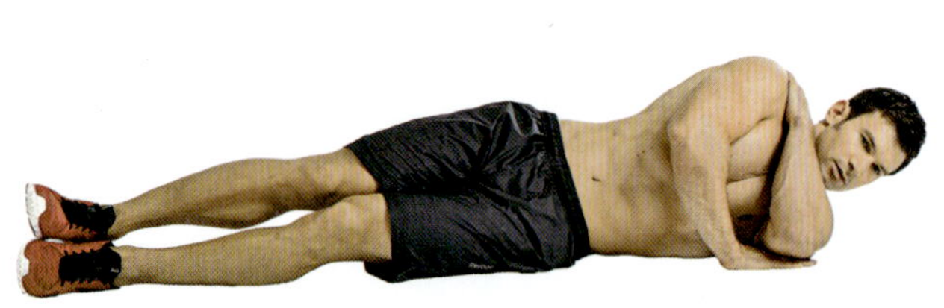

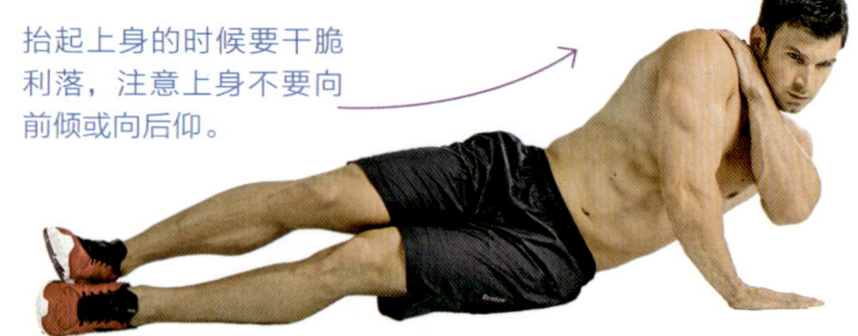

力量变式：在伸直手臂的同时，抬高上面的脚并悬空 5 秒。

前倾式肱三头肌拉伸

训练部位： 肱三头肌、肩部和下背部

A

- 左膝跪在一个较低的垫高物上，比如一把椅子或者床的边缘。上身前倾，左手撑在垫高物上。右腿伸直；右臂弯曲，肘关节呈直角，大臂和上身保持平行。

B

- 右臂伸直，小臂尽量向后伸，使手臂和上身处在一条直线上。短暂地保持这一姿势，然后手臂弯曲至初始姿势。
- 在下一组动作中换另一侧进行训练。

手臂要完全伸直，使肱三头肌切实得到锻炼。

力量变式： 增加额外的重物，比如手上抓握一本较重的书等，以增大训练强度。

手腕弯举

训练部位：小臂和肩部

A

- 站直，右手抓握一个重物（比如一本书、一块石头或者一根树枝）。右臂向前伸直，掌心朝下，手腕耷拉着。

B

- 手腕伸直，抬起重物。在最高点停住，短暂地保持一会儿，然后回到初始姿势。
- 在下一组动作中换另一只手进行训练。

变式：手腕弯曲和伸直的时候，掌心朝上或者大拇指朝上。

力量变式：抓握一根横杆或长树枝等，因为这些长条形物体会左右摆动，所以可以锻炼手腕侧边的力量。

握拳

训练部位：小臂和肩部

A

- 站直，右臂向前伸直，掌心朝上。

B

- 尽可能用力握拳并保持一会儿，然后手指最大幅度地展开。

变式：手臂旋转90度或180度，使掌心朝向侧面或朝下。也可以双手同时完成动作，以节约时间。

力量变式：找一条毛巾或者一个乒乓球，握拳的时候用尽全力握紧它。

头部和颈部肌肉训练

训练部位：头部和颈部肌肉

A

- 站直，两手掌心分别压在额头两侧。头部向前用力，大约持续10秒，然后放松。

B

- 在下一个动作中，右手放在太阳穴上，头部向右用力，持续 10 秒左右，然后放松。接着换左手，重复以上动作。

C

- 双手放在脑后，然后头部向后用力，持续 10 秒左右，然后松手。

D

- 双手握拳，从下往上撑住下巴，接着头部向前下方用力，持续 10 秒左右，然后慢慢地放松。需要的话，可以多做几次。

头部最好保持不动。要避免突然用力，也不要过度用力，因为颈部的肌肉比较脆弱。

躯干功能区的力量训练

现在轮到锻炼你的躯干了。以下训练主要涉及躯干部分的肌群，目的是让你的身体更好地对抗重力，做成你想完成的训练动作或姿势。躯干的肌肉可以传递和平衡手臂或腿部产生的所有力量。在任何一种运动方式、任何一个日常活动和任何一种形式的活动中，你都可以从躯干肌肉锻炼中获益，因为这一区域的肌肉一天二十四小时都处于工作状态。即使是呼吸，也会有一部分躯干肌肉参与。

运动模式

这一部分介绍的训练主要有下面几种运动形式。

- 躯干的拉伸、弯曲和倾斜（对抗重力）。
- 通过绷紧腹部肌肉和其他用于保持躯干稳定的肌肉来实现躯干的稳定。

训练涉及的肌肉

（1）腹肌。你健身的主要目标很可能是练出六块腹肌。腹肌能让你弯下腰、向前或向侧面转体。此外，腹肌还起着保护内脏的作用。由于这些重要的作用，腹肌通常会形成束状或板状的结缔组织。最出名的腹部结缔组织束就是在身体前侧将腹部划分成数块的腹直肌。在腹直肌两侧是腹外斜肌，在腹外斜肌底下还有腹横肌和腹内斜肌。

（2）竖脊肌。人体的背部有竖脊肌。竖脊肌是很多不同大小的肌肉的统称，指的是脊柱两侧以及脊椎之间的肌肉。竖脊肌能保持脊椎的稳定，也能使脊柱进行活动。在竖脊肌的共同作用下，脊柱能够竖立起来，这也是它的名字的由来。

本体感觉训练能很好地锻炼背部肌肉，你可以选择崎岖不平或摇晃、不稳定的地面（底面），比如站在沙滩上、鹅卵石上或者树干上。此外，单脚站立、单侧支撑姿势以及需要身体进行平衡的训练也能有效地锻炼竖脊肌。

腹肌和竖脊肌互为对抗肌，其中一个负责弯腰，另一个负责伸展。这听起来没什么特别的，但对于你的生活来说，它们就跟双腿一样重要，因为只有这两者共同作用，你才能保持直立姿势。在最佳情况下，它们的相互合作可以使脊椎在你站立的时候承担最小的负荷。如果你进行了全面均衡的躯干肌肉训练，就能有效地避免背部受伤。

卷腹

训练部位：腹直肌

A

- 平躺在地上，膝关节弯曲，双脚接触地面。双手放松地置于脑后，肩胛带肌肉绷紧，头部抬起。

B

- 腹部肌肉用力绷紧——在整个训练过程中都要保持绷紧状态。上背部抬起，离开地面。在最高位置时短暂地停留一会儿，然后回到初始姿势，肩胛带不要靠到地面上。

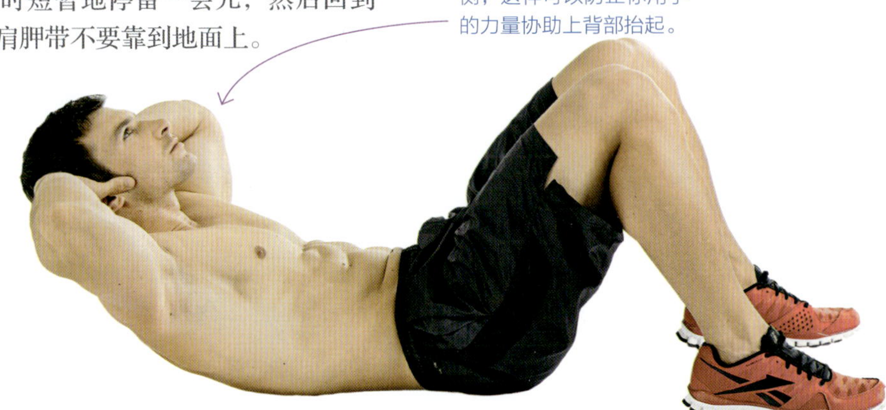

力量变式：双腿向前伸直，在整个训练过程中都不要接触地面。

你了解卷腹运动吗

卷腹是完全依靠腹直肌力量的一种训练项目，有众多效果突出的变式。当然，效果好的前提是正确地完成动作。

（1）不要借助双手的力量将头部抬起，否则对颈椎很不好。最好将指尖或拳头放在太阳穴两侧，或者双手在胸前交叉。

（2）下背部不要抬起。胸椎卷起之后，要防止背部挺直，而要呈“驼背”状态。

（3）上身不要摆动。保持上身稳定地抬起和落下，从而保护你的背部，降低上身突然摆动导致的疼痛风险。此外，上身摆动会使训练效果大打折扣。所以卷腹动作要完全依靠绷紧的腹部的力量。

卷腹和仰卧起坐（参见第 186 页）不同，卷腹时身体的重心较低，只抬起上背部。

伸手卷腹

训练部位：腹直肌

A 

- 平躺在地上，膝关节弯曲，双脚接触地面。双臂向后伸直，与地面保持平行，手掌相互交叉。肩部肌肉绷紧，头部微微抬起。

B

- 腹部用力绷紧，使上背部、肩部和手臂抬高，离开地面。

力量变式：在手上增加额外的重物，比如拿本书。

攀援卷腹

训练部位：腹部肌肉

A

- 平躺在地上，膝关节弯曲，双脚接触地面。肘关节弯曲，小臂指向天花板。绷紧身体。

变式：做“电梯”卷腹，即将身体要抬起的高度分成 4 个部分，在每部分停留几秒，然后继续往上。

B

- 左手向上抓，上身抬起，想象着自己正朝一条线靠近。头部和肩部也要抬离地面。
- 在肩部重新下沉到地面之前抬起右手。右手的位置高过左手，想象着抓住那条线，再将身体往上拉一点儿。
- 左右手交替向上“攀援”，直到上身几乎垂直于地面。

侧向卷腹

训练部位：侧腹肌

A

- 平躺在地上，膝关节弯曲，双脚接触地面。双手放松地置于脑后，肘部朝向两侧。躯干和肩部肌肉绷紧。

B

- 用力绷紧腹部肌肉，抬起肩部，然后向右转体，将左肘抬高一些。短暂地保持这一姿势，然后回到初始姿势。
- 紧接着换另一侧进行训练，左右交替重复动作。

抬起的肘部要始终朝外，而不能朝向身体。

变式：将左脚的踝关节放在右侧膝关节上，然后向左卷腹。接着变换左右脚的位置，再向右卷腹。

静态卷腹

训练部位：腹直肌、肩部、手臂和胸肌

A

- 平躺在地上，抬起双脚，膝关节弯曲，使大腿垂直于地面。绷紧躯干肌肉，抬起肩部和头部。双臂伸直，手掌放在膝盖两侧。
- 躯干绷紧，然后保持这一姿势。双手向膝盖方向用力，保持约 5 秒。

力量变式：结合动作 **A** 和动作 **B**，一只手在外侧向里推，另一只手在内侧向外推，能做到吗?

B

- 然后将双手的手背贴在膝盖内侧，绷紧躯干，双手向外用力，保持 5 秒。
- 放松躯干和手臂，然后重复做。

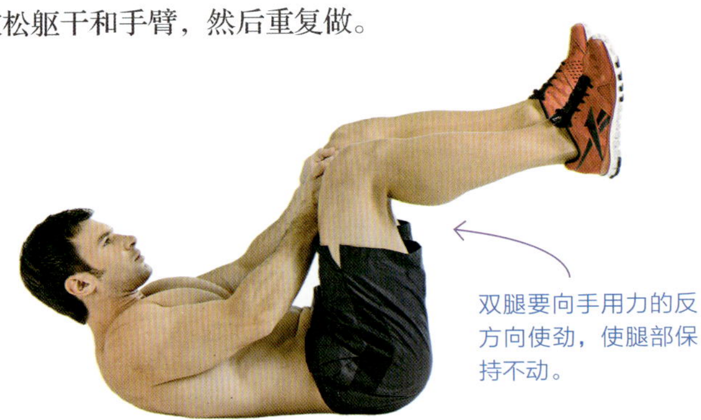

伸展卷腹

训练部位：腹直肌、腿部和臀部

A

- 平躺在地上，膝盖向外翻，双脚接触地面，脚心相对。双手叠放，掌心朝向脚的方向。躯干和肩部的肌肉绷紧。

B

- 腹部肌肉用力绷紧，将肩胛带抬高，手掌往前推。短暂地保持这一姿势，然后回到初始姿势，肩部不接触地面。

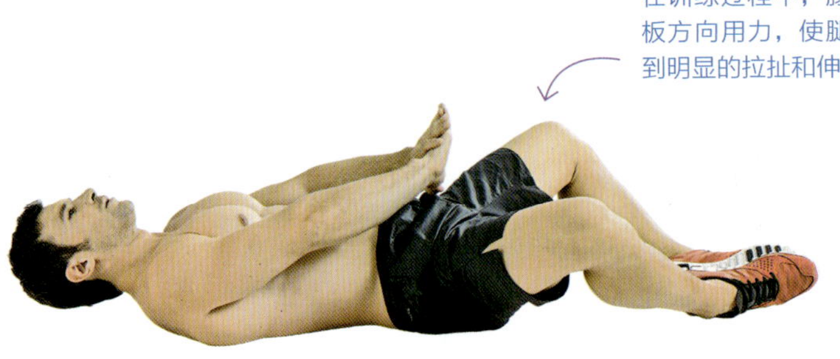

V 形卷腹

训练部位：腹直肌

A

- 平躺在地上，双腿伸直，稍微抬高，脚尖竖起。双臂伸直，掌心朝向地板，在身体两侧保持悬空。

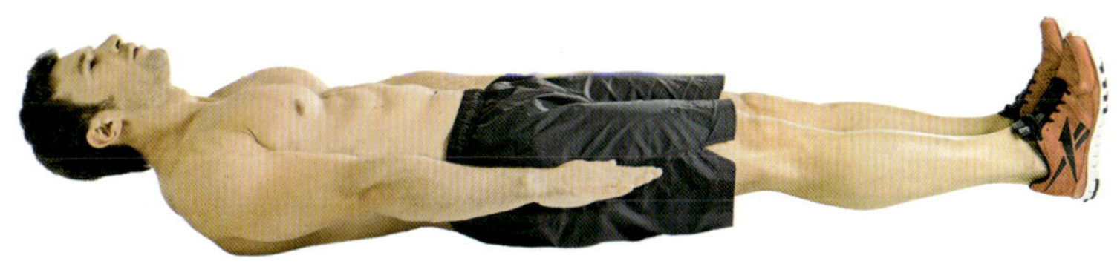

B

- 弯曲身体，抬起肩部，双手往脚的方向伸展。同时将膝盖往头部方向移动，使大腿和小腿垂直。

下背部贴地。

变式：在抬起肩部的时候，双臂向上伸直，指向天花板。

卷腹 + 腿部屈伸组合

训练部位：腹部肌肉

A

- 平躺在地上，双腿弯曲，使大腿与地面垂直。双手交叉抱于胸前。

变式：双腿向空中张开。

B

- 腹部用力，使上背部抬起，向右转体。手臂从胸口处往前伸直，同时双腿向上伸展。
- 短暂地保持这一姿势，然后回到初始姿势，接着抬起上背部，然后向左转体。左右两侧轮换，交替进行训练。

躯干、手臂和头部始终指向一个方向。

腿的作用

双腿也要参与的卷腹运动对于肌纤维来说是份“大礼”，因为在这种运动中，腹直肌的很大一部分都会被激活。如果想要更大的训练强度，则可以使腹斜肌也参与进来。不管你做的是哪种卷腹运动，加入腿部动作都是很有效的，比如抬起、伸直、自由活动双腿或其中的一条腿。

划船式坐姿卷腹

训练部位：腹直肌

A

- 坐在一个稳固的垫高物（比如一把椅子）的外缘，双手撑在上面。双腿并拢，向前伸直。上身保持挺直，稍向后仰。

B

- 双腿弯曲，膝盖向胸部方向移动，膝盖保持并拢。短暂地保持这一姿势，然后回到初始姿势。

上身和膝盖轻轻接触，背部保持挺直。

坐姿侧向划船式卷腹

训练部位：侧腹肌

A

- 坐在稳固的垫高物外缘，双手撑在上面。上身稍微向后仰，双腿并拢，向前伸直。

力量变式：两脚或两膝盖间夹一本书。

B

- 双腿弯曲，膝盖并拢并向一侧胸部移动，保持一会儿，然后回到初始姿势。
- 在下一次重复动作中，膝盖向另一侧的胸部移动。左右两侧轮换，交替进行训练。

始终保持膝盖并拢。

空中自行车

训练部位：腹部肌肉

A

- 平躺在地上，双手置于脑后。双腿向前伸直，稍微抬高。然后抬起肩部，提起右膝，同时向右转体，使左手肘向右侧膝盖靠近。

B

- 流畅地换另一侧做动作，右腿伸直，提起左膝，同时向左转体，中间不要停下。左右两侧交替，轮流进行训练。

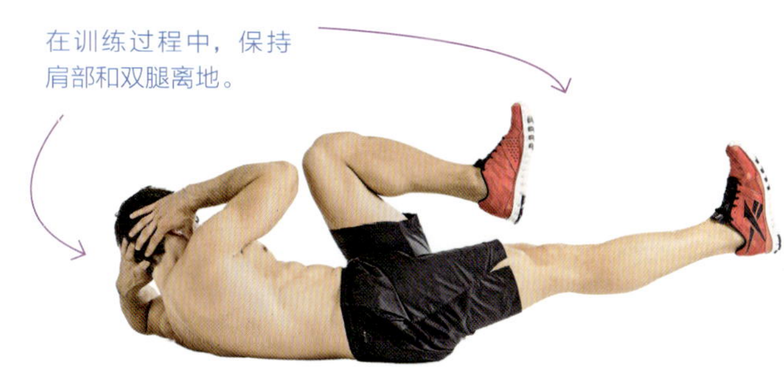

在训练过程中，保持肩部和双腿离地。

交叉卷腹

训练部位：腹部和肩部

A

- 平躺在地上，手臂从头部后边往前伸直。腹部肌肉绷紧，肩部稍微抬高，离开地面。右膝提起，使膝盖向胸部方向移动，左手触碰右脚。

B

- 紧接着流畅地换另一侧做动作，左手贴着身体往后伸展，右腿伸直，同时左腿弯曲，右手前伸触碰左脚。
- 左右交替进行，手臂、腿和上背部都不要接触地面。

入门变式：双手前伸的时候触碰膝盖，不用触碰到脚。

尽可能使膝盖靠近胸口。

仰卧起坐：起身幅度大的卷腹

和卷腹（参见第179页）不同，在做仰卧起坐时下背部也要抬起，使脊柱完全离开地面，呈稍微后仰的坐姿。常有人说仰卧起坐会对背部造成损伤，这并不是事实，很多研究驳斥了这种说法。不管是什么样的训练项目，如果你的动作不规范，都有可能造成损伤。由于杠杆作用，仰卧起坐确实会对下背部造成比卷腹更大的负荷。如果动作错误或者躯干力量不足，你就会更明显地感受到这一负荷。所以仰卧起坐比较适合进阶健身者。对于做仰卧起坐时太困难甚至会感受到背部某区域疼痛的人，建议从卷腹开始做起。

此外，在做仰卧起坐的时候，要尽可能地保持肩部和上身挺直。

仰卧起坐（+腿屈伸）

训练部位：腹部肌肉

A

- 平躺在地上，双臂向后伸，从手掌到脚尖都尽可能地伸展、绷直。

B

- 绷紧腹部，上身抬起，背部保持挺直。双手交叉置于胸前，右膝向胸口方向移动。

C

- 右腿伸直，同时提起左膝向胸口方向移动，上身保持不动。

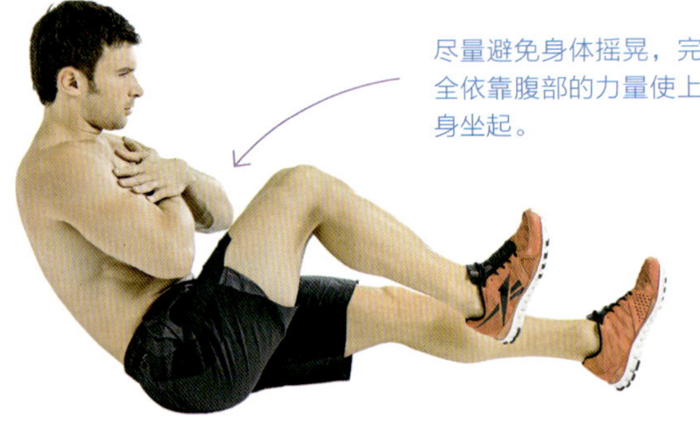

尽量避免身体摇晃，完全依靠腹部的力量使上身坐起。

D

- 右腿再次弯曲，使两膝盖并拢，尽可能靠近胸口。短暂地保持这一姿势，然后回到初始姿势，头部和肩部不要接触地面。

变式：借力完成仰卧起坐：坐在地上，上身保持挺直，双脚钩在固定的物体（比如床的外缘或阳台栏杆等）上。双臂向前伸直，上身慢慢往下躺，降到最低点后再抬起上身。

折刀仰卧起坐

训练部位：腹直肌

A

- 平躺在地上，双臂向上伸直并垂直于地面。

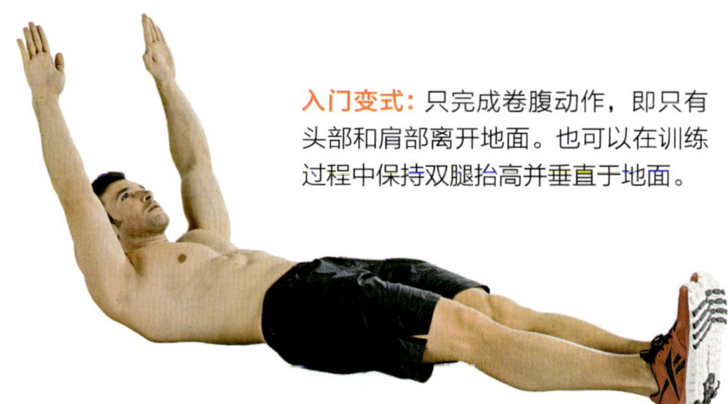

入门变式：只完成卷腹动作，即只有头部和肩部离开地面。也可以在训练过程中保持双腿抬高并垂直于地面。

B

- 上身保持挺直，和双腿同时抬起，直到手臂和腿大致平行，指尖朝向脚趾方向。短暂地保持这一姿势，然后慢慢回到初始姿势，上身始终保持绷紧状态。

在做如图所示的卷腹动作时，特别重要的是保持下背部挺直。

仰卧起坐 + 拳击组合

训练部位：腹部和肩部

A

- 平躺在地上，膝关节弯曲，双脚接触地面。双手放松地置于脑后。绷紧躯干和肩部。

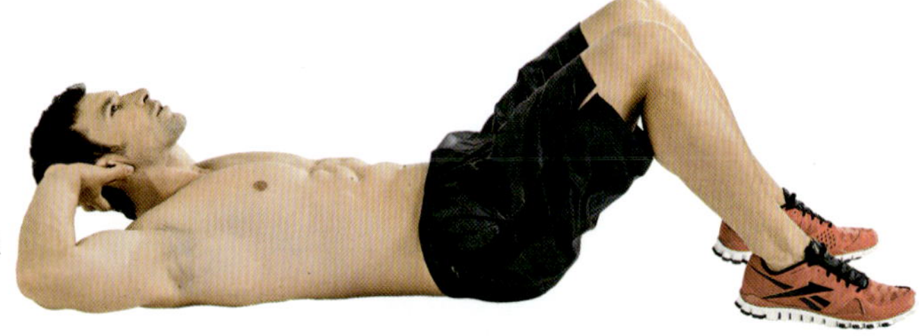

B

- 利用腹部肌肉的力量抬起上身，使上身与地面约形成 45 度角。同时左手握拳，朝右前方出拳。
- 回到初始姿势，在下一个重复动作中换成右手握拳，朝左前方出拳。左右两侧交替进行训练。

背部转动的幅度不要过大，出拳的力量主要来自肩部。

坐姿跑

你房间的地板马上就能见证不可思议的一幕了！下面介绍的训练项目就像跳跃动作一样简单，轻易就能做到。通过身体的摆动，你将能够以坐着的姿势在房间里来回移动！但在此之前，你需要从较慢的速度开始，循序渐进，然后你就可以自如地控制自己的运动速度了。

仰卧起坐 + 拍打小腿组合

训练部位：腹直肌

A

- 双腿伸直，平躺在地上。双手交叉抱于胸前，双腿稍微抬起，离开地面。

力量变式：在做动作 B 的时候，脚底完全接触地面，这就需要你将膝盖提到非常接近胸部的位置，从而加大腹部的紧绷程度。

B

- 抬起上身，同时向胸部方向移动膝盖，接着双手拍打两侧小腿，然后回到初始姿势。
- 紧接着完成下一个重复动作。

跳跃仰卧起坐

训练部位：腹部和肩部

A

- 坐在地上，双腿伸直，稍微抬离地面。提起右膝，左臂呈直角弯曲，往前摆动。右臂也同样弯曲，往后摆动。

B

- 伸直右腿，同时提起左膝。左臂往后摆动，右臂往前摆动。手臂弯曲的角度保持不变。左右快速交替进行。

站姿卷腹（提膝 + 转体组合）

训练部位： 躯干

A

- 双脚打开，与肩同宽。双手放松地置于脑后。

变式： 站直，先将左腿往后伸直，左手臂向上伸直，绷紧身体。然后左侧膝盖朝前移动，同时左侧肘部向下，使左膝盖和左手肘在身前触碰。在下一组动作中换另一侧进行训练。

B

- 抬高左膝，上身向左转，直到右侧肘关节几乎碰到抬起的左膝。保持动作的协调性。
- 回到初始姿势，换另一侧重复同样的动作。左右侧轮流做，动作要连贯。

跪姿卷腹

训练部位： 躯干

A

- 跪在地上，骨盆抬高，不接触腿部。双手放松地置于脑后，大拇指指向地面。上身挺直，稍向前倾。

B

- 腹部用力绷紧，然后将上身向前弯曲，呈驼背状。在结束动作时，将腹部绷得更紧，保持一会儿，然后回到初始姿势。

力量变式： 在卷腹过程中，将双肘在身前并拢，这会提高身体整体的紧绷程度；你也可以左右肘关节轮流向对应的膝盖移动。

不要制动

在本页所介绍的这两个训练项目中，最好左右脚前后流畅连贯地滑动，不要停顿，所以这也要求垫高物的表面或地面尽可能平整光滑。比如，平地可以选择房间内的地板或室外的沙滩，垫高物可以选择家里的椅子或公园里上了漆的长椅。要减小鞋子摩擦所带来的阻力，可以选择不穿鞋子而是穿袜子进行训练，或者在鞋子底下垫毛巾，使毛巾随着运动前后移动。要想将摩擦力减到最小，则可以光脚套一层透明薄膜进行训练。

折刀支撑（垫高物辅助）

训练部位：腹直肌、肩部、胸肌和肱三头肌

A

- 找一个表面尽可能平整的垫高物，双脚的脚尖踩在垫高物上靠后的位置，双手伸直，撑在肩部正下方的地面上，呈俯卧撑姿势。身体呈一条直线。

B

- 绷紧腹部肌肉，双腿弯曲，双脚在垫高物上朝手的方向移动，注意不要掉下来。保持该姿势一段时间，然后回到初始姿势。

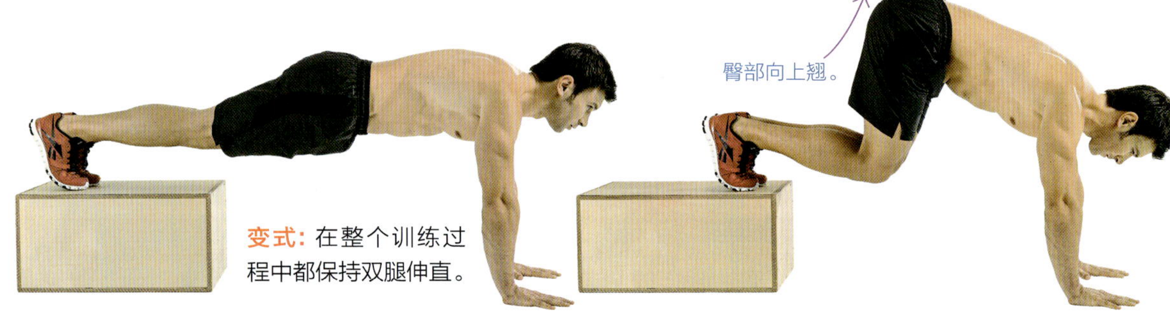

变式：在整个训练过程中都保持双腿伸直。

转体折刀支撑

训练部位：侧腹肌、肩部、胸肌和肱三头肌

A

- 呈俯卧撑姿势，双手与肩同宽。双脚并拢，双腿伸直，左脚外侧接触地面或放在毛巾等能够滑动的东西上，右脚叠放在左脚上。

B

- 两侧膝盖尽可能地朝胸部移动，膝关节窝朝右。同时，双脚向手的方向笔直滑动。短暂地保持该姿势，然后将腿伸直。
- 在下一组动作中换另一侧进行训练。

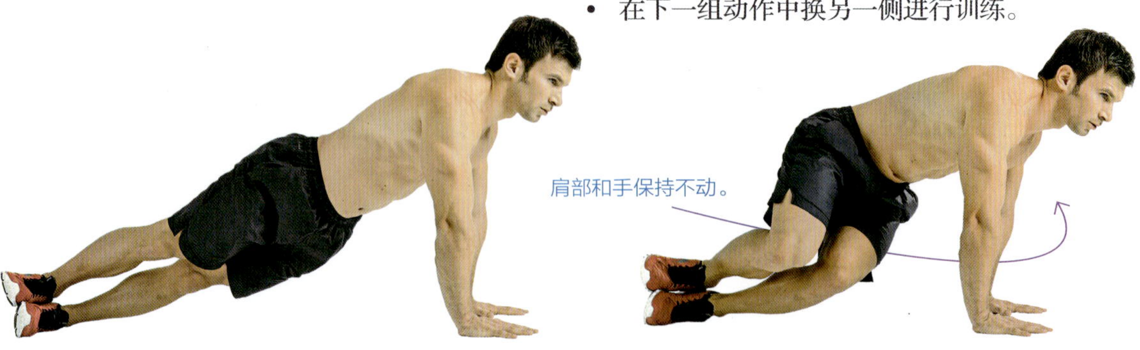

支撑前移

训练部位：上身

A

- 双脚接触地面，双手撑在肩部正下方。膝关节弯曲，不接触地面。

B

- 先将右手往前移动，使右手位于左手前面 10 厘米处，然后左手也往前移动至右手前面 10 厘米处。

C

- 用这种交替进行的方式，双手慢慢往前移动，直到几乎不能支撑住身体为止。保持最终的姿势一会儿，然后双手再一步一步地退回初始姿势。

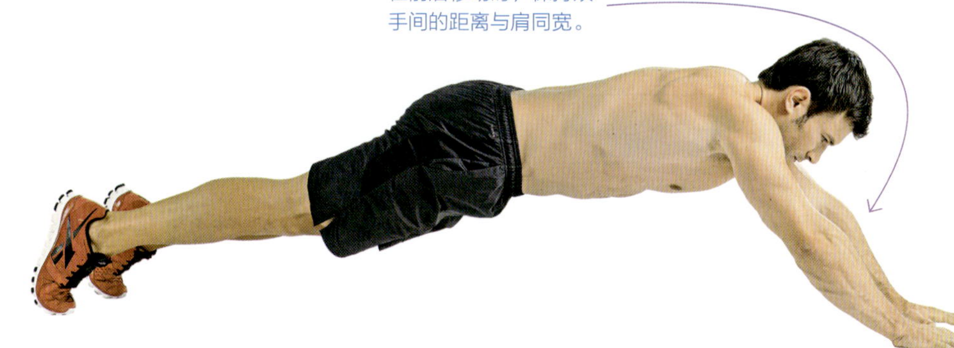

入门变式：两侧膝盖接触地面。

力量变式：以俯卧撑姿势开始，然后双手以每次 5 厘米的距离交替向前移动。

坐姿向后滑动

训练部位: 躯干和肩部

A

- 上身保持挺直，坐在地板上，双腿伸直，双手撑在臀部两侧的地上。

B

- 绷紧腹部肌肉，抬起臀部向后移动，然后落地，再重复动作 A。以这种方式在房间里移动。

变式: 双手保持在同一位置不动，臀部向前移动，落地后再退回到初始位置。

双手在每一步移动后都要保持紧贴在臀部两侧。

力量变式: 试着将双腿抬高，离开地面。

后仰转体运动

训练部位: 腹部肌肉

A

- 坐在地上，双腿伸直，双手握拳置于胸前。背部挺直，上身整体向后仰约 45 度。
- 先向右转体。

B

- 接着向左转体。双手随着身体转动，臀部保持不动。
- 左右两侧交替进行，重复转体动作，腹部肌肉始终保持绷紧。

力量变式: 在转体的时候，上身小幅度地后仰，然后抬起。也可以用卷腹动作的中间高度进行训练。

在一组动作中，上身要保持在固定的倾斜角度上，但在做每组动作时上身后仰的角度可以不同。

跪姿前转体

训练部位：躯干

A

• 跪坐在地上，臀部放在脚后跟上。背部保持挺直，上身向前倾斜约 30 度，肘关节向两侧抬至肩部高度并弯曲 90 度。

变式：将双手向上伸直，左右臂交叉，其余动作同上。

B

• 上身绷紧，慢慢地向右转，短暂地保持一会儿，然后向左转。左右轮换，重复动作。

收紧肩胛骨，手臂的姿势保持不变。

坐姿转体

训练部位：腹部肌肉

A

• 坐在地上，膝关节弯曲，脚后跟接触地面。上身保持挺直，稍微向后仰。双手朝前伸直，与地面保持平行。

变式：用幅度小而频率高的转体动作来完成训练。

力量变式：上身后仰的角度越大，动作的难度就越大，但背部要始终保持挺直。也可以在手上增加重物，比如抓握书本、砖块等。

B

• 上身向右转，手臂跟着转动，然后短暂地保持一会儿，紧接着向左转。左右轮换，重复动作。

在训练过程中，保持上身的倾斜角度不变，肩部的高度也始终保持不变。

坐姿快速转体触地

训练部位：躯干

A 

- 坐在地上，双腿并拢伸直。用手将一条毛巾团成球状，手臂向前伸直。背部保持挺直，上身稍微往后仰。
- 上身迅速向右转体，用毛巾球快速触碰臀部右侧的地板3次。

B

- 然后连贯地向左转体，重复同样的动作。左右两边轮流转体，背部始终保持挺直，双臂和双腿也始终伸直。

可以用任意一种球来代替毛巾，前提是这个球要比乒乓球大。

对角线伸展

训练部位：躯干和肩部

A

- 双脚打开，与肩同宽。双手分别抓握住一条毛巾的两端，双手的距离大致与肩同宽。手臂向上伸直，并在训练过程中保持手臂肌肉紧绷。上身向左转动，右脚的脚尖接触地面，随着转动。

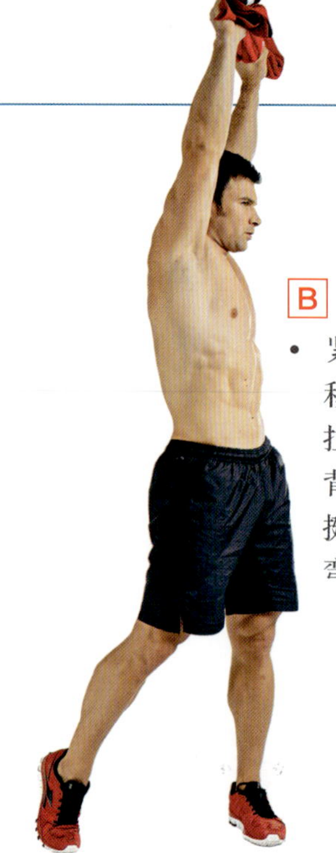

B

- 紧接着上身向右下方移动，伸直的双臂向下拉，划过右侧小腿。背部尽可能保持挺直，双腿稍微弯曲。

注意膝盖不要往两侧突出。

入门变式：空手进行训练。

侧向起身（垫高物辅助）

训练部位： 侧腹肌

A

- 身体左侧靠在一个垫高物上，使胸椎往上的部位可以灵活地上下移动。双腿伸直，双脚交叉接触地面。双手放松地置于脑后，肘部指向身体两侧。

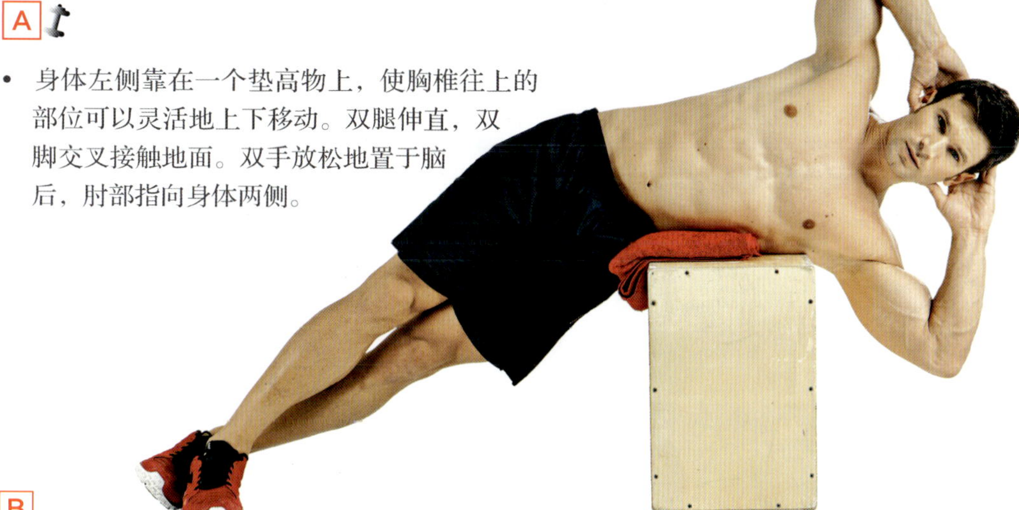

B

- 绷紧腹部肌肉，靠腹部肌肉的力量使上身尽可能地向上抬起，肘部的姿势不变。在最高点保持一会儿，然后回到初始姿势。上身始终保持一定的紧绷度。
- 在下一组动作中换另一侧进行训练。

力量变式： 将双手举过头顶，或者抓握着某个重物。

拉伸左边的侧腹肌时，右边的侧腹肌会被挤压到一起。

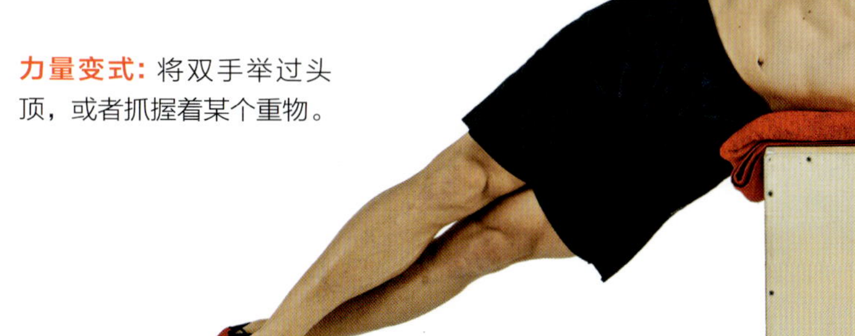

让自己觉得舒适

在做这个训练项目前，先给自己找一个髋部和上身靠着舒服的垫高物，最好是球状物（比如一块球状的大石头）或者横放的粗壮的树根等。最理想的情况是用健身球来作为垫高物，也可以用其他充气的物品，比如充气船的边缘或者橡胶水池的边缘等，只要它们足够大。如果你找不到球状物，则可以用在方形物体上垫毛巾的方法来代替。

侧向弯腰（手臂向上伸直）

训练部位：侧腹肌

A

- 双脚打开，与肩同宽。双腿稍微弯曲，双手分别抓握住一条毛巾的两端，两手间距也与肩同宽。手臂向上伸直，始终保持手臂肌肉绷紧。

B

- 身体向左侧弯曲至极限，手臂跟着向左移动，双手抓握毛巾的姿势不变。伸展全身，想象着要将身体拉长。短暂地保持该姿势，然后身体向另一侧弯曲。左右两侧交替进行训练。

变式：双手握住一个较重的物体，或者双手抓着一把扫把的柄，在训练过程中向两侧拉扯。

卧姿抬腿

训练部位：腹直肌

A

- 平躺在地上，双手平放在臀部下方。双腿伸直，稍微抬高，不接触地面。

B

- 绷紧腹肌，双腿慢慢地抬起，直到腿与地面垂直。然后慢慢地放下双腿，但始终不接触地面。

变式：

- 可以借助垫高物，比如平躺在一张床上，臀部位于床的边缘，双腿向前伸直悬在空中，然后在空中抬起和放下双腿。
- 在训练过程中，双腿小幅度地迅速前后移动，以这种方式抬起或放下双腿。
- 或者从一开始就使双腿垂直于地面，保持这一姿势不动。

卧姿腿绕环

训练部位：腹部肌肉

A

- 坐在地上，双腿向前伸直，保持在离地几厘米的高度。上身往后仰，小臂支撑在身体两侧的地面上，大臂处于肩部正下方并垂直于地面。

力量变式：双脚夹住某个物体进行绕圈，这个物体不需要很重，可以是毛巾、抱枕或空的饮料瓶等。

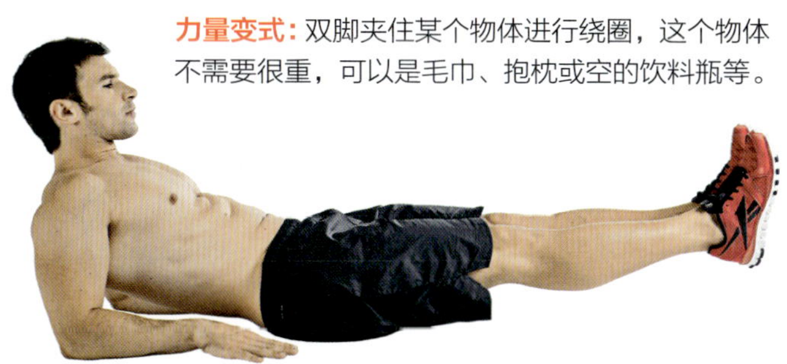

B

- 双腿在空中交替沿逆时针方向和顺时针方向画圈，尽可能画大一点的圆圈。如果限时进行训练，你就会找到动作的节奏，使沿顺时针方向和逆时针方向画圈的时间几乎相等。

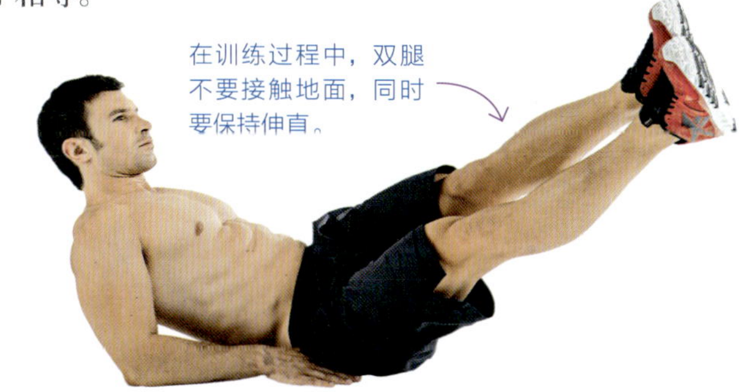

卧姿剪刀腿

训练部位：腹部和腿部肌肉

A

- 坐在地上，上身往后仰，小臂支撑在身体两侧的地面上。双腿伸直并抬高，右脚再抬起一定的高度，然后往左移动，同时左腿从右腿的下方向右移动。

力量变式：在换另一侧做动作的时候，将双脚尽可能宽地分开。

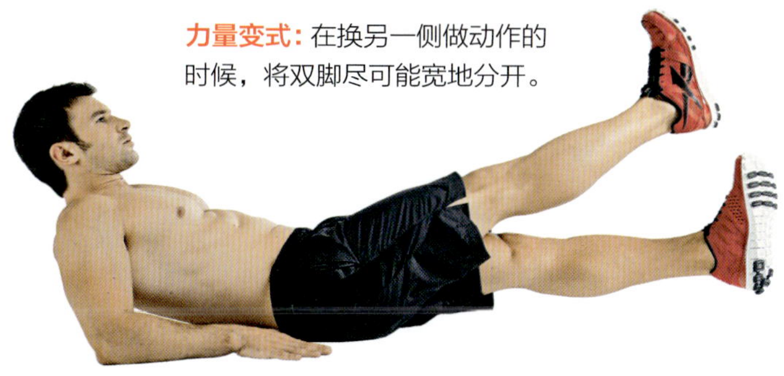

B

- 双腿分开，然后换成左腿抬高，往右移动。同时右腿下沉，从左腿下方几乎贴地的高度向左移动。
- 左右腿交替进行，双腿始终保持不接触地面。

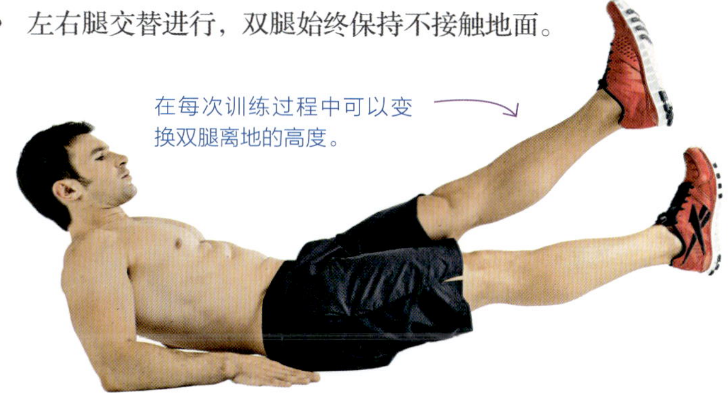

卧姿摇摆腿

训练部位: 躯干和腿部

A

- 平躺在地上，双手向两侧伸直，掌心向下贴在地上。双腿抬起，直至垂直于地面。脚尖勾起。

入门变式: 只将大腿抬离地面。

B

- 双腿保持挺直，慢慢地向右侧移动至能力所及的最低点，然后抬起向左移动。左右两侧交替进行，使双腿左右摇摆。

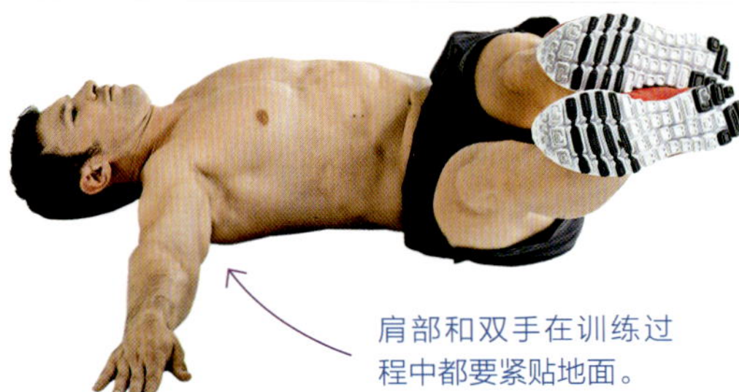

肩部和双手在训练过程中都要紧贴地面。

力量变式: 在换另一侧做动作时，将双腿向前下方伸直，如第196页的卧姿抬腿训练中将腿放下的动作。然后将双腿抬高至与地面垂直，再换另一侧进行训练。

悬挂抬腿

训练部位: 腹直肌、肩部和手臂

A

- 找一根稳固的横杆，双手正握横杆，将身体悬挂在横杆上。双手间距大于肩宽。手臂、肩部和躯干的肌肉用力绷紧。

B

- 双腿伸直并拢，向上抬起，直到双腿与地面平行。短暂地保持这一姿势，然后回到初始姿势。

在抬起双腿的时候，下背部轻微弯卷。

入门变式: 双腿弯曲，抬腿的时候只让大腿与地面平行。

力量变式: 在把腿抬起到要求的一半高度后，弯曲膝关节，使膝盖往胸部方向移动。这样做可以有效地增强腹部肌肉的锻炼效果。

悬挂斜抬腿

训练部位：腹部、肩部和腿部肌肉

A

- 找一根稳定的横杆，双手以大于肩宽的距离正握横杆，将身体悬挂在横杆上。然后两侧膝盖并拢，向右上方提膝至髋部高度。

B

- 短暂地保持这一姿势，然后将膝盖从正中位置向下放，紧接着向左上方提膝至髋部高度。左右两侧轮流进行，尽量避免身体左右摇摆。

悬挂侧向摆动腿

训练部位：腹部、肩部、手臂和腿部肌肉

A

- 找一根稳固的横杆，双手之间的距离大于肩宽，正握横杆。然后在横杆下方放置一个与自行车体积相当的障碍物。手臂弯曲，肘关节呈 90 度弯曲。双腿向右前方伸直，保持在障碍物的右边。

B

- 双腿在障碍物上方以一道大弧线划过，越过障碍物向左移动。然后短暂地保持这一姿势，再原路返回。左右两侧交替进行训练。

入门变式：如果身体不能长时间地悬挂在横杆上，则可以在动作间隙用双脚接触地面，甩动一下双手，稍作休息。

入门变式：手臂几乎伸直。

变式：也可以在没有障碍物的情况下依靠想象中间有障碍物的方法进行训练。最重要的是，双腿不要简单地在中间位置下垂。

卧姿抬髋

训练部位：腹直肌

A

- 平躺在地上，双手放在身体两侧。双腿呈 90 度弯曲，使得大腿垂直于地面，小腿平行于地面。

入门变式：若要降低动作难度，则可以靠肩部的力量撑在地面上，然后双腿朝天花板方向抬起。

B

- 绷紧腹部肌肉，膝盖朝天花板方向移动，使髋部尽可能高地离开地面。保持一会儿，然后慢慢地回到初始姿势。臀部在训练过程中始终保持不完全接触地面。

双手紧紧地压在地上，使髋部能充分地向上抬起。

卧姿抬髋 + 腿屈伸组合

训练部位：腹部肌肉

A

- 平躺在地上，在头部后边放置一个物体，使双手可以向后稳定地抱着它。腹部肌肉绷紧，抬起髋部，左腿垂直于地面向上伸展，同时右侧膝关节弯曲 90 度，也一起往上移动。

B

- 髋部下沉，然后立刻往上抬起。这一次左右脚的动作互换，即右腿向上伸展，左腿弯曲。左右两侧轮流进行训练。

骨盆应像活塞一样上下移动。

卧姿侧抬腿

训练部位： 侧腹肌

A

- 身体左侧贴地，侧卧在地上。如果地板太硬的话，在髋部下方垫一个软垫。左臂向头部上方伸直，右臂弯曲，撑在胸前的地上。双腿伸直，稍微高于地面。头部悬空。

B

- 双脚尽可能依靠侧腹肌的力量向上抬到最高点，停留一会儿后再放下。双腿始终不接触地面。
- 在下一组动作中换另一侧进行训练。

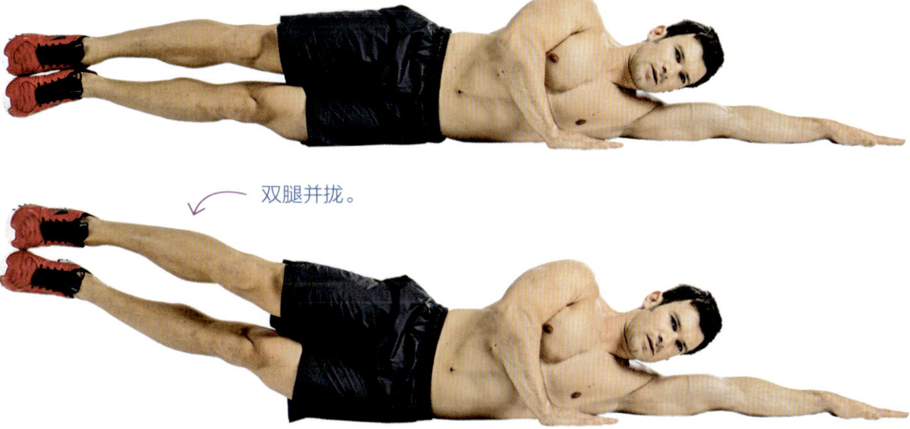

力量变式： 在双腿抬到最高位置时，小幅度地前后移动双腿。

地面人体旗帜

训练部位： 全身，重点是躯干

说明

- 找一根比地面高出一定距离的横杆，比如栏杆、树枝等。背对着横杆躺下，头部处于横杆前面。双手越过头顶抓住横杆。
- 双腿伸直，首先抬起髋部，然后上身也抬高，直到只剩下肩部支撑在地上，身体几乎垂直于地面。
- 身体保持挺直，慢慢下沉，然后回到初始姿势。在训练过程中，始终保持骨盆挺直，身体处于绷紧状态。

入门变式： 膝关节弯曲，只保证大腿处于躯干的延长线上。

平板支撑

训练部位：躯干和肩部

说明

- 双手和双脚触地，趴在地上。双腿伸直，脚尖并拢。肘部撑在肩部正下方，小臂紧贴地面，双手握拳。腹部收紧，躯干绷直。抬起骨盆，使身体从脚后跟到头部处于一条直线上。保持这一姿势不变。

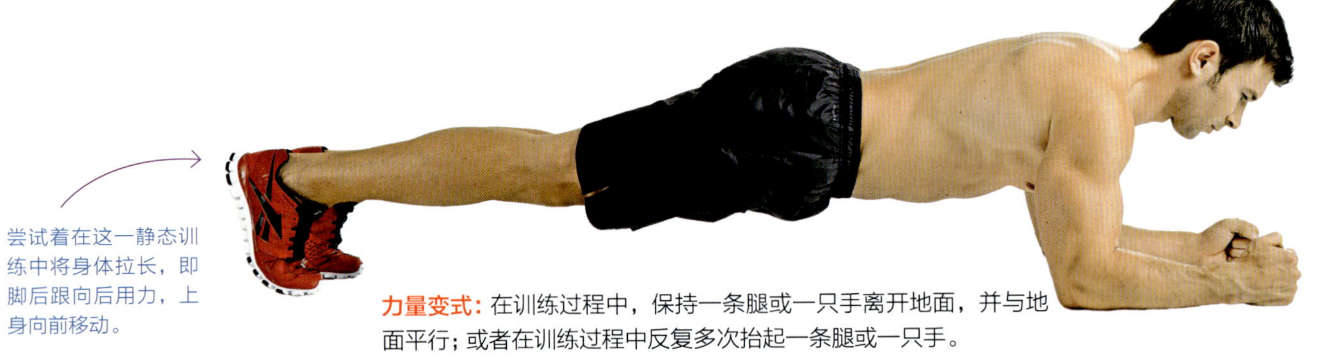

尝试着在这一静态训练中将身体拉长，即脚后跟向后用力，上身向前移动。

力量变式：在训练过程中，保持一条腿或一只手离开地面，并与地面平行；或者在训练过程中反复多次抬起一条腿或一只手。

下斜式平板支撑

训练部位：躯干和肩部

说明

- 呈平板支撑姿势，大臂位于肩部正下方并垂直于地面。将脚尖放在一个垫高物上，绷紧躯干，抬高臀部，使身体处于一条直线上。保持这一姿势不变。

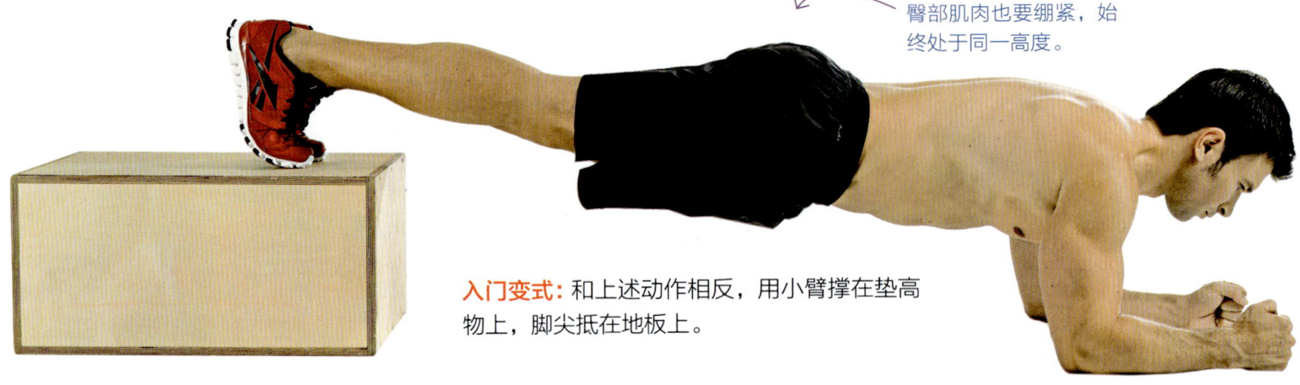

臀部肌肉也要绷紧，始终处于同一高度。

入门变式：和上述动作相反，用小臂撑在垫高物上，脚尖抵在地板上。

两点式平板支撑

训练部位： 躯干和肩部

A

- 呈平板支撑姿势，双腿伸直，肘部处于肩部正下方，身体呈一条直线。

B

- 同时抬起左臂和右腿并保持伸直状态，保持几秒，然后回到平板支撑姿势，再同时抬起右臂和左腿。左右两侧轮流进行训练。

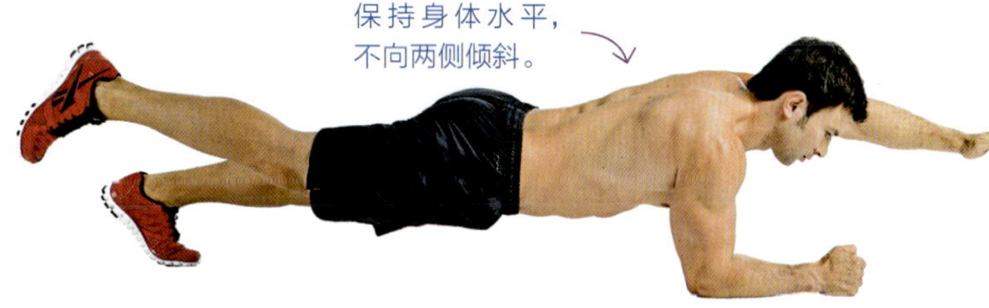

入门变式： 膝盖接触地面进行训练。

力量变式： 同时抬起左臂和左腿，保持一会儿，然后换另一侧进行训练。

两点式俯卧撑

训练部位： 全身，重点是躯干

A

- 呈俯卧撑姿势，双手在肩部正下方撑在地上，手臂伸直，双腿伸直，脚尖接触地面。全身从头部到脚后跟保持在一条直线上。

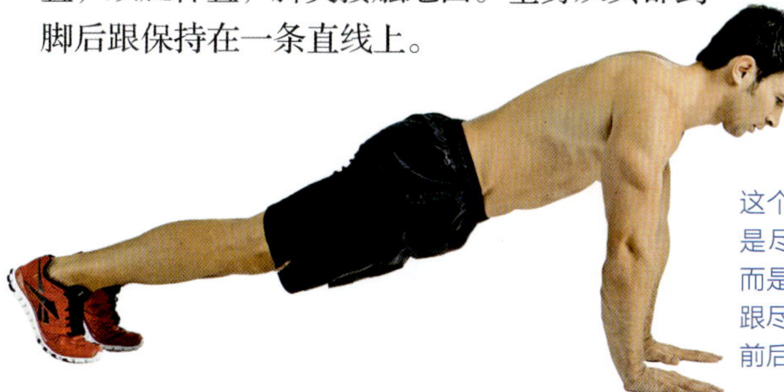

B

- 同时抬起左臂和右腿，使左臂、右腿和躯干保持在一条直线上。保持几秒，然后回到俯卧撑姿势，接着同时抬起右臂和左腿。左右两侧轮换，交替进行训练。

这个动作的目标不是尽可能地抬高，而是将指尖和脚后跟尽可能地分别往前后方向伸展。

变式： 膝盖接触地面进行训练。

入门变式： 跪着做这个项目。

力量变式：

- 在换另一侧做动作之前做一个完整的俯卧撑动作。
- 抬起的手和脚在空中随意绕圈。

平板支撑 + 转体组合

训练部位： 躯干和肩部

A

- 双手打开，与肩同宽。两侧小臂撑在地上，双腿伸直，脚尖并拢。臀部抬起，使身体处于一条直线上。

B

- 小臂保持紧贴地面，然后躯干、骨盆和双腿向右转。脚尖也跟着小幅度地转动，臀部的高度保持不变。头部也跟着向右转。短暂地保持这一姿势，然后回到平板支撑姿势，紧接着换另一侧进行训练。左右轮换，重复这一动作。

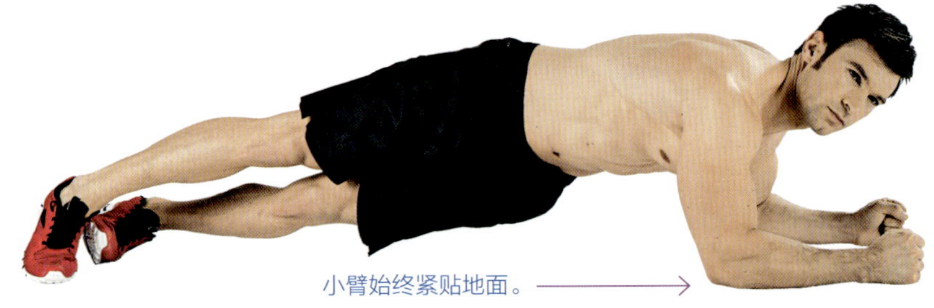

平板支撑 + 交叉卷腹组合

训练部位： 躯干和肩部

A

- 呈平板支撑姿势，骨盆、躯干和双腿处在一条直线上，大臂垂直于地面。

B

- 右臂往回收，左膝往上提，使右肘能碰到左膝。短暂地保持这一姿势，然后回到平板支撑姿势，紧接着换另一侧进行训练。左右轮换，重复这一动作。

试着靠腹部的力量使身体蜷曲，臀部小幅度向上抬。

力量变式： 以俯卧撑姿势完成这一交叉卷腹动作。

侧向平板支撑

训练部位：躯干和肩部

说明

- 左侧卧，左手肘撑在肩部正下方，小臂紧贴地面，左手朝向前方。双腿伸直，双脚上下叠放。绷紧躯干和臀部的肌肉，抬起髋部，使身体从头到脚都处在一条直线上。右手叉腰，保持这一姿势。
- 在下一个动作中换另一侧进行训练。

变式：上下移动髋部。

力量变式：抬高上面的腿，直到该腿与地面平行或者再往上抬高。保持这一姿势，或者重复抬起、放下上面的腿，但始终不完全放下。

侧向平板支撑 + 转体组合

训练部位：躯干和肩部

A

- 左侧卧，左侧肘关节弯曲 90 度，在肩部正下方撑在地上。双腿伸直，绷紧身体，骨盆抬高，使身体从头到脚处于一条直线上。右手臂向上伸直，并垂直于地面。

B

- 身体向左旋转，右手向下摆动至胸前，然后从身子底下尽可能地往左伸展。头部随着右手转动。短暂保持这一姿势，然后回到初始姿势。
- 在下一组动作中换另一侧进行训练。

入门变式：单侧膝盖接触地面，然后完成转体动作。

完美的地面条件

涉及上身转体或需要抬起四肢的训练最好在较软的地面上完成，这样可以较好地保护关节和接触地面的骨头。

平板支撑 + 转体 + 单侧卷腹组合

训练部位： 全身，重点是躯干

A

• 呈平板支撑姿势，绷紧身体，抬起骨盆，使身体从头到脚呈一条直线。

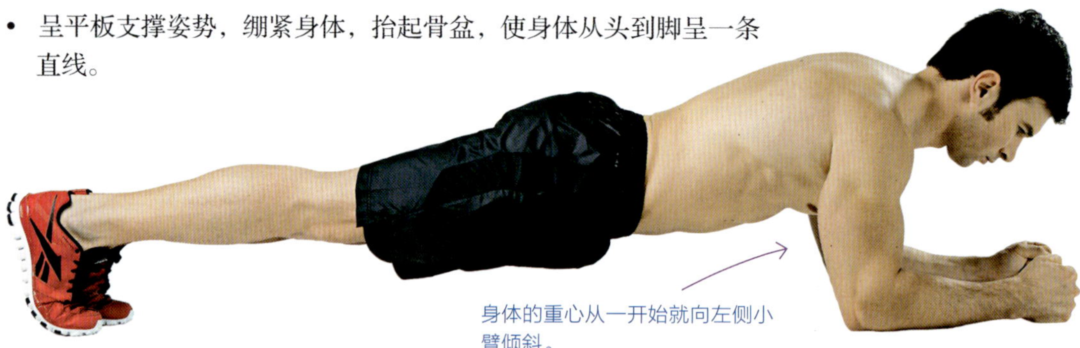

身体的重心从一开始就向左侧小臂倾斜。

B

• 身体向右旋转，左脚的外侧接触地面（要穿鞋，光脚时会感觉到疼痛）。右手和右脚离开地面，右膝往上提，与右手肘在髋部高度触碰。短暂保持这一姿势，然后回到初始姿势。在下一组重复动作中，换另一侧进行训练。

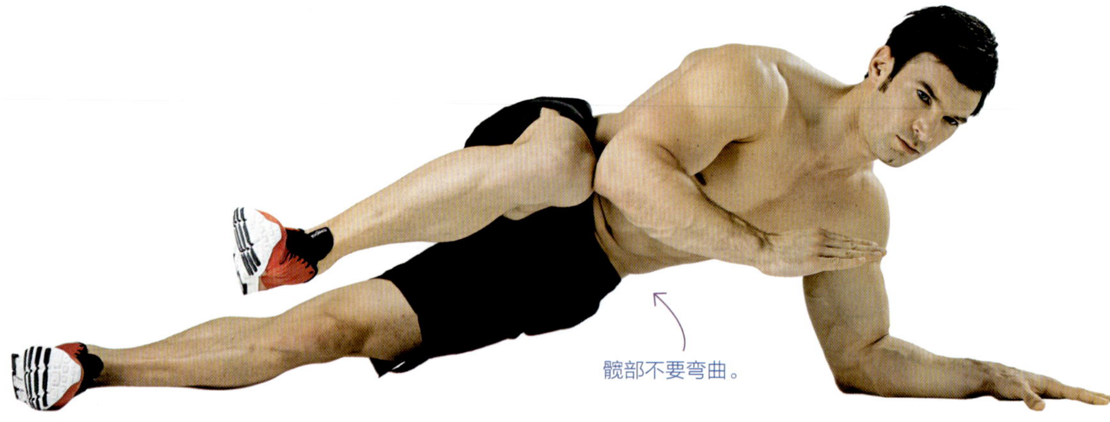

髋部不要弯曲。

力量变式： 在做动作B的时候，伸展右腿和右臂，紧接着立即收回右腿和右臂并相互触碰。然后回到初始姿势。

俯卧撑转体

训练部位： 躯干和肩部

A

- 呈俯卧撑姿势，双手打开，与肩同宽。双手撑在肩部下方的地面上，身体保持一条直线。

力量变式： 以侧向支撑作为起始动作（见动作 A），然后小臂从身体下方穿过进行转体（如第 205 页下面的训练项目所描述的动作）。

入门变式： 用平板支撑的姿势完成转体动作。

B

- 躯干向右侧旋转，右臂向上伸展，指向天花板。全身跟着向右旋转，包括脚部。保持髋部的高度不变。
- 短暂地保持一会儿，然后回到俯卧撑姿势。在下一组动作中换另一侧进行训练。

头部跟着抬起的手臂运动，眼睛始终盯着抬起的手。

侧面支撑 + 伸展手脚组合

训练部位： 全身，重点是躯干

A

- 左侧卧，然后左臂在肩部正下方伸直，撑起身体。抬起髋部，右臂向上伸直并与地面垂直，身体呈一条直线。

入门变式： 双腿保持不动，或者将抬起的手臂放下，贴在身体侧面。

B

- 将伸直的右脚尽可能地抬高，保持一会儿，然后放下。
- 在下一组动作中换另一侧进行训练。

在做动作过程中，上面的腿始终不完全放下，双腿不相互接触。

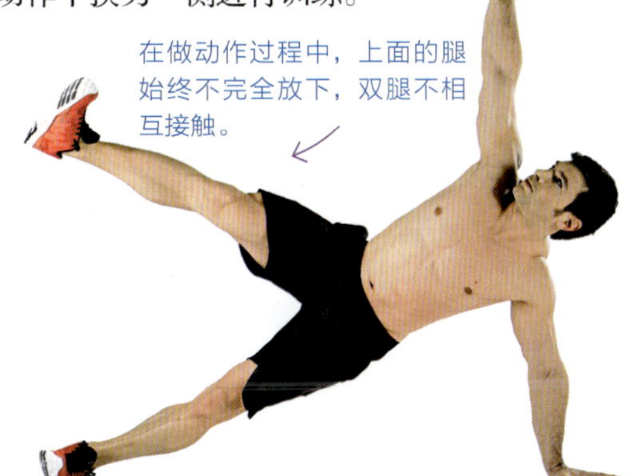

侧面支撑 + 侧面卷腹组合

训练部位：全身，重点是躯干

A

- 左臂伸直，撑在肩部正下方的地面上。双腿伸直，用左脚的外侧接触地面。右臂向上伸直并与地面垂直，抬起髋部，使身体呈一条直线。

入门变式：以侧面平板支撑的姿势完成动作。

B

- 右臂和右腿在体侧弯曲，使右手肘和右膝在髋部上方接触。保持这一姿势一会儿，然后回到初始姿势。在下一组动作中换另一侧进行训练。

在这一训练项目（和下一个训练项目）中，骨盆的位置要保持固定，不塌陷。

侧面支撑 + 侧面交叉卷腹组合

训练部位：全身，重点是躯干

A

- 呈左侧支撑姿势，左臂伸直，撑在肩部正下方的地面上。身体呈一条直线。双脚一前一后，用脚的侧面接触地面。右臂向上伸直并垂直于地面。

变式：手臂保持不动，只提起右膝，使膝盖向胸部方向移动。在下一组动作中换另一侧进行训练。

左侧支撑的时候，左脚在前。

B

- 右臂弯曲，提起左膝，使右手肘和左膝在髋部前方接触。髋部保持稳定，不塌陷。短暂地保持这一姿势，然后回到初始姿势。
- 在下一组动作中换另一侧进行训练。

俯卧两头起

训练部位：上背部、下背部和肩部

A

- 腹部贴地，趴在地上。双臂向头顶方向伸直并保持平行。双脚用脚尖撑在地上。

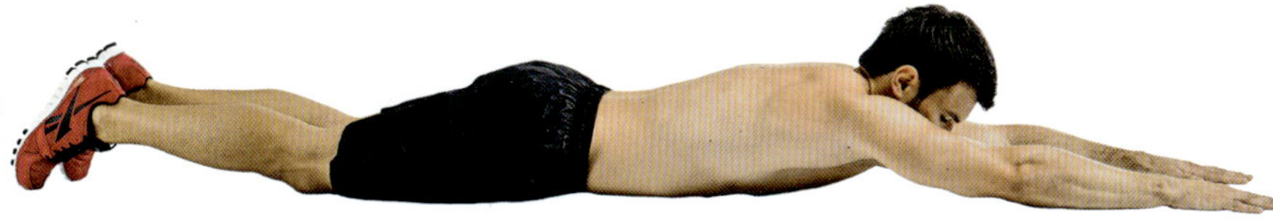

B

- 骨盆下压，双臂和双腿同时抬起，躯干在能力范围内尽可能地向前伸展。头部保持在脊椎的延长线上，手脚始终不接触地面。

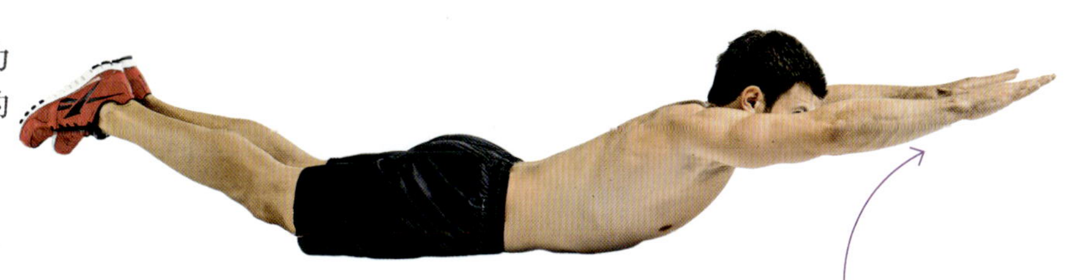

尽可能伸长双臂和双腿，保持这 姿势几秒。

入门变式：若要降低动作的难度，则可以只抬高手臂或双腿。

俯卧对角线两头起

训练部位：上背部、下背部和肩部

A

- 腹部贴地，趴在地上，双臂和双腿都伸直，指尖指向前方。然后抬起双腿和双臂，在之后的重复动作中一直保持不接触地面。

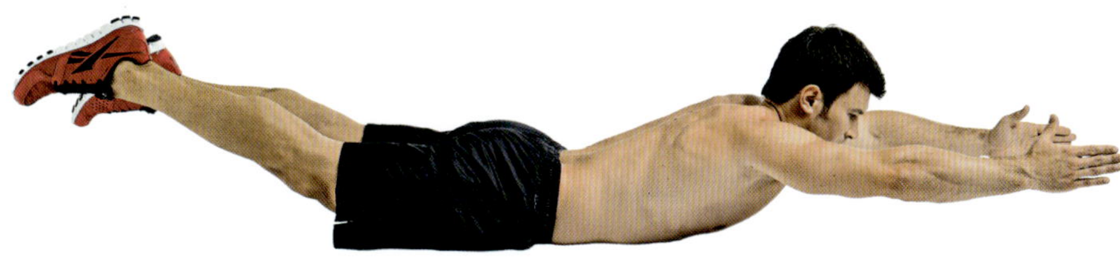

- 同时抬起左臂和右腿，尽可能地伸展。保持一会儿，然后降低左臂和右腿。紧接着换成抬起右臂和左腿，保持伸直状态。左右两侧交替进行训练。

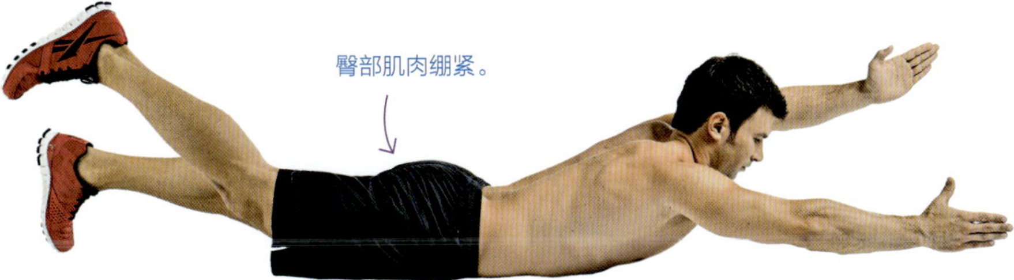

地面蝶泳

训练部位：上背部、下背部和肩部

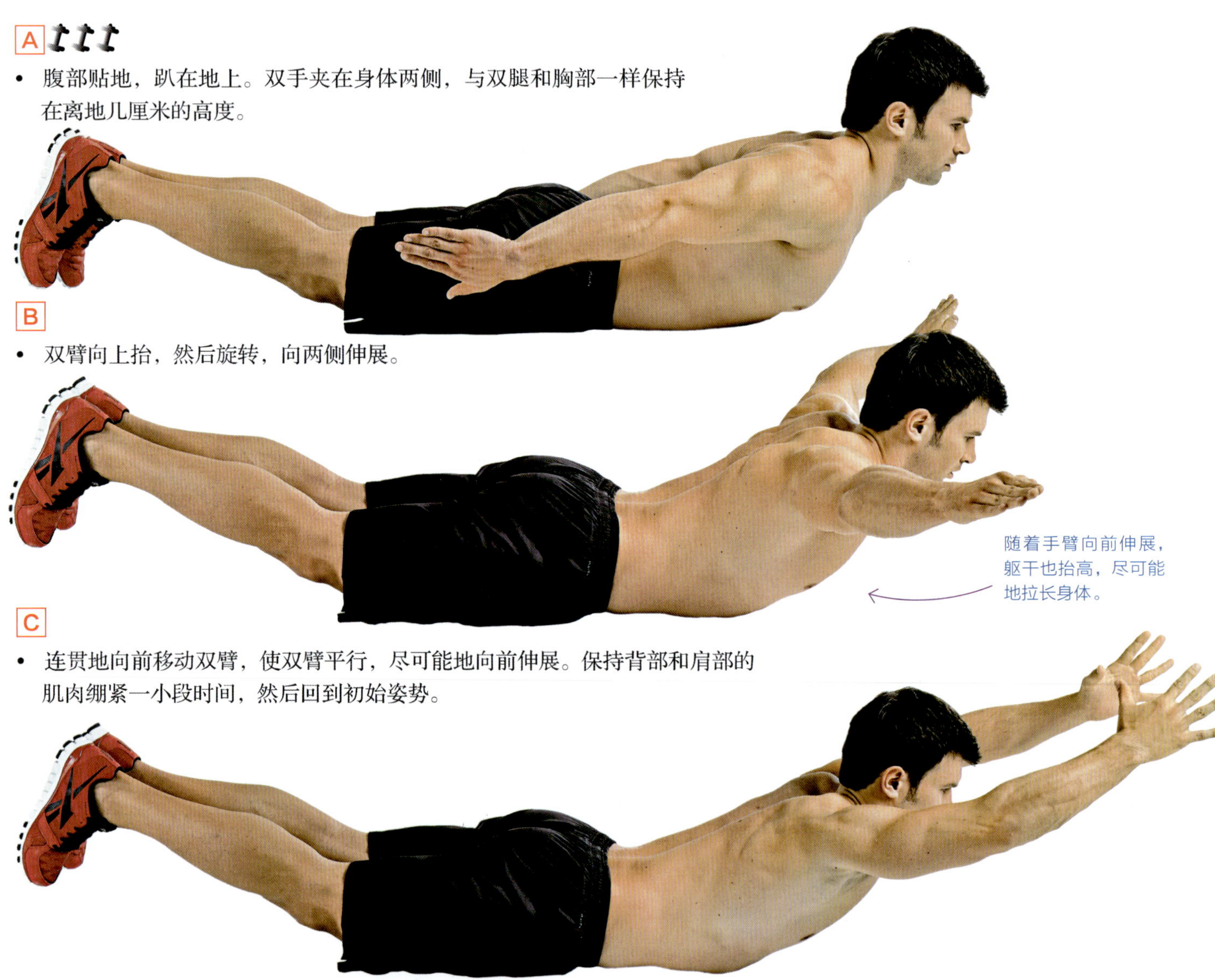

A

- 腹部贴地，趴在地上。双手夹在身体两侧，与双腿和胸部一样保持在离地几厘米的高度。

B

- 双臂向上抬，然后旋转，向两侧伸展。

C

- 连贯地向前移动双臂，使双臂平行，尽可能地向前伸展。保持背部和肩部的肌肉绷紧一小段时间，然后回到初始姿势。

力量变式：在手上增加重物，然后手臂保持挺直，向前伸展。

转体背部伸展

训练部位：躯干，重点是下背部

A

- 趴在一个垫高物上，使上身和手臂有向下移动的空间。上腹部贴在垫高物的边缘，双脚接触地面；如果有必要的话，则可以将双脚放在另一个垫高物上。双腿伸直，肘关节弯曲 90 度，并抬高到肩部的高度。

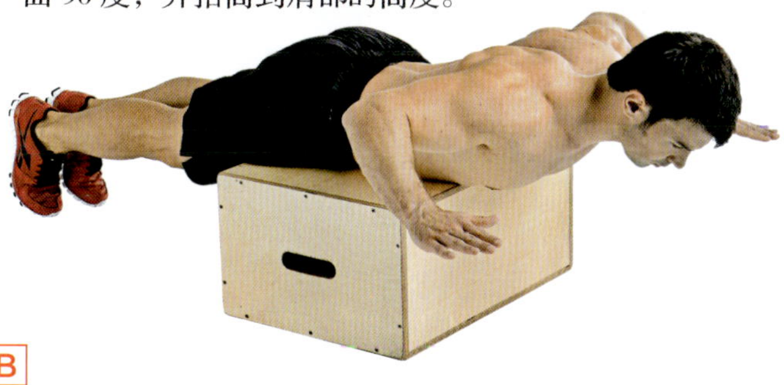

B

- 抬起上身，然后躯干向右转动。手臂也随着转动，姿势不变。肩胛带肌肉始终绷紧。短暂地保持一会儿，然后回到初始姿势，紧接着向另一侧转动。左右两侧交替进行训练。

试着依靠下背部的力量抬高上身和转体。

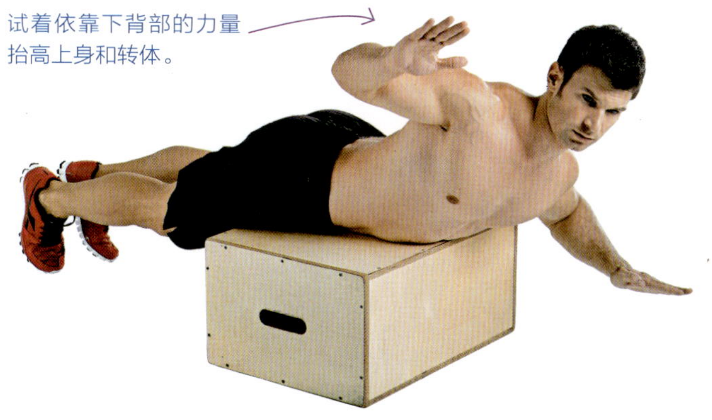

力量变式：

- 双手各抓握一个物体。
- 在初始姿势下额外增加上身上下移动的动作。

俯卧撑转体

训练部位：躯干、胸肌和肩部

A

- 呈俯卧撑姿势，双腿伸直，双脚的脚尖放在一个垫高物上。身体从头到脚保持一条直线。

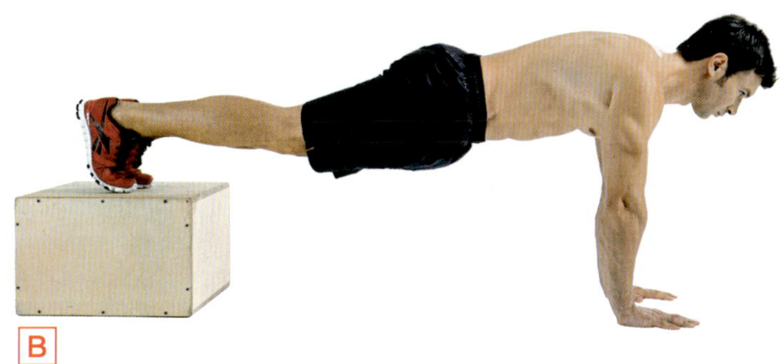

B

- 右腿向上抬起，保持挺直，然后臀部向左转。随着骨盆的转动，躯干和右腿也跟着向左转。骨盆向一侧倾斜，但高度保持不变。固定这一姿势一小段时间，然后回到初始姿势，接着换另一侧重复相同的动作。左右两侧轮流进行训练。

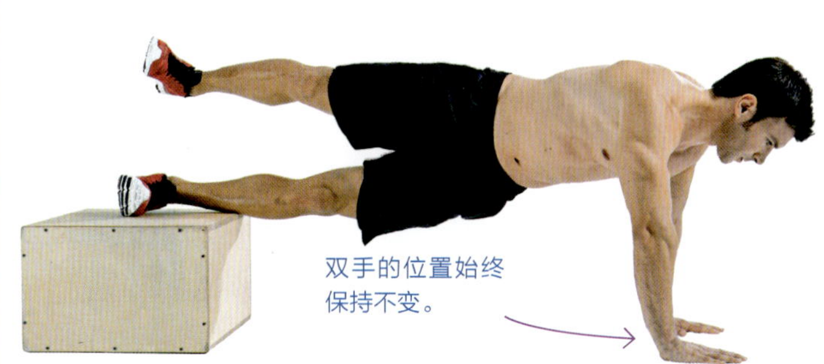

双手的位置始终保持不变。

俯卧后抬腿（垫高物辅助）

训练部位：臀部和下背部

A

- 腹部贴在与椅子高度相近的垫高物上，使双腿可以灵活移动。双臂伸直，在肩部正下方撑在地上；或者双手紧紧抓住垫高物，以固定住上身。双腿伸直，抬至与上身同高，并保持这一姿势。

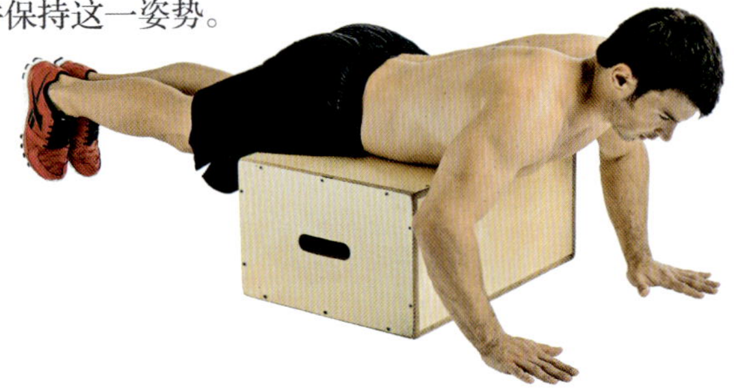

B

- 绷紧躯干，然后双腿同时尽可能地向上抬。双腿保持平行，允许上身稍微向下倾斜。保持这一姿势一会儿，然后回到初始姿势。

变式：抬高的时候将双腿分开。

俯卧单侧后抬腿（垫高物辅助）

训练部位：臀部和下背部

A

- 腹部贴在一个垫高物上，使双腿可以灵活移动。双手撑在地上，或者抓住垫高物。左腿伸直，脚尖触地。右腿弯曲，保持离地状态。

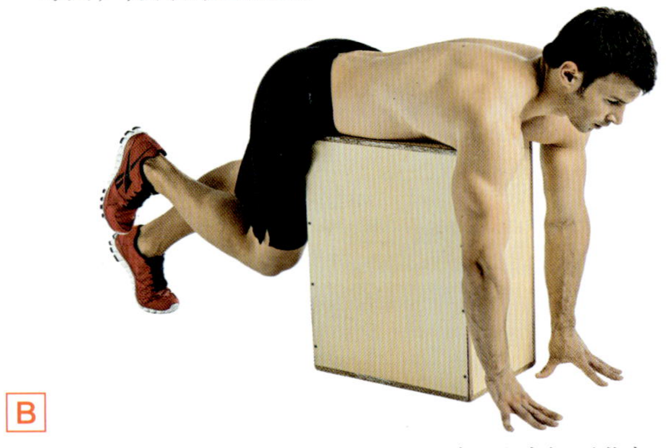

B

- 右腿伸直，尽可能地向上抬起，但要避免下背部过度伸展。
- 在下一组动作中换另一侧进行训练。

力量变式：用抬起的腿在空中绕圈，并逐渐加大圆圈的半径。

屈膝后抬腿

训练部位： 臀部和下背部

A

- 腹部接触地面，趴在地上。双手放松地交叉叠放在地上，头靠在手臂上。双腿并拢，膝关节弯曲，使小腿垂直于地面。

B

- 髋部紧紧压在地面上，然后抬起大腿，脚后跟向天花板方向移动。短暂地保持这一姿势，然后回到初始姿势。

入门变式： 只抬起一条大腿，别忘了在下一组动作中换另一侧进行训练。

单腿屈膝后抬腿

训练部位： 臀部和下背部

A

- 腹部贴地，趴在地上。双手放松地交叉平放在地上，头靠在手臂上。右腿弯曲，撑在地上。然后伸直左腿，向上抬起几厘米，脚尖往内勾。保持左腿处于悬空状态。

B

- 绷紧躯干和臀部的肌肉，将左腿抬得更高一些。保持这一姿势，然后回到初始姿势。左腿不接触地面。
- 在下一组动作中换另一侧进行训练。

力量变式： 一开始就将腿抬至动作 B 的高度，然后小幅度地上下移动。

站姿伸展

训练部位：躯干，重点是下背部

A

- 双脚打开，与肩同宽。双手握拳放在太阳穴上，肘关节朝两侧打开，膝关节稍微弯曲。

B

- 背部保持挺直，躯干向前倾斜约 60 度。头部始终保持在脊柱的延长线上。肘关节的姿势不变，避免向前倾斜。短暂地保持这一姿势，然后站直，回到初始姿势。

力量变式：单脚站立完成动作：先抬起一条腿，然后随着身体的前倾，抬起的腿向后伸直，保持在一定的高度。在下一组动作中换另一侧进行训练。

硬拉

训练部位：下背部、腿部和臀部

A

- 双脚打开，与肩同宽。然后深蹲，使臀部的高度低于膝盖的高度。上身保持挺直，双臂在膝盖外侧向下伸直，用力绷紧，想象着要举起重物。眼睛保持平视。

B

- 用力起身，背部挺直，身体完全站直。胸部向前挺，收紧肩胛骨，手臂保持紧绷。

力量变式：双手一起或各自抓握住一个重物，比如空的或者满的饮料箱子。

前倾展臂转体

训练部位： 躯干

A

- 双脚打开，与肩同宽。膝关节稍微弯曲，背部挺直，上身向前倾斜约 45 度。手臂绷紧，朝下伸直。双手握拳，以增加手臂肌肉的紧绷度。

B

- 躯干向右转，身体前倾的角度不变。同时，右手向斜上方抬起，使右臂处于左臂的延长线上。右腿稍微伸直一些，左腿向下弯曲，但要注意避免膝盖向内侧移动。保持一会儿，然后回到初始姿势，紧接着换另一侧进行转体。左右两侧轮流重复上述动作。

头部始终保持在脊柱的延长线上，目光随着抬起的手臂移动。

变式： 以弓步姿势完成动作，转体一侧的腿在后方。

力量变式： 在手上增加重物。

入门变式：

- 身体前倾的角度可以小一些。
- 手臂不向上伸展，而是抬高到胸前，肘关节向上移动。

腿部功能区的力量训练

这一部分的训练主要涉及人体的基座——腿部和臀部区域。腿部功能区的肌肉质量占到了全身的 60%！由此可见训练腿部功能区的重要性，尤其是在你想要提高肌肉代谢速率或想减轻体重的时候。你能非常高效地锻炼腿部功能区的肌肉组织，需要的时间比其他较小的肌肉少得多。

运动模式

通过下列方式可以锻炼臀部及相关肌肉。

- 向各个方向移动腿部和臀部。
- 单脚或双脚辅助身体完成直立、支撑和推举等动作（对抗重力）。
- 绷紧腿部、臀部的肌肉。

训练的肌肉

（1）腿部肌肉。腿部肌肉的最大组成部分是股四头肌，它和其他较小的肌肉共同作用，使腿能够伸展。大腿后侧则有负责使腿弯曲的肌肉，很多人的腿后肌群都欠发达。在腿的内侧和外侧分别有内收肌和外展肌，它们使你的双腿可以侧向移动。小腿上值得一提的是腓肠肌，它可以使你伸展脚部、踮脚站立以及用力跳起。脚上的肌肉和手部肌肉一样，非常复杂。

（2）髋部屈肌。顾名思义，这一部分的肌肉主要负责髋部的弯曲。它们将大腿和髋部的骨头拉在一起，从而使腿和躯干相互靠近，比如在跑步和上台阶的时候。此外，髋部屈肌还可以使腰椎弯曲，比如从下蹲姿势站起来的时候。

最大的髋部屈肌是髂腰肌，它由两部分组成。第二大髋部屈肌是股直肌。髋部屈肌在很多腹部肌肉训练中也发挥着重要作用，比如在仰卧起坐和抬腿的相关训练项目中。

（3）髋部伸肌。髋部伸肌的主要构成部分正被你坐着，即臀大肌，简单来说就是你的臀部。在臀大肌和其他较小的肌肉的共同作用下，你才能够伸展你的臀部。这是一个很重要的作用，如果没有了髋部伸肌，你就无法站起来，更别说行走和做运动了。

髋部伸肌和下背部肌肉无缝衔接，两者通过稳固的结缔组织紧密地联系在了一起。

弓步蹲

训练部位：腿部和臀部肌肉

A

- 双脚打开，与胯同宽。双手握拳，以提高手臂和上身肌肉的紧绷度。收紧腹部肌肉。

B

- 右脚向前迈一大步，脚掌完全接触地面，右侧膝关节弯曲，使大腿呈水平姿势。左侧膝关节几乎触碰到地面，左脚的脚后跟抬起。然后回到初始姿势，紧接着换左脚向前迈一大步。左右脚轮换，交替重复该动作。

保持上身挺直，收紧臀部肌肉。

弓步蹲 + 抬腿组合

训练部位：腿部和臀部肌肉

A

- 双脚打开，与胯同宽。双手握拳，自然下垂。右脚向前迈一大步，屈膝，呈弓步姿势。

处于后面的小腿与前面的大腿大致平行。

B

- 退回到站立姿势，然后抬起右腿，使大腿和地面平行。短暂地保持这一姿势，接着放下右腿，换左腿重复以上动作。骨盆保持稳定。

变式：先抬腿，再做弓步。

力量变式：在结束动作时踮起脚尖，脚后跟离地，以锻炼腓肠肌。

环形弓步

此处介绍的弓步只是作为训练的例子。从原则上来说，你可以向任意方向做弓步动作。可以试着在一组动作中做不同方向的弓步，绕着圈圈走。步伐的大小不同，训练效果也不同。除了增强肌肉力量以外，环形弓步还可以提高你的协调能力和平衡力。

侧弓步蹲

训练部位：腿部和臀部肌肉

A

- 双脚打开，与肩同宽。双手握拳置于胸前，大拇指朝向身体。躯干肌肉绷紧。

入门变式：减小步伐的大小。

B

- 将重心放在左脚上，然后左脚往左侧迈一大步。左侧膝关节弯曲，呈侧弓步姿势。左侧的脚尖和膝关节都朝向正前方。右腿伸直。稍作停留，然后回到初始姿势。接着换另一侧重复相同的动作，双腿交替进行训练。

在做最终动作时，上身稍微往前倾，但不要向两侧倾斜。

后弓步深蹲

训练部位：腿部和臀部肌肉

A

- 双脚打开，与胯同宽。身体挺直，双手握拳，手臂肌肉绷紧并垂于身体两侧。

力量变式：

- 在动作 B 完成后，紧接着将后面的脚往前迈一大步，呈前弓步姿势，然后回到 A 图所示的姿势。
- 站在垫高物上，往后下方迈步，呈后弓步姿势，其余动作不变。

B

- 右脚向后退一步，脚尖触地。左侧膝关节弯曲，使左侧大腿与地面平行，右膝几乎接触地面。双臂向前伸直，握拳的姿势不变。上身保持挺直。稍作停留，然后回到初始姿势。接着换另一侧重复以上动作，左右两侧交替进行训练。

脚笔直地往后迈步，使两腿间的宽度与胯部一样。

弓步蹲 + 转体组合

训练部位：腿部、臀部和躯干肌肉

A

- 双臂向前伸直，和肩部同高，掌心相对。双脚打开，与胯同宽。身体挺直，保持肌肉紧绷。

力量变式：

- 双手抓握重物进行训练。
- 结束动作时，躯干进一步向右倾斜。

B

- 右脚往前迈一大步，呈弓步姿势，同时躯干向右转，伸直的双臂随着向右转。上身保持挺直。短暂地停留一会儿，然后回到初始姿势。接着换另一侧重复动作，左右两侧交替进行训练。

前腿的膝盖保持稳定，始终与脚尖朝向一致。

后弓步蹲 + 转体组合

训练部位：腿部、臀部和躯干肌肉

A

- 双脚打开，与胯同宽。身体挺直，双手放松地置于脑后，肘关节向身体两侧打开。
- 左腿向后迈一大步，左脚的脚尖接触地面。右侧膝关节弯曲 90 度，左侧膝关节几乎贴到地面上。

B

- 上身尽可能地向右转，双手和头部随着向右转。保持肌肉紧绷，短暂地停留一会儿，然后回到初始的站立姿势。接着换另一侧重复以上动作，左右两侧交替进行训练。

上身保持挺直，臀部稍向前移。应明显感觉到大腿后侧的肌肉被拉伸。

弓步蹲 + 侧弯腰组合

训练部位：腿部、臀部和躯干肌肉

A

- 双脚打开，与胯同宽。身体挺直，双手握拳，躯体肌肉绷紧。

B

- 右脚向前迈一大步，膝关节弯曲 90 度。同时手臂向两侧伸展，背部保持挺直，上身向右倾斜，直到右手几乎碰到地面。左手指向天花板，臀部保持稳定。
- 短暂地保持一会儿，然后换另一侧重复相同的动作。左右两侧交替进行训练。

力量变式：

- 手臂向上伸直并垂直于地面，在训练过程中保持手臂和上身的相对位置不变。
- 双手各拿一个重物。

双臂始终保持伸直并垂直于地面。

弓步蹲 + 手臂上伸组合

训练部位：腿部、臀部和躯干肌肉

A

- 双脚打开，与肩同宽。身体挺直，手臂向上完全伸展，双手交叉。
- 提起右膝，使右侧大腿与地面平行。

B

- 右脚向前跨一大步，上身保持挺直。
- 回到初始姿势，然后换另一侧重复以上动作，左右两侧交替进行训练。

在训练过程中，始终保持双臂挺直并向上伸展，且垂直于地面。

侧蹲伏

训练部位：腿部、臀部和躯干肌肉

A

- 找一根约与胸口高度一致的横杆，站在横杆右侧。身体挺直，手臂弯曲，双手握拳置于胸前。

B

- 左脚从横杆底下向左跨一步，同时双腿弯曲，呈深蹲姿势。上身稍向前倾，使身体可以从横杆底下钻过。接着将身体的重心放在左腿上，然后用左脚的力量撑起身体，右脚朝左跨一步。

C

- 在横杆左侧，按 A 图所示的姿势站立。流畅连贯地按原路返回初始位置。左右两侧交替，重复上述动作。

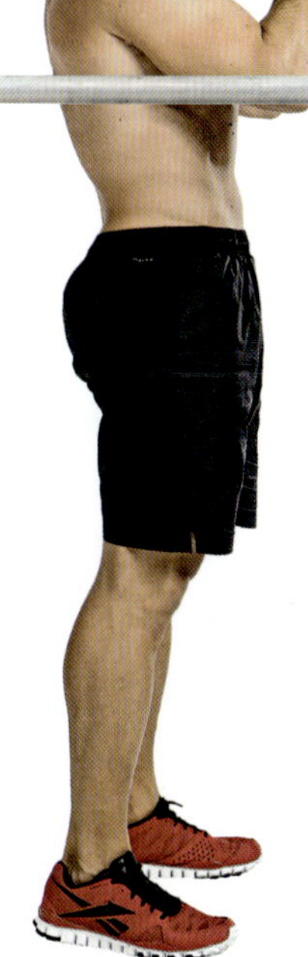

变式：

- 不做深蹲动作，而是弯曲上身。与站姿伸展（参见第 **214** 页）动作一样，上身几乎与地面平行。
- 用想象中的横杆代替现实中的横杆。

后交叉弓步蹲

训练部位：腿部、臀部和躯干肌肉

A

- 双脚打开，与肩同宽。身体挺直，保持全身肌肉绷紧。

变式：以对角线向前跨步的方式完成动作，右脚向左前方跨步，在下一次动作中左脚向右前方跨步。要特别注意的是，膝盖始终要和脚尖的朝向一致。

B

- 右脚向左后方跨一步，尽量向后伸展右腿。弯曲左侧膝关节，直到左侧大腿与地面平行。同时双臂向前伸直，保持与地面平行。上身稍向前倾，左膝处于左脚正上方。
- 右脚向前跨一步，回到初始姿势，然后换另一侧重复相同的动作。左右两侧交替进行训练。

右脚向左后方跨一大步，使右脚尽可能偏离身体的中轴线。同时保持骨盆稳定，位置不变。

交叉弓步蹲

训练部位：腿部、臀部和躯干肌肉

A

- 身体挺直，手臂弯曲。双手在胸前握拳，保持这一姿势。
- 左脚向右后方跨一大步，膝关节弯曲，身体下蹲。

B

- 紧接着左脚往右前方跨一步，脚掌接触地面。现在换成右腿向左后方伸展。稍作停留，然后反着完成上述动作，回到初始姿势。
- 在下一组动作中换另一侧进行训练。

变式：将左膝提起到胸部高度，然后向右前方摆动，画出尽可能大的弧线。

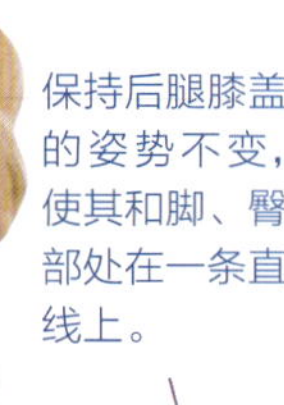

保持后腿膝盖的姿势不变，使其和脚、臀部处在一条直线上。

剪式蹲跳

训练部位：腿部和臀部肌肉

A

- 身体挺直，左脚向前跨一大步，呈弓步姿势。手臂弯曲，右手向前伸，左手向后伸。身体绷紧。

B

- 身体尽可能快速地用爆发力向上跳起，在空中调换双手和双腿的位置。

C

- 落地时还是弓步姿势，右脚和左手位于身前。短暂地保持这一姿势，然后跳回初始姿势。双腿交替重复上述动作。

力量变式：

- 试着在能力范围内跳到最高点。
- 双手抓握重物。
- 手臂保持某个固定姿势不动，其余动作同上。

完美的深蹲动作

（1）双脚打开，与胯同宽，或略宽于胯部。双脚的脚尖稍微向外侧打开。

（2）双手放在脑后或向上伸直，这样可以保持上身挺直、绷紧。

（3）从臀部开始发力，先将臀部稍向后坐，想象着要坐在一把离身体有一定距离的椅子上。

（4）髋关节、膝关节和踝关节的运动方向始终和脚尖的朝向一致，特别要注意膝关节和脚尖的朝向一致，因为膝关节特别容易向内侧或外侧转动，很可能受伤。

（5）在站直的时候绷紧全身的肌肉，包括腿部和臀部的肌肉。关节不要完全伸直。

（6）只有在正确掌握动作要领的前提下才能额外增加负重。

抱头深蹲

训练部位：腿部和臀部肌肉

A

- 双脚打开，与肩同宽，身体挺直。双手放松地置于脑后，肘部朝向身体两侧，挺胸。

B

- 臀部向后坐，然后弯曲膝关节，直到大腿几乎与地面平行。双脚始终以全脚掌接触地面。

背部始终保持挺直，上身也尽可能保持挺直。

力量变式：

- 双手抓握一个重物，在肩部的高度向前伸直，双臂保持平行；或者在脖子上挂一袋土豆或一袋盆栽土。
- 再向下蹲，直到臀部尽可能地靠近地面。脚后跟不能离地。

双臂过顶深蹲

训练部位：腿部、臀部和躯干肌肉

A

- 双臂在头部两侧向上伸直。双脚打开，大致与肩同宽。

B

- 臀部向后坐，膝关节弯曲至大腿与地面平行，上身保持挺直。稍作停留，然后再站起。

双臂保持位于头部两侧，不要向前倾斜。

力量变式：做动作 B 的时候，轮流将一只脚抬高几厘米。

靠墙深蹲

训练部位：腿部和臀部肌肉

A

- 在离墙约 0.5 米的位置背对着墙站立。双脚打开，大致与胯同宽。背部向后靠在墙上，上身保持挺直，手臂向前伸直，保持在肩部的高度。

力量变式：在做初始动作时，将一只脚稍稍抬起，并在动作过程中始终保持悬空。

B

- 膝关节弯曲，背部靠着墙往下移动，直到大腿与小腿垂直。保持几秒，然后再站起。

整个背部都贴在墙上。

力量变式：

- 将下蹲过程分成几小步，在每两步之间停留 5 秒，持续向下蹲，直到大腿与小腿垂直。
- 直接从下蹲到最低的姿势开始，保持尽可能长的时间。这听起来很简单，但世界纪录也仅仅是 11 秒。

侧向深蹲

训练部位：腿部和臀部肌肉

A

- 身体挺直，双脚分开较大的距离。双臂向前伸直，保持与肩部的高度一致。

B

- 将身体的重心转移到右侧，然后弯曲右侧膝关节，直到右侧大腿与地面平行。左腿伸直，上身稍向前倾。稍作停留，然后回到初始姿势，换另一侧重复上述动作。左右两侧交替进行训练。

脚尖始终朝向前方。

力量变式：

- 在结束动作时将伸直的腿抬高，保持一会儿，直到你重新回到站姿。
- 在屈膝的时候，将双臂向正上方伸直；站起身的时候，双臂重新向前伸直。

踮脚深蹲

训练部位：腿部（包括腓肠肌）和臀部肌肉

A

- 双脚打开，与肩同宽。身体挺直，脚后跟抬起，手臂弯曲，手掌放松地置于脑后。

入门变式：在重复动作的间隙，脚后跟快速地接触地面，然后再抬起。

B

- 膝关节弯曲，直到大腿几乎与地面平行。上身保持挺直，肘部始终朝向身体两侧，而不要向前倾斜。短暂地保持这一姿势，然后回到初始姿势。脚后跟在训练过程中始终不接触地面。

在训练过程中，尽可能抬高脚后跟，这样可以增加腓肠肌的训练强度。

相扑式踮脚深蹲

训练部位：腿部（包括腓肠肌）和臀部肌肉

A

- 双脚之间的距离大约为胯宽的两倍，脚尖稍向外侧转动。手臂向前伸直，保持在肩部的高度，指尖朝前。
- 深蹲，直到大腿与地面平行。

力量变式：

- 以脚尖接触地面的姿势站起来。
- 在做动作 B 的时候，抬起脚后跟，然后换成脚尖抬起，脚后跟接触地面，保持 2~3 秒。然后全脚掌接触地面，再站起。

B

- 尽可能高地抬起脚后跟，保持 5 秒，然后双脚再次完全接触地面，接着回到初始站姿。

手臂不要向前倾，上身尽可能保持挺直。

印度式深蹲

训练部位：腿部和臀部肌肉

A

- 双腿并拢，身体挺直，双手自然地垂于身体两侧，上身肌肉绷紧。

B

- 膝关节弯曲，下蹲至臀部（几乎）碰到脚后跟。肘部向下压，脚尖接触地面，上身保持挺直。
- 不要停留，紧接着脚后跟接触地面，站起身来，同时双手从下往上摆动。手臂放下，回到初始姿势。连贯流畅地重复这套动作。

在起身的时候，手臂摆动至与地面平行。

相扑式深蹲 + 侧滑步组合

训练部位：腿部和臀部肌肉

A

- 双脚打开，与肩同宽。深蹲至大腿与地面平行，上身保持挺直，手臂弯曲，双手握拳置于胸前，肘关节朝下。

变式：其余动作不变，将向两侧滑步换成向前后滑步。

力量变式：要使训练的难度加大，可以在往两侧滑步的时候抬高膝盖，同时要避免上身向前倾斜。

B

- 右脚往右滑一大步。
- 双脚间保持较宽的距离，然后伸直双腿站起身来。
- 身体再次下沉，然后左脚也往右滑一大步，使两脚之间回到最初的距离。
- 右脚再次往右滑步，重复以上动作。一段时间后，换成左脚往左侧滑步。

骨盆和整个上身在滑步的时候保持固定，高度也保持不变。

深蹲 + 手臂侧伸展 + 转体组合

训练部位：腿部、臀部、躯干和肩部肌肉

A

- 双脚间的距离约为胯部宽度的两倍，脚尖小幅度朝外打开。双臂在身前伸直，双手抓握住一个物体。

B

- 膝关节弯曲至大腿与地面平行。双手位于两腿中间，大约处于脚踝的高度。上身保持挺直。

C

- 膝关节再次用力，撑起身体。然后上身向右转，伸直的双臂随着向右转，并抬高至肩部高度。膝盖也稍微转动，但必须保持和脚尖的朝向一致。
- 慢慢地回到动作 B 的姿势。在做下一次动作时，换另一侧进行训练。左右轮流重复以上动作。

入门变式：也可以空手完成训练，但手臂要始终保持紧绷。

深蹲 + 提膝组合

训练部位：腿部、臀部和躯干肌肉

A

- 双脚间的距离大于肩宽，膝关节弯曲至大腿与地面平行。双手在胸前握拳。

B

- 双腿用力伸直，右脚抬起，右膝向左上方提起，然后从身体前方向右下方画出一道弧线，回到动作 A 的站姿。
- 紧接着屈膝，呈深蹲姿势。然后抬起左膝，重复以上动作。左右两侧交替进行训练。

试着用膝盖画出尽可能大的弧线。

单腿下蹲（垫高物辅助）

训练部位：腿部和臀部肌肉

A

- 离一个垫高物约 0.5 米的距离，背对着它站立。然后右脚向后抬起，放在垫高物上。上身保持挺直。

B

- 左腿慢慢弯曲，直到大腿与地面平行。稍作停留，然后再站起。
- 在下一组动作中换另一条腿进行训练。

力量变式：

- 加大身体与垫高物之间的距离。这样可以使双腿得到更充分的拉伸，也需要更好的平衡能力。
- 站起的时候，往上抬高身体，使支撑侧的脚后跟离地，脚尖触地。

单腿起立

训练部位：腿部和臀部肌肉

A

- 在一个垫高物上坐直，双臂向前伸直，与肩同高，且掌心相对。右腿抬起，向前伸直，脚尖勾回。

B

- 用左腿将身体撑起，背部保持挺直，避免上身向前倾斜。右腿保持伸直的姿势。短暂地停留一会儿，然后慢慢地坐下，避免重重地坐在垫高物上。
- 在下一组动作中换另一条腿进行训练。

入门变式：找一个高一点的垫高物，使你站起来时不需要费太大的力气。

单腿深蹲（垫高物辅助）

训练部位：腿部和臀部肌肉

A

- 左脚站在一个垫高物的边缘。手臂在胸前笔直地向前伸展，掌心相对。右腿稍微绷直，脚尖往上勾。

B

- 左侧膝关节弯曲，直到大腿与地面平行。短暂地保持一会儿，然后慢慢地站起来，保持重心稳定。
- 在下一组动作中换右腿支撑。

入门变式：重复左脚跨上垫高物再回到地面上的动作，这样可以锻炼单脚撑起和弯曲的能力。试着逐渐延长单脚训练的时间。

单腿交叉深蹲

训练部位： 腿部和臀部肌肉

A

- 站在一个垫高物上，抬起右腿。双臂弯曲，肘关节呈直角，大臂平行于地面。肘部朝向身体两侧。

B

- 左腿尽可能向下蹲，同时右腿沿对角线方向向左后方移动。在训练过程中，保持右腿不接触地面。
- 在下一组动作中换右腿支撑。

变式： 垫高物的作用是为往后伸的腿提供足够的空间。当然，你也可以在地面上完成动作。

单腿深蹲（手枪深蹲）

训练部位： 腿部和臀部肌肉

A

- 身体挺直，右腿抬高，朝前方伸直，脚尖回勾。双臂绷紧，抬至与肩同高。掌心相对，身体绷紧。

B

- 左腿下蹲，直到臀部低于膝盖的高度。右腿向前伸直，上身向前倾，但保持挺直。短暂地保持一会儿，然后慢慢地站起来。
- 在下一组动作中换右腿支撑。

入门变式： 右腿弯曲 90 度，然后左腿下蹲，直到右脚的脚尖触碰地面。

单腿深蹲

单腿深蹲也就是我们常说的手枪深蹲，是腿部力量训练中最难的项目之一，对膝关节、脚踝和髋关节有较大的挑战。所以只有充分地锻炼了腿部、臀部和髋部肌肉并且上述关节没有伤病时，才能尝试完成单腿深蹲；否则就先从其他的深蹲变式开始，循序渐进，使肌肉力量增强，以满足单腿深蹲的条件。

伸展跳

训练部位：腿部和臀部肌肉

A

- 双脚打开，与肩同宽。身体挺直，然后膝关节弯曲，臀部向后坐。同时上身向前倾，双臂紧贴着身体两侧向后伸直。

B

- 用爆发力向上跳起，手臂用力上摆，使全身得到充分的伸展。落地时屈膝屈髋，以达到缓冲的效果。然后回到初始姿势，短暂地保持一会儿，再次起跳。

手臂固定深蹲跳

训练部位：腿部、臀部和躯干肌肉

A

- 双脚打开，与胯同宽，呈深蹲姿势，上身稍向前倾。双手握拳固定于胸前，肘部朝向地面。

B

- 用爆发力向上跳，尽可能地跳高，手臂保持不动。落地时屈膝缓冲，回到初始姿势。

入门变式：深蹲和深蹲跳交替进行。

从垫高物上跳下 + 伸展跳组合

训练部位： 腿部和臀部肌肉

A

- 站在垫高物上，脚尖靠近边缘。膝关节弯曲，上身挺直，稍向前倾。双臂轻微绷紧。

B

- 双脚同时放松地跳下，落地时尽可能屈膝，双臂向后摆动并伸直。

C

- 紧接着双腿再次伸直，尽可能高地向上跳起。同时双手用力上摆，使身体得到最大限度的伸展。
- 落地时屈膝缓冲，然后站到垫高物上。

变式： 不追求跳起的高度，而是在落地后尽可能快速地跳起，将接触地面的时间缩至最短。落地的时候，双腿不能大幅度弯曲，而是像弹球一样迅速弹离地面。

背部始终保持挺直。

是高度还是距离

适用于本训练项目和接下去两页中介绍的训练项目的一个原则是：跳起的高度和跳离垫高物的距离决定了训练强度。跳得越高越远，训练强度也就越大。当然，地板的性质也会有一定的影响。比如，你可以尝试着在较软的沙地上迅速有力地跳起；也可以找一根横放着的树干，当你从树干上方跳过和落地的时候都得先保持身体平衡。

前箱跳

训练部位：腿部和臀部肌肉

A

- 在身前约 0.5 米处放一个箱子，箱子需要足够稳定，能让你平稳地跳到它的上面。双脚打开，与胯同宽。双腿稍微弯曲，上身向前倾。双臂贴着身体两侧，相互平行地向后伸展。

B

- 用力跳上箱子，落下时屈膝。手臂随着惯性向前摆动，双手握拳置于胸前，背部保持挺直。落地后保持一会儿，然后回到初始姿势。

力量变式：

- 跳上箱子后立刻向后跳下，紧接着再跳上，动作要连贯。
- 单腿完成训练。
- 在跳起的时候，膝盖尽可能往上抬。

伸展跳 +180 度转体组合

训练部位：腿部、臀部和躯干肌肉

A

- 双脚打开，与胯同宽。膝关节弯曲，上身挺直，稍向前倾。双臂绷紧，在身体两侧向后伸展。

B

- 用最大的力量向上跳，同时转体，使身体在空中绕着中轴线按顺时针方向旋转 180 度。
- 平稳落地，屈膝缓冲。短暂地停留一会儿，然后再跳起，反方向转体，落地时回到初始姿势。接着重复以上动作。

力量变式：试着在空中进行更大幅度的转体。你能做到 360 度转体吗？在另一方向上，也尝试尽可能大幅度地转体。

开合伸展跳

训练部位：腿部、臀部、躯干和肩部肌肉

A

- 双脚打开，与肩同宽。膝关节稍微弯曲，上身向前倾，双臂伸直并置于身体两侧。

B

- 双腿用爆发力向上跳起，双臂越过头部充分伸展。同时，双脚在空中打开。平缓落地，回到初始姿势，然后立即进行下一次训练。

力量变式：跳起时尽可能将双脚向外侧打开，尝试着用手去触碰脚尖。

蛙跳

训练部位：腿部、臀部和躯干肌肉

A

- 双脚打开，与肩同宽。身体挺直，然后膝关节弯曲，双臂向身后伸直。上身保持挺直，向前倾斜。以这个姿势作为起跳前的准备动作。

B

- 双脚用力蹬地，双臂同时从身前向上伸展，尽可能往前跳。落地时屈膝缓冲，保持身体的平衡，然后紧接着进行下一次训练。

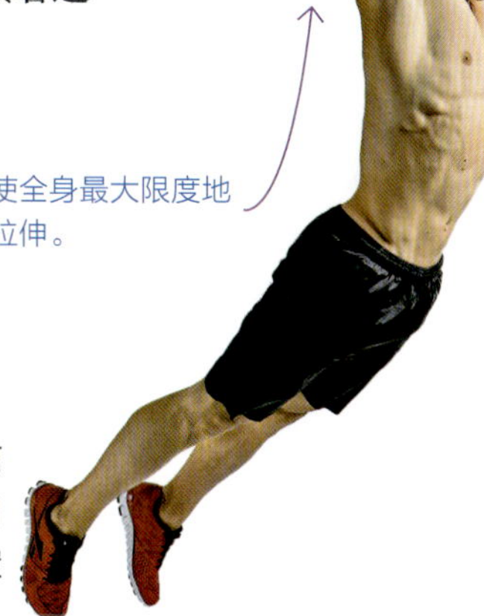

力量变式：以最大跳跃距离跳上一个垫高物。在试探自己的最大跳跃距离时，一定要注意安全。

滑冰式跳跃

训练部位：腿部和臀部肌肉

A

- 身体挺直，然后右脚抬起，向左后方移动。膝关节弯曲，上身保持挺直，向前倾斜。左臂向左侧伸直，与肩同高。右臂向左侧弯曲，小臂平行于左臂。身体绷紧，做向右跳的准备。

B

- 左脚用力撑地，然后向右跳。落地时，右脚在前，左脚在后。手臂向右摆动。身体停稳后，立刻跳向另一侧。两侧交替进行训练，重复以上动作。

在跳起或落地时，上身都要避免向左或向右倾斜。

入门变式：为了让身体在落地时更容易保持稳定，可以用后脚的脚尖快速点地。

爆发性箱跳

训练部位：腿部和臀部肌肉

A

- 左脚踩在一个稳固的箱子（或其他垫高物）上，右侧肘关节弯曲90度并位于胸前，小臂朝向上方。

B

- 左脚用爆发力向下压，使身体往上提升，左脚短暂地离开箱子表面，同时尽可能提起右侧膝盖。用力摆臂，互换左右手的位置。然后左脚落回箱子表面，右脚踩在地上，手臂也回到初始姿势。
- 在下一组动作中交换双腿的位置。

变式：落地时右脚踩在箱子表面，左右腿交替重复上述动作。

侧向交叉跨越障碍物

训练部位：腿部和臀部肌肉

A

- 找一个较窄的垫高物，站在它的右侧。右脚从身前向左侧抬起，然后踩在垫高物的边缘上。上身保持挺直，肌肉绷紧。

变式：如果你找不到一个细高的垫高物，那么就从踩上垫高物的同一侧下来，左脚在右腿后面落地。

- 靠右脚的力量撑起身体，然后左脚也踩到垫高物上。接着抬起右脚，从左腿的后方向左下方移动，踩到地面上，然后双脚站在垫高物的左侧。
- 按原路返回到初始姿势。

保持膝盖稳定，其朝向与脚尖的朝向始终保持一致。

力量变式：右脚用力向下压，撑起身体，使得右脚在左脚踩上垫高物之前短暂地离开垫高物表面。

高踢腿

训练部位：腿部和臀部肌肉

A

- 双脚打开，与胯同宽。身体挺直，双手自然地垂于身体两侧。

力量变式：

- 右腿向前伸直的时候，左腿弯曲，呈深蹲姿势。
- 右腿向前伸直的时候，左腿小幅度跳起，在用左手触碰右脚的时候，左脚已离开地面。

上身尽可能保持挺直。

B

- 右腿尽可能高地向前踢，同时左臂向前伸直，用左手触碰右脚的脚尖。
- 在下一组动作中换左腿进行训练。左右两侧交替重复以上动作。

前踢腿

训练部位：腿部和臀部肌肉

A

- 左脚向前跨一小步，右脚在后，身体挺直。双臂弯曲，双手握拳置于胸前。躯干绷紧。

B

- 提起右膝，向胸部方向移动，使大腿与地面平行。保持身体平衡。

C

- 右腿伸直，脚尖回勾，用力向前踢。然后回到初始姿势，重复以上动作。
- 在做下一组动作时，前后脚的位置互换，换左腿进行踢腿动作。

将重心转移到支撑腿上。如果有需要的话，上身稍微向后倾，以保持平衡。

变式：按动作 B 的姿势，向侧边踢腿或向后踢腿。不变的是要保持上身挺直，稍微向踢腿方向的反方向倾斜。要注意保持支撑侧的膝盖稳定。然后换另一侧做下一组动作。

提膝

训练部位： 腿部和臀部肌肉

A

- 左脚向前跨一小步，右脚向外侧转约 45 度。膝关节稍微弯曲，双手握拳置于胸前，模拟拳击的姿势，掌心相对。

B

- 用力提起右膝，右侧躯干随之往上伸展。
- 回到初始姿势，紧接着重复上述动作。
- 在下一组动作中提起左膝，其余动作不变。

为了使躯干绷得更紧，可以用腹部的力量使身体稍微向前弯曲。

力量变式： 在将膝盖抬至最高点时，小腿伸直往上踢。

单腿臀桥

训练部位： 腿部和臀部肌肉

A

- 平躺在地上，双臂伸直并置于身体两侧。左腿弯曲，脚后跟接触地面。右腿伸直，保持在地面上方，不接触地面。

入门变式： 双脚接触地面进行训练。

B

- 抬起髋部，使上身、骨盆和抬起的右腿处在一条直线上。短暂地保持这一姿势，然后回到初始姿势。
- 在下一组动作中换另一侧进行训练。

臀部在完成第一个动作后就再也不接触地面了。

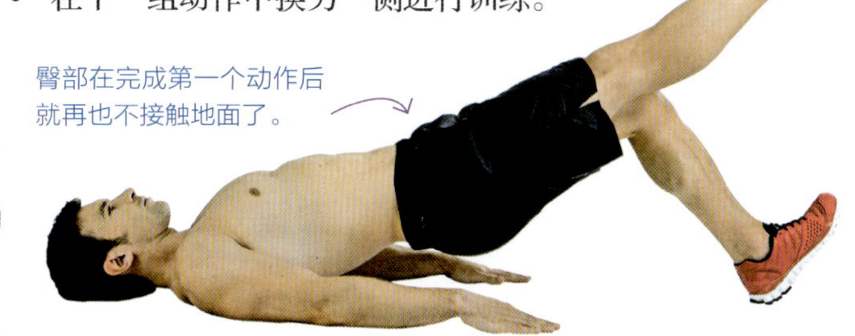

力量变式： 增加支撑脚与臀部间的距离。

臀桥 + 腿部伸展组合

训练部位：腿部、臀部和躯干肌肉

A

- 平躺在地上，双脚打开，与胯同宽。双脚平放在臀部前方的地上，双手平放在身体两侧，掌心朝下。然后抬起髋部，使大腿、骨盆和上身保持在一条直线上。

B

- 抬起右腿，向前伸直，使右腿平行于左侧大腿。

C

- 然后尽可能将右腿向上抬，朝上身的方向伸展。稍事停留，然后回到动作 B 的姿势。
- 在下一组动作中换另一侧进行训练。

入门变式：在每次重复动作的最后阶段，双脚接触地面。如果有需要的话，将臀部也放下。这样你就可以在一组动作中间换腿。

上斜臀桥

训练部位：腿部和臀部肌肉

A

- 平躺在地上，双脚的脚后跟放在垫高物的边缘，小腿和大腿相互垂直。双臂伸直，平放在身体两侧，掌心向下。

B

- 骨盆向上抬起，使躯干和大腿在一条直线上。保持一会儿，然后回到初始姿势，但臀部不要接触地面。

力量变式：在做最终动作时，交替抬起一只脚，向前伸直，或者使膝盖向胸口方向移动。

伸展式上斜臀桥

训练部位：腿部、臀部和躯干肌肉

A

- 平躺在地上，双腿伸直并抬起，将脚后跟放在一个垫高物上。双手平放在身体两侧，掌心向下。

B

- 脚后跟下压，身体绷紧，抬高髋部，使身体从头到脚呈一条直线。一直保持这一姿势，或使身体下沉后再抬起。臀部始终不接触地面。

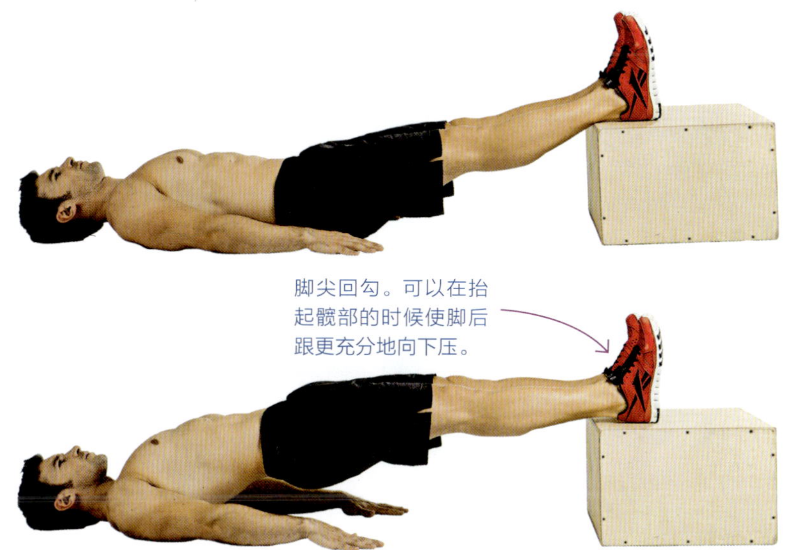

变式：也可以不借助垫高物来完成动作，脚后跟放在地上，远离臀部，使臀部还有一定的上升空间。

俯身腿弯举

训练部位： 腿部和臀部肌肉

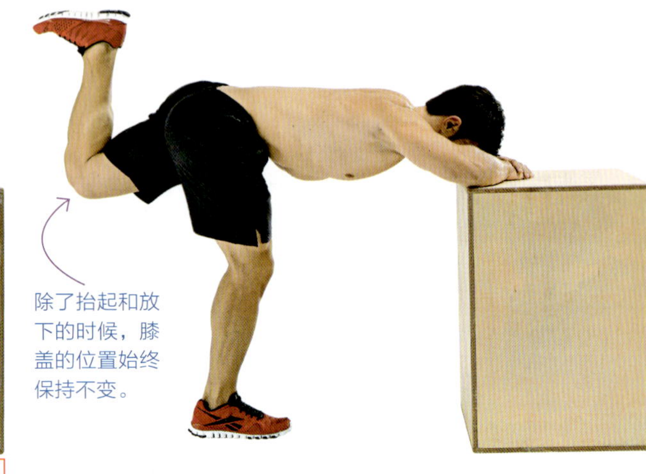

除了抬起和放下的时候，膝盖的位置始终保持不变。

A

- 站在一个与髋部同高的垫高物前，背部保持挺直，上身前倾，小臂横放在垫高物上，头靠在小臂上。右腿稍微弯曲，左腿笔直地朝后伸展，脚尖回勾。

B

- 左腿慢慢弯曲，使脚后跟尽可能靠近臀部。
- 在下一组动作中换另一侧进行训练。

四足交叉摆腿

训练部位： 腿部和臀部肌肉

A

- 趴在地上，双手和双脚接触地面，呈四足着地姿势。双手撑在肩部正下方，大腿垂直于地面。背部挺直，躯干绷紧。右腿向正后方伸展，然后向右侧约 45 度方向移动。脚尖回勾。

B

- 右腿保持挺直，越过左腿上方，尽可能地向左摆动。臀部肌肉始终保持绷紧。
- 在下一组动作中换另一侧进行训练。

力量变式： 右腿在从右向左移动的过程中在空中画出一条较大的弧线。

支撑侧膝盖的位置保持不变，始终与躯干朝向同一个方向。

平板支撑 + 后踢腿组合

训练部位：躯干、臀部和腿部肌肉

A

- 呈平板支撑姿势，肘部处于肩部正下方，脚尖接触地面。膝关节稍微弯曲，保持悬空。

B

- 右脚用力向后上方踢，脚后跟尽可能往远处蹬。这时右腿、躯干和头部呈一条直线。右脚在之后的重复动作中始终不接触地面。
- 在下一组动作中换另一侧进行训练。

入门变式：用膝盖和双手接触地面，呈四足支撑姿势，其余动作同上。

力量变式：在做最终动作时，支撑脚的脚尖快速地向上跳 3 下。

静态单腿撑墙

训练部位：腿部和臀部肌肉

说明

- 背对一面墙站立，左侧膝关节稍微弯曲。右脚抬起，用脚掌撑在墙上，小腿与地面平行。双手交叉，抱于胸前。上身挺直，肌肉绷紧。
- 右脚掌用力撑墙，但身体姿势保持不变。与墙对抗，至少保持 5 秒。短暂地放松一下，然后重复动作。也可以始终保持脚对墙施力，并且慢慢增大压力，仿佛要将身体往前推。
- 在下一组动作中换另一侧进行训练。

跪姿深蹲跳

训练部位：腿部、臀部和躯干肌肉

A

- 跪在地上，脚尖接触地面，臀部不要靠在脚后跟上。上身保持挺直，稍向前倾。双臂向后伸展。

入门变式：在一开始的时候，一只脚完全接触地面，然后撑起身体。

B

- 双脚利用爆发力跳起，然后迅速以深蹲姿势接触地面。上身尽可能保持挺直，双臂向前伸展并与地面平行。
- 回到初始姿势。

跪姿后仰

训练部位：腿部和躯干肌肉

A

- 跪在地上，使大腿、髋部和上身处在一条直线上。双手自然地垂于身体两侧。双脚的脚背接触地面，躯干绷紧。

入门变式：勾起脚尖，用脚尖代替脚背接触地面。

力量变式：在训练过程中，保持双臂向上伸直。

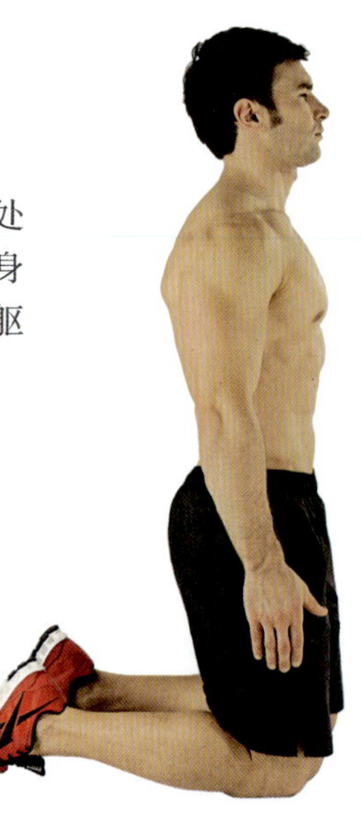

B

- 上身和大腿同时慢慢地尽可能向后仰。在最终姿势下保持几秒，然后回到初始姿势。

如果地面太硬的话，在膝盖和脚背下面各垫一块软垫或毛毯。

侧卧髋内收

训练部位：腿部和臀部肌肉

A

- 呈左侧卧姿势，左臂平放在地上，向前伸直，也可以用肘部撑在地上。提起右膝，使右脚在左膝前接触地面，左腿伸直。右手撑在胸前的地面上，抬起绷直的左腿，使左腿在离地很近的地方保持悬空。

B

- 左腿尽可能地抬高，同时臀部用最大的力量绷紧。左腿在最高处保持几秒，然后慢慢放下，但始终不接触地面。
- 在下一组动作中，换另一侧完成相同的动作。

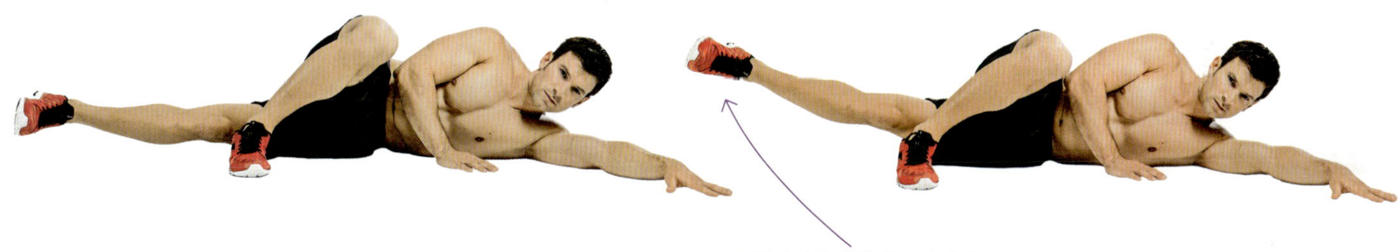

力量变式：左腿在抬至最高点的时候小幅度地上下摆动。

可以改变脚的姿势，先以勾脚尖的姿势完成动作，然后换成脚背绷直的姿势。这样可以改变腿部肌肉的绷紧程度。

侧卧髋外展

训练部位：腿部和臀部肌肉

A

- 呈左侧卧姿势，右腿稍微抬高并保持悬空。左臂伸直，平放在地上。右手撑在腹部前面的地上。

变式：也可以站姿完成该动作，最好扶住墙，以保持身体的稳定。

B

- 右腿流畅地抬起，尽量打开到最大幅度。在此位置稍作停留，然后回到初始姿势，右腿保持悬空。
- 在下一组动作中换另一侧进行训练。

抬起的腿不要向前或向后移动。

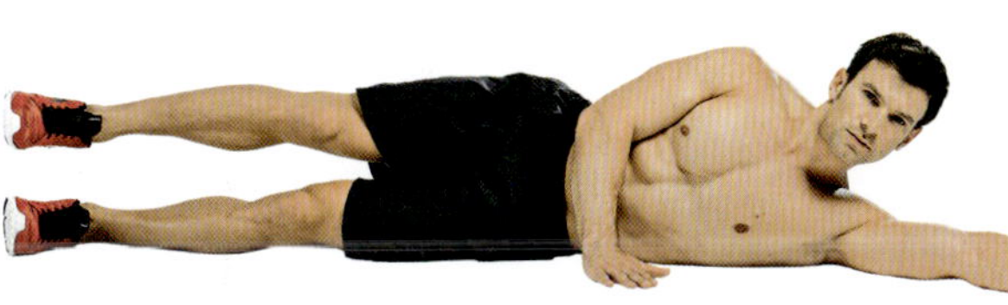

脚趾体操

即使脚部的小肌群也不应该出现萎缩的情况，所以针对脚趾的小训练也是很有必要的。你所需要的只是一根铅笔或者一条小毛巾。

项目 1

将一把笔放在地上，光着脚，试着用脚趾将笔夹起来并举高，然后放在任意一个地方。你也可以将笔夹起来，在一定的高度稍作停留，然后慢慢放下。在你用脚趾夹东西前，要先充分地拉伸脚趾，以使脚趾足够灵活，可以尽可能地张开。

项目 2

将一条毛巾放在地上，站在毛巾一端的边上。用一只脚的脚趾抓住毛巾的这一端，然后通过脚趾不断地蜷缩、伸展，将毛巾拉向身体。要想加大训练强度，则可以在毛巾的另一端放置重物（比如一本厚重的书）。

在以上两个训练项目中，双脚分别训练 1 分钟以上。

侧卧转髋

训练部位：腿部和臀部肌肉

A

- 呈左侧卧姿势，左侧肘关节在肩部下方撑地，使上身抬高。右手撑在腹部前面的地面上。右腿伸直，向上抬高，与地面保持平行。

B

- 右腿保持在身体的纵轴线上，向后旋转约 90 度，使脚尖指向身后，但右腿不向任意方向移动。保持这一姿势几秒，然后右腿尽可能地向内侧旋转。
- 在下一组动作中换另一侧进行训练。

入门变式：膝关节弯曲、悬空，只旋转大腿。

提踵

训练部位：腓肠肌

A

- 双脚打开，与肩同宽。用脚尖站在一个垫高物的边缘，脚后跟悬空。身体挺直，双手叉腰，身体绷紧。

B

- 先将脚后跟稍微向下沉，然后尽可能地抬起，在最高处保持一会儿，再放下脚后跟。

力量变式：在训练过程中，双手一起抓握住一个重物（比如一箱水等）。

单脚提踵

训练部位：腓肠肌

A

- 背部挺直，上身向前倾，双臂伸直，双手撑在墙上或者放在一个与髋部同高的物体上。左脚抬起，脚背靠在右腿的小腿上。

B

- 右脚的脚后跟抬起，尽可能地抬高，保持几秒，然后慢慢地放下。
- 在下一组动作中换另一侧进行训练。

变式：

- 要使腓肠肌的运动幅度更大，则可以在前脚掌下垫一个小小的物体（比如一块表面平整的石头），然后抬起脚后跟。
- 也可以直立姿势完成动作。

力量变式：在最后一次重复动作后身体站直，然后用支撑脚跳 30 秒，脚后跟始终不接触地面，另一只脚也不接触地面。每一次跳跃都要依靠脚尖的力量，用力地向上跳。

全面的全身力量训练

在力量训练的最后，本部分要为你介绍的是由重要的组合动作构成的、高强度的全身力量训练。这些复杂的运动形式需要全身肌肉的参与，涉及多个身体功能区。实践证明，如果一个训练项目同时涉及两个及以上的身体功能区，该训练项目就能更大限度地起作用。

你也应该知道，所谓的全身力量训练并不是真的能锻炼到身体的每一块肌肉。事实上，我们要花很长时间才能找到一种可以锻炼到骨骼肌末端的肌纤维的训练（参见第 33 页）。但你可以根据自己的喜好将多个训练项目组合起来，以更好地达到自己的训练目标。此外，像前面介绍的一样，要在日常生活中养成一些运动习惯，尽可能地调动全身的肌肉。这就足够了，你不需要更多的“全身训练”了。

某些训练项目存在和本章第一部分相似的内容，这些项目能帮助你热身，以及提供给你展现身体灵活性的机会。在这一部分中，你应该将重点放在力量训练上，而不是放在这些训练的热身、拉伸效果上，也不应过于注重速度和爆发力。当然，你可以完成这些训练项目，你也可以自由组合这些项目。

俯卧撑 + 侧踢腿组合

训练部位：全身

A

- 呈俯卧撑姿势，双手于肩部正下方撑在地上，手臂垂直于地面，身体呈一条直线。然后手臂弯曲，使身体下沉至几乎贴到地上。

入门变式：左腿从身体底下向右侧移动的时候，弯曲膝关节，使大腿与小腿相互垂直。然后右手快速地触碰一下左膝，再回到初始姿势。

B

- 撑起身体并向右侧转，左腿保持伸直，从身体底下向右摆动，然后向身体右侧伸展。同时，右臂也向同一方向伸展。右臂和左腿悬空，并且都与地面平行。回到俯卧撑姿势，然后换另一侧重复以上动作。

左右两侧交替进行训练。

俯卧撑 + 侧伸腿组合

训练部位：全身

A

- 呈俯卧撑姿势，身体挺直，躯干绷直。

B

- 手臂弯曲，使身体下沉，同时身体向右转，左腿从身体下方穿过，向右侧伸展。右脚也跟着旋转，然后回到初始姿势，接着换另一侧重复以上动作。

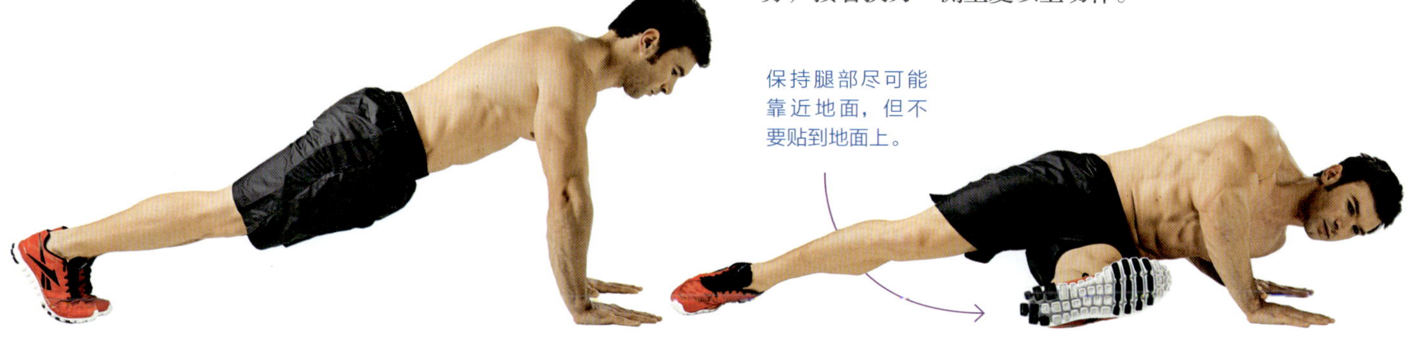

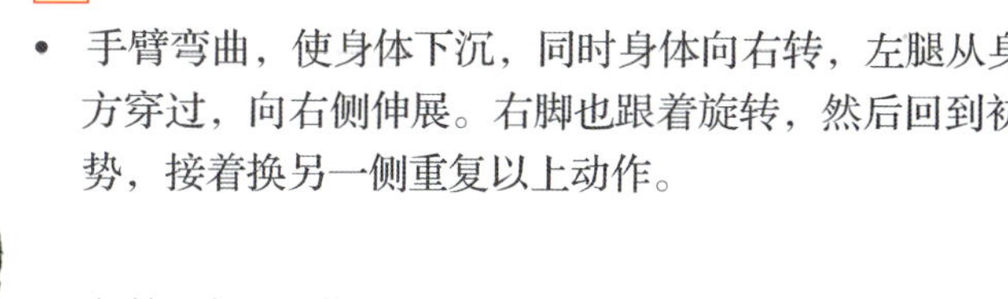

俯卧撑＋交叉腿组合

训练部位：全身

A

- 呈俯卧撑姿势，双手于肩部正下方撑在地上，脚尖接触地面。

B

- 抬起左脚，伸直的左腿尽量向上伸展，身体不再保持在一条直线上。

C

- 手臂弯曲，身体下沉。同时左脚越过右腿，向右移动。左腿弯曲成 90 度，然后左脚抵在地上，这时身体呈向右转的姿势。接着以相反的动作顺序回到初始姿势，换另一侧做下一组动作。左右轮换，重复上述动作。

入门变式：在从动作 B 到动作 C 的过程中，将抬起的腿直接放在另一条腿上，而不用接触另一侧的地面。

俯卧撑＋弓步蹲组合

训练部位：全身

A 

- 呈俯卧撑姿势，然后双手向双脚的方向移动，使髋关节弯曲约 90 度。左腿伸直，向上抬高，保持在躯干的延长线上。

力量变式：

- 在从动作 A 到动作 B 的过程中完成一次俯卧撑。
- 以爆发力完成这一训练，跳起到结束动作。

B

- 左侧膝盖向前摆动，使左脚在左手旁边接触地面。抬起上身，双手离地，呈大跨度的弓步蹲姿势，然后回到初始姿势。
- 在下一组动作中换另一侧进行训练。

手臂向身体两侧伸展，夹紧肩胛骨。

近地爬行

训练部位：全身

A

- 呈俯卧撑姿势，身体绷紧，然后下沉至非常靠近地面。左手向前移动，同时右腿弯曲，右膝向右手肘方向移动。

入门变式：身体离地稍微远一些。

B

- 右手向前移动，同时左膝向左手肘方向移动。以这种方式尽可能连贯流畅地向前爬行，像一只胆小的猫一样。

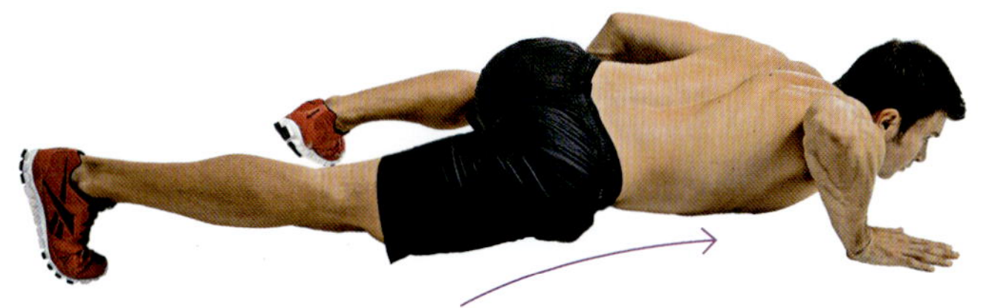

试着在训练过程中保持上身挺直，尽可能地贴近地面。

侧支撑 + 手臂交叉组合

训练部位： 全身

A

- 呈俯卧撑姿势，双手之间的距离和双脚之间的距离都大于肩宽。

B

- 左手越过右手撑在右边的地上，同时左脚向右移动，靠在右脚旁。
- 抬起右手向右移动，使双手的姿势和开始时一样。同时，右脚向右跨一步，使左右两脚之间的距离再次大于肩宽。在下一组动作中向另一个方向移动，以这种方式重复动作。

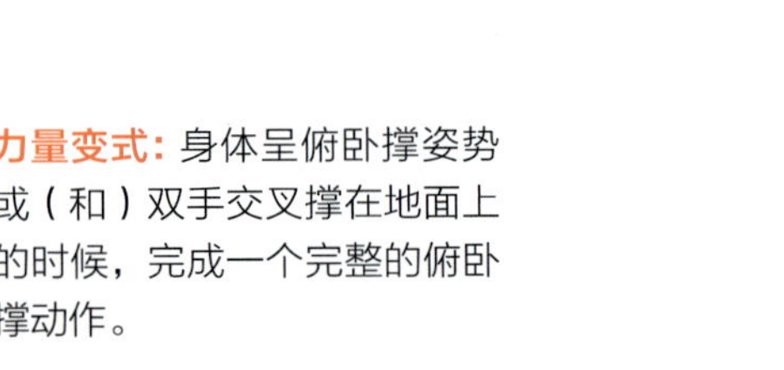

力量变式： 身体呈俯卧撑姿势或（和）双手交叉撑在地面上的时候，完成一个完整的俯卧撑动作。

毛毛虫式爬行

训练部位：全身

A

- 身体挺直，上身尽可能向下弯曲，使双手能够在脚前接触地面。

双腿尽可能保持挺直，入门者可以稍微屈膝，以使双手能够接触地面。

B

- 双手一步一步地向前爬，双脚保持不动，脚后跟随着手的移动而抬起。

C

- 以这种方式往前爬，直到身体不能再往前伸展为止。
- 双手保持不动，双脚一步一步地向双手靠近，双腿保持挺直。然后站起来，继续完成下一组重复动作。

力量变式：双手向前爬的时候抬起一条腿，双脚向双手靠近的时候抬起一只手。

俯卧撑 + 躯干拉伸组合

训练部位：全身

A

- 呈俯卧撑姿势，双手之间的距离大于肩宽。双脚一小步一小步地向手的方向移动，直到上身与下身垂直，臀部朝向天花板。这个动作在瑜伽中被称为“下犬式”。

B

- 双臂弯曲，上身从双手之间往前移动。接着骨盆区域降低，靠近地面。

C

- 上身向上抬起，头部引导着身体的移动。接着拉伸背部，上身尽可能向后仰，抬起头来，看着天花板。这个动作在瑜伽中被称为“上犬式”。在该姿势下稍作停留，然后回到初始姿势。

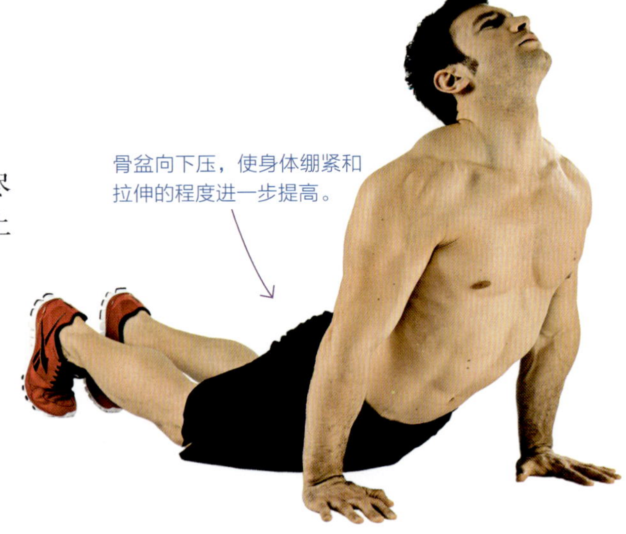

入门变式：在向下移动的时候，身体逐渐下沉。在双臂弯曲的时候，上身尽可能向上伸展。保持双臂弯曲。这一姿势在瑜伽中被称为“眼镜蛇式”。

俯卧撑 + 桥式支撑组合

训练部位：全身

头部不要下垂，双眼直视天花板。

A

- 坐在地上，膝关节弯曲至 90 度，双脚接触地面。双手在身体两侧、臀部后方支撑地面，大拇指指向外侧。上身向后仰，然后抬起骨盆，使大腿和上身平行于地面。

B

- 右手抬起，右臂向上伸直。
- 上身向左转，整个身体跟着向左转。然后用右手支撑地面，双手间的距离约等于肩宽。同时，右脚也随着翻转，脚尖接触地面。

C

- 双臂弯曲，使身体下沉至几乎靠近地面，稍作停留后再撑起。以相反的顺序重复以上动作，回到初始姿势。在下一组动作中换另一侧进行训练，左右侧轮流重复动作。

入门变式：去掉桥式支撑，而让臀部下沉，然后进行翻转，进入俯卧撑姿势，但臀部不要着地。

灵活组合

如果能在一个训练项目中将多个动作巧妙地组合在一起，就能达到极佳的训练效果，比如下面介绍的项目。该项目中的单个动作看起来都很简单，每个人都能做到，但组合起来就有了一定的难度，很快就能让你汗流浃背。这种组合实现了 **1+1>2** 的效果，而不是单个动作效果的简单相加。所以建议你多进行思考和尝试，从自身情况出发，设计适合自己的组合动作。

俯卧撑 + 卷腹 + 翻身组合

训练部位：全身

A

- 呈俯卧撑姿势，完成一个俯卧撑动作。
- 躯干弯曲，提起左膝，右臂缩回，使左膝和右手肘相互触碰。
- 回到俯卧撑姿势，然后提起右膝，左臂向后移动，使右膝和左手肘相互触碰。

B

- 从高位俯卧撑姿势趴下，腹部贴地。双臂向头顶方向伸直，双腿向另一侧伸直，手脚抬高，使双臂和双腿平行于地面。

C

- 身体保持挺直，进行 180 度翻转，使背部接触地面。

在这个姿势中保持手脚不接触地面。

D

- 做一个卷腹动作，双臂伸直，和上身一起抬高。同时抬起绷直的双腿，使手臂和腿呈平行姿势。短暂地保持一会儿，然后回到动作 C 的姿势。
- 接着翻转身体，使腹部朝下，双手撑在肩部下方的地面上，手臂伸直，呈动作 A 的俯卧姿势。到这里算一次完整的动作。

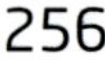

俯卧撑 + 击掌弓步蹲组合

训练部位：全身

A

- 呈俯卧撑姿势，双手撑在肩部下方的地上，双脚并拢。双臂弯曲，身体下沉至靠近地面。

B

- 用爆发力迅速伸直双臂，使身体往上弹，然后站起来，右脚处在上身的下方，呈弓步姿势，双手在右侧小腿后面击掌。
- 双脚并拢、站直，双手向身前移动，回到动作 A 的姿势。深呼吸，然后换另一侧重复以上动作。

双手要足够快速地在腿收起前完成击掌动作。

窄距俯卧撑 + 跳起组合

训练部位：全身

A

- 呈深蹲姿势，然后上身向前倾，双手撑在地上，与肩同宽。脚后跟抬起，脚尖接触地面。

B

- 手臂和躯干保持绷紧，同时双脚蹬地，尽可能高地跳起。然后落地，再重复动作 B。

膝盖保持在非常靠近地面的位置。

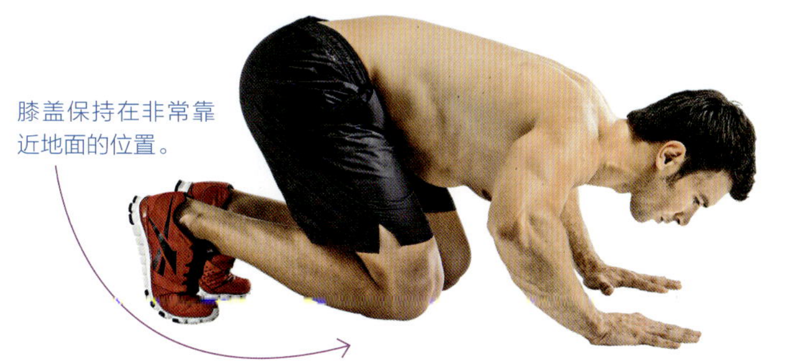

力量变式：在空中进行转体动作，尝试（比如）翻转 90 度落地。

驴式后踢腿 + 扭转俯卧撑组合

训练部位：全身

A

- 双手和双脚接触地面，膝盖稍微抬起。

B

- 双脚用爆发力向上跳，使上身与地面间的夹角尽可能接近 90 度。双脚向后上方蹬。

C

- 双脚落地，然后臀部向左倾斜。同时手臂弯曲，上身在贴近地面的高度以歪斜的角度朝前移动。
- 躯干重新挺直，回到初始姿势。
- 在下一个动作中向另一个方向转体，左右两侧交替进行训练。

入门变式：完成驴踢动作后，直接变成标准俯卧撑姿势。此外，还可以在完成跳跃动作后、进入俯卧撑姿势前，使膝盖短暂落地。

力量变式：在完成动作 B 的时候，脚后跟向臀部方向收缩，或者在落地前在空中完全伸直双腿。

俯卧驴式后踢腿

训练部位：全身

A

- 双手和双脚接触地面，抬起膝盖，使小腿平行于地面。

B

- 双脚用爆发力跳起，双腿向后上方伸展，然后收起膝盖，以动作 A 的姿势落地。

在脚踢到最高处的时候，身体呈一条直线。

力量变式：一只手撑在身前，另一只手撑在台阶上，在从动作 A 转换到动作 B 的时候迅速调换双手，左右两侧交替进行训练。

入门变式：单腿往后踢，左右腿轮流进行。

屈臂支撑 + 双腿伸展组合

训练部位：全身

A

- 坐在一个垫高物上，双手撑在大腿两侧。躯干肌肉绷紧，双手用力下压，使臀部离开垫高物表面。

入门变式：在做动作期间时不时地坐下来稍事休息，或者只将臀部撑起到不完全离开垫高物表面的高度。

B

- 双腿往前伸直，保持水平，稍作停留后再次弯曲膝关节。短暂地保持初始姿势，然后伸直双腿。臀部始终不接触地面。

脚尖勾起，大腿肌肉保持紧绷。

蛙式倒立

训练部位：全身

A

- 跪在地上，臀部向后坐，手臂向前下方伸直。双手分开，撑在地上，距离约与肩同宽。

B

- 双臂弯曲，上身向前移动，身体下沉，然后抬起膝盖，使膝盖向头部方向移动。重心前移，直到双脚可以完全离地。目视地板，短暂地保持这一姿势，然后回到初始姿势。

在这个难度较大的倒立变式中，膝盖处于两臂之间。如果要降低难度，则可以将膝盖置于肘关节的后面；还要再简单一点的话，就将膝盖置于双手的外侧（见下一个训练项目）。

力量变式：靠双手撑地面的时候，右腿向后伸直，再蜷起来，然后换左腿伸直。左右交替，重复动作。力量足够大的人可以在蛙式倒立的基础上将身体向上伸展，直到做出标准的倒立姿势。

婴儿式跪姿 + 倒立组合

训练部位：全身

A

- 跪在地上，脚尖接触地面，臀部向后移动。上身向下俯，双臂朝前伸，双手间的距离与肩同宽，手掌撑在地上。

B

- 双脚向后蹬，抬起膝盖，使膝盖位于肘关节的外侧。臀部向上推，然后双脚离地。将重心放在前面，双手撑住身体，保持平衡。

膝盖内侧夹紧弯曲的肘关节，以保持稳定。

C

- 先将手臂向下弯曲一点，然后顺势往上撑，双臂伸直。膝盖离开肘关节位置，双腿向上伸展，同时使上身挺直，垂直于地面，最终呈标准倒立姿势。有必要的话，可以通过移动双腿来保持身体的平衡。如果能力足够，则可以按照上述动作的相反顺序回到初始姿势。

入门变式：如果倒立的时候你的双手不停地摇晃，就先从单独的倒立姿势开始，将其作为这个组合动作的过渡训练。最好在软垫、草坪或其他较软的平面上进行训练，只要其硬度足够支撑你的体重。在完全倒立之前，可能会有很多意外落地的情况。祝你成功！相信你很快就能完成上述组合动作！

屈臂挺身

训练部位：全身

说明

- 站在一个与胯同高的垫高物前，双手撑在垫高物两侧的边缘上。双臂稍微弯曲，将重心慢慢地移至手上。上身向前移动，找到可以抬起双脚的平衡点。双腿伸直，向上抬高，然后保持身体的平衡，坚持尽可能长的时间。

要完成这一高难度的动作，除了技巧以外，身体的紧绷程度也很关键。

入门变式：紧紧抓住垫高物，肘部抵在肋骨下方，使你在前倾的时候肘部可以撑在肋骨上，然后完成屈臂挺身动作。

头倒立

训练部位：全身

A

- 呈四足着地的姿势，然后小臂平放在地面上，两肘间的距离与肩部同宽，双手靠在一起。头顶立在两小臂之间，抬起膝盖，双腿伸直。身体绷紧，然后双脚慢慢地往头部方向移动，使上身几乎垂直于地面。

B

- 继续将重心往小臂方向移动，弯曲任一条腿，然后使其慢慢地离开地面。另一条腿随之抬起，找到身体的平衡点。然后双腿一起缓慢地向上伸展，直到身体完全垂直于地面。头部保持在脊椎的延长线上。

在头倒立动作中，颈椎受伤的风险很大。在倒立的过程中，要避免身体摇晃。如果有必要的话，可在头部下方放置软垫或者毛巾。

入门变式：摆好动作 A 的初始姿势，然后反复地向上抬起一条腿，看看你能抬到多高。在进行了足够多的练习后，另一条腿自然就会跟上先抬起的那一条腿。双腿交替进行抬腿动作。

人体桥梁

训练部位： 全身

说明

- 坐在地上，双腿伸直，躯干向后仰，靠小臂的力量撑在地面上。脚后跟触地，然后抬起臀部，直到双腿和躯干在一条直线上。身体保持悬空状态，只有小臂和脚后跟接触地面。尽可能坚持较长的时间，或者以 3~5 秒为一小节，稍事休息后重复动作。

肘关节位于肩部下方，大致弯曲 90 度。

入门变式： 双腿弯曲，使双脚离臀部近一点。

单腿人体桥梁

训练部位： 全身

说明

- 坐在地上，躯干向后仰，靠小臂的力量撑在地面上，肘关节处于肩部下方。脚后跟接触地面，膝关节大约弯曲 90 度。抬起臀部，然后将左腿向前伸直，保持 5 秒。接着换成右腿向前伸直，左右两侧交替进行训练。

力量变式： 抬起的腿在最高点的时候弯曲，然后使膝盖向胸部方向移动。

躯干保持平行于地面。

人体拱桥

训练部位：全身

说明

- 平躺在地上，双腿伸直，脚后跟接触地面。双臂伸直越过头顶，平放于头部两侧。躯干绷紧，臀部尽可能地抬高。在这个姿势中，脚后跟、肩部和手臂贴在地面上。至少保持该姿势 3~5 秒，然后躺下。稍事休息后重复动作。

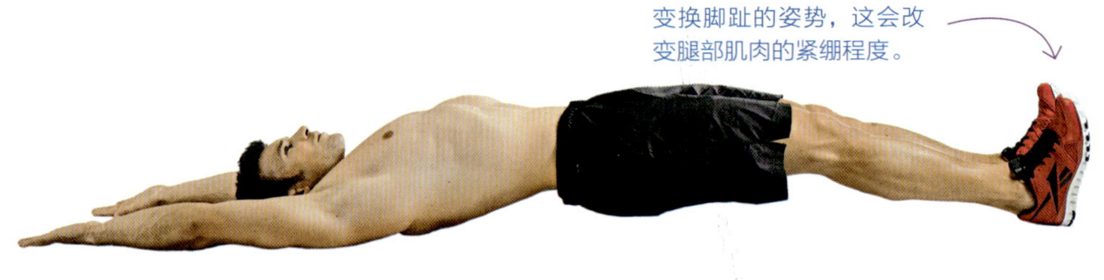

力量变式：进阶者可以尝试在臀部抬到最高位置的时候再抬起一只脚。在下一个重复动作中，抬起另一只脚。

动态臀桥

训练部位：全身

A

- 坐在地上，上身垂直于地面。双腿往前伸直，双手撑在臀部两侧的地面上，指尖朝向脚的方向，或者稍微转向外侧。脚后跟和双手同时用力撑地，身体绷紧，臀部稍微抬起。

力量变式：在最终姿势下，同时抬起对角线方向的手臂和脚，并向侧面伸直，使抬起的手臂和腿与地面平行。在重复下一个动作时，换另一条对角线上的手和脚进行训练。

B

- 将臀部抬高，直到大腿和躯干处在一条直线上。短暂地保持这一姿势，然后慢慢地回到初始姿势。臀部不完全接触地面，然后再抬起，重复以上动作。

脚后跟接触地面和全脚掌接触地面都可以。如果想要增大动作难度，就用前脚掌接触地面。

动态臀桥 + 手臂上伸组合

训练部位：全身

力量变式：在抬起手臂后，额外再抬起一条腿并向前伸直，或者增大脚后跟和臀部间的距离。

A

- 坐在地上，上身轻微后仰。双臂伸直，双手间的距离与肩同宽。双手撑在臀部后面的地上，双脚稍微弯曲，脚后跟触地，抬起臀部。

B

- 臀部向上抬起至与躯干和大腿一样的高度，然后左手尽可能地向上伸展。
- 在下一个重复动作中，换右手向上伸展。

反向俯卧撑

训练部位：全身

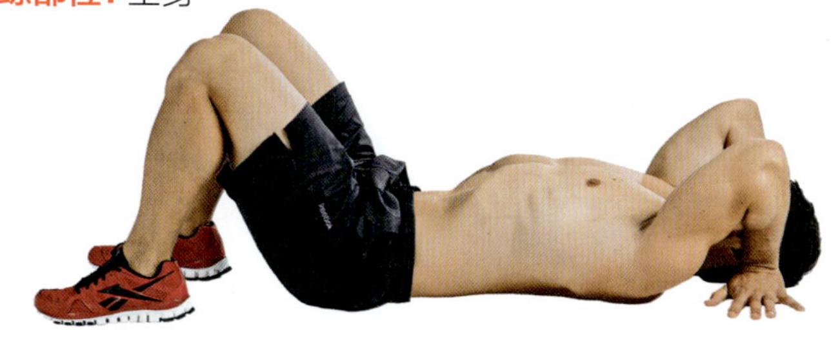

A

- 平躺在地上，双腿弯曲，双脚在靠近臀部的地方平放在地上。双手撑在头部两侧的地上，手指朝向身体外侧，肘部朝向天花板。

B

- 身体绷紧，双手和双脚用力撑地，使身体抬高，直到双臂伸直。短暂地保持这一姿势，然后回到初始姿势。

入门变式：这个训练项目需要肩部有较好的灵活性。如果你的手臂无法充分伸直，就先保证将身体尽可能地抬高，然后稍作停留。

臀桥 + 腿伸展组合

训练部位： 全身

说明

- 在地上坐直，双手撑在臀部两侧的地上。双腿弯曲 90 度，双脚的间距与胯同宽。双手和双脚同时用力撑地，然后抬起臀部，直到躯干和大腿处于一条直线上。
- 右腿往前伸展，使右腿处于躯干的延长线上。短暂地保持 3 秒，然后放下右腿。在臀部不接触地面的情况下，换左腿往前伸展。左右交替，重复上述动作。

入门变式： 去掉腿向前伸展的动作，或者在两腿轮流抬起的间隙，使臀部短暂落地。

反向俯卧撑 + 腿伸展组合

训练部位： 全身

A

- 坐在地上，双腿伸直。双手打开，与肩同宽，用力撑在臀部后侧的地上，指尖朝向脚的方向。上身向后仰，抬起臀部，使身体处在一条直线上。

B

- 抬起伸直的右腿，骨盆位置不变。保持该姿势 3 秒，然后身体再次下沉，回到初始姿势，接着换左腿进行训练。左右交替，重复以上动作。

力量变式： 这个训练项目的灵感来源于海盗的惯常做法，即把上抬的腿抬到距另一条腿最远的位置。职业运动员可以在身体保持一条直线的前提下，将一条腿抬高至与地面垂直。你做得怎么样呢?

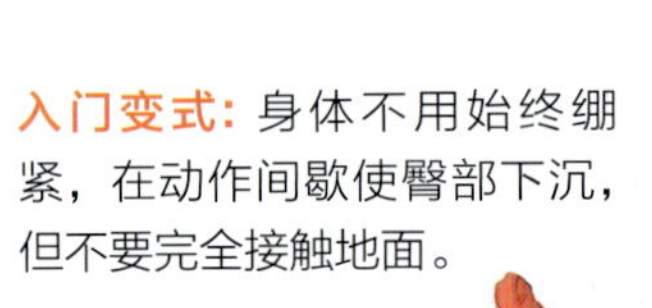
入门变式： 身体不用始终绷紧，在动作间歇使臀部下沉，但不要完全接触地面。

后支撑前伸腿

训练部位：全身

A

- 背对着一个与膝盖高度相当的稳固的垫高物，双臂伸直，双手撑在它的边缘上。膝关节弯曲 90 度，脚掌接触地面，大腿保持与地面平行。

B

- 将右脚抬起，右腿向前伸直，然后回到初始姿势。

入门变式：在初始姿势时，左右脚轮流抬起，始终保持一只脚接触地面。

C

- 在右脚还没有落地时，左脚从地上弹起，接着水平伸直左腿。

D

- 左脚落地，紧接着双脚同时迅速地跳起，双腿向前伸直，双脚同时落地，然后重复从 B 开始的动作。

力量变式：

- 在双脚落地的时候做一个双臂屈伸动作，即手臂弯曲 90 度，然后再撑起。
- 进阶者可以手臂弯曲的姿势完成整个训练。

弓步 + 上抬步 + 燕式平衡组合

训练部位：全身

A 

- 站在一个垫高物前，然后左腿向后伸，右侧膝关节弯曲，呈弓步姿势。手臂弯曲 90 度，双手抱拳置于胸前，上身保持挺直。

B

- 站起来，左腿向前移动，然后左脚跨上垫高物。手臂绷紧，向身后伸展。

C

- 紧接着用左腿的力量将身体撑起，单脚站在垫高物上。上身前倾，右腿向后伸展，双臂向前伸展，左侧膝关节稍微弯曲。短暂地保持一会儿，然后原路返回。
- 在下一组动作中换另一侧进行训练。

腿、躯干和手臂保持在一条直线上，并与地面平行。

入门变式：最后一个燕式平衡动作不做，用抬高右膝来代替，或者身体只稍微向前倾。但不管是哪个变式，非支撑脚始终都处于离地状态。

力量变式：在完成最后的燕式平衡动作的前提下，额外做屈膝动作，即支撑腿的膝关节弯曲，而上身的姿势不变（见下一个训练项目）。

燕式平衡 + 屈膝组合

训练部位：全身

入门变式：屈膝动作完成后完全站直。这样在一组动作中左右两脚可以轮流进行训练。

下背部保持挺直，臀部肌肉绷紧。

A

- 右脚单脚站立，上身向前倾，与地面保持平行。同时，双臂向前伸展，左腿向后抬起，使左腿、躯干和手臂处在同一条直线上。

B

- 支撑腿的膝关节弯曲，只改变身体的高度，姿势尽量保持不变。保持一会儿，然后再站直。
- 在下一组动作中换另一侧进行训练。

四足转体

训练部位：全身

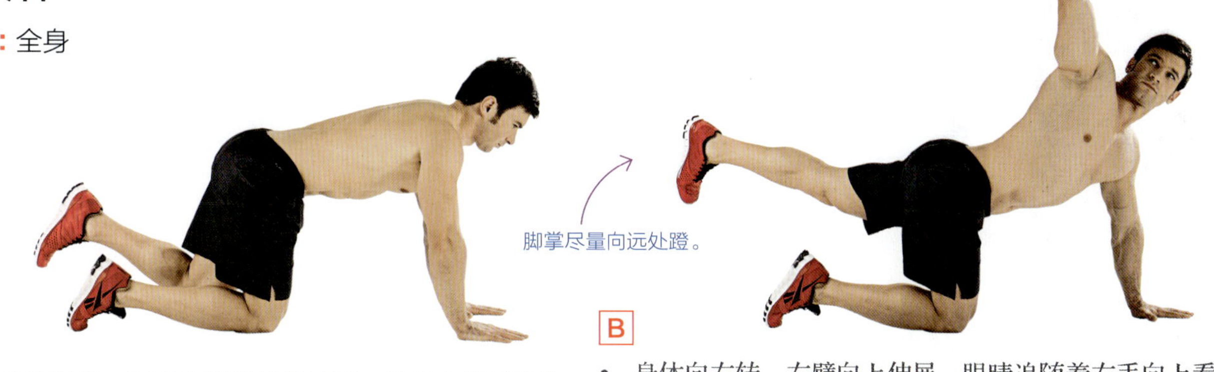

A

- 呈四足着地姿势，双手和膝盖接触地面。然后左膝稍微抬起，保持悬空。

变式：右手轻轻放在右耳上，肘部朝向地板。在向右转体的时候，肘部尽可能向上移动，指向天花板。完成动作后换另一侧进行训练。

B

- 身体向右转，右臂向上伸展，眼睛追随着右手向上看，同时左腿向后伸展。保持该姿势 3~5 秒，然后回到初始姿势，抬起的膝盖和手臂不接触地面。
- 在下一组动作中换另一侧进行训练。

脚部固定跪姿向前俯身

训练部位：全身

说明

- 找一根低矮的横杆，比如栏杆等。背对着横杆跪在地上，双脚从横杆底下穿过并固定住，使双脚无法抬起。如果有需要的话，则可以在膝盖下面垫毛巾或软垫。髋部伸展，上身保持挺直，向上抬起，直到垂直于地面。双手交叉抱于胸前。
- 上身保持挺直，摸索着向下俯身，直到你可以固定住姿势的最低高度。保持该姿势一会儿，然后回到初始姿势，接着重复以上动作。

入门变式：向前俯身的时候，双臂向前伸直。一旦你的身体支撑不住了，就马上用双手撑住地面。

侧踢腿 + 躯干弯曲组合

训练部位：全身

A

- 双脚打开，与肩同宽。身体挺直，双手放在脑后。左膝向左侧提起，上身向左弯曲，使肘关节和膝盖相对。避免上身向前弯曲。

B

- 左腿伸直，左脚用力向侧面踢出。
- 膝关节重新弯曲，大腿保持与地面平行，然后重复踢腿动作。
- 在下一组动作中换另一侧进行训练。

入门变式：在完成一次踢腿动作后放下该腿，然后换另一条腿进行训练。左右交替，重复动作。

深蹲前行

训练部位： 全身

A

- 双脚打开，与肩同宽。双手轻轻放在脑后。膝关节弯曲，直到大腿与地面平行。臀部向后坐，上身尽可能保持挺直。

B

- 右脚向前迈一步，上身姿势不变。
- 以这种方式左右脚轮流向前迈步，在房间里行进。

大腿始终保持在同一个高度上。

力量变式：

- 往前迈步时步伐加大。
- 在训练过程中双臂向上伸直。
- 也可以用深蹲姿势向侧面或后面走。

体操式引体向上

训练部位： 全身

A

- 双手分开，与肩同宽，正握住一根稳定的横杆。躯干和手臂肌肉绷紧，然后双腿向上伸直并垂直于地面，使髋骨位于横杆旁边。

B

- 双臂弯曲，将上身和双腿向上拉，直到肘关节弯曲 90 度，膝盖越过横杆。短暂停留一会儿，然后慢慢地回到初始姿势。

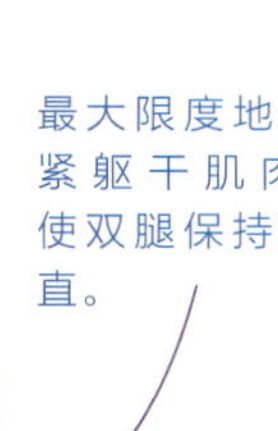

变式： 双手反握横杆。

力量变式： 在处于动作 A 的姿势时，双腿同时向左或向右移动。这对腹肌是一大挑战。

通往人体旗帜之路

在完成人体旗帜这一高难度动作前，你需要先花上几个星期的时间做准备。

（1）用本页所介绍的练习里描述的姿势抓握住杆子，然后双腿不停地向上跳，使双手能短暂地撑住身体。慢慢地延长撑住身体的时间，跳起的高度也不断增加。

（2）以膝关节弯曲的姿势完成人体旗帜动作，直到你可以在上面撑一定的时间。

（3）上一条做到后，接下来就是双腿伸直，尽量向上抬，直至双腿朝向斜上方。

（4）下一个等级的动作：伸直的双腿从斜上方慢慢地向下移动，最终姿势像一面旗帜一样。

（5）在最终动作的基础上，将双腿往上抬，尽可能多坚持一会儿。

（6）最后一个阶段：试着双腿慢慢地向上移动，这就是真正的人体旗帜动作了。恭喜你！

单杠垂悬转髋

训练部位：全身

A

- 双手分开，与肩同宽，正握住一根稳固的横杆。手臂弯曲 90 度，双腿向前伸直、并拢，抬高至与地面平行。髋部向左转，双脚的脚尖也向左转。

B

- 双腿和髋部向右转，并短暂地保持一会儿。两侧交替进行训练。

肩胛带肌肉绷紧。

变式：双手之间呈窄距，反握横杆。

入门变式：

- 膝盖向胸前移动。
- 手臂伸直。

人体旗帜

训练部位：全身

说明

- 站在一根稳固的、垂直立在地面上的杆子的旁边。双手以这样的姿势握住杆子：下面的手臂伸直，大拇指朝下握住杆子；上面的手臂的高度约与肩部一致（视肩部的灵活性而定），大拇指朝上或朝下（较容易些）。双腿伸直，上面的手臂将身体向上拉，下面的手臂向下压，支撑住身体。躯干绷紧，然后双腿慢慢地从侧面抬起，直到身体与地面平行。
- 在下一个重复动作中双手位置互换。

力量变式：职业选手可以人体旗帜的姿势，双脚一步一步地向上或向下移动；或者在双脚离地之后，使其朝双手之间移动，形成一个反方向的旗帜。你能做到吗?

双力臂

训练部位：全身

A

- 找一根稳固的、比身体高出一截的横杆，跳起来抓握住它，身体小幅度向前摆动。

B

- 双手间的距离大于肩宽，紧紧抓握住横杆，然后身体向前摆动。

训练有素的健身者可以像完成普通引体向上一样，在向上拉至横杆位置时保持身体不晃动。

C

- 接着身体向后摆，利用惯性将身体向上拉，做一次引体向上。当胸口处于横杆位置的时候，靠肩部和手臂的力量将身体继续往上撑。

D

- 将身体的重心移动到横杆上方，双臂慢慢伸直，将身体完全撑起来。
- 可以选择在保持身体悬吊的情况下完成下一个重复动作，也可以使双脚短暂地接触地面，双手稍微放松一下。

力量变式：双手的距离可以增大或减小。

怎么实现双力臂

如果力量不够的话，则不可能完成这一训练项目。臂屈伸是一个很适合用来增强手臂、肩部力量的训练项目，具体做法是：手臂尽可能地弯曲，再撑起，甚至可以负重进行。多做慢速引体向上也会有很大的帮助。以上是力量部分，接下来要介绍的是双力臂技巧。

（1）尽可能快速流畅地完成引体向上，使身体能够顺势往上移动，甚至肱三头肌都已经能用上力气，将身体向上撑起。进阶者可以在上身处于横杆上方的时候松开横杆，完成鼓掌动作。

（2）找一根与身体或胸部高度相近的横杆来完成双力臂动作。这样手臂撑起时需要的力量将大大减小。

（3）完成反向双力臂动作，即以双手支撑的动作开始，然后慢慢地降低身体。

（4）身体向上移动的时候，先将重心移动到较有力的一只手上，然后主要靠这只手的力量将身体撑起。当然，另一只手也要配合用力。

拉伸运动

除力量训练之外，拉伸运动也很重要，它能有效地提高身体的灵活性。这对一整天都坐在办公桌前工作和经常做单侧运动的人来说尤为重要。

这些人的肌肉很少能得到完全的伸展，造成的后果是肌肉变短，不能很好地工作。这常常会导致错误的姿势，甚至引起强烈的身体不适或疼痛。随着年龄的增长，你的肌肉也会不断地萎缩，所以你需要进行相应的锻炼。

重要的拉伸方法

（1）静态拉伸。保持肌肉处于拉伸状态约 20 秒，保持正常的呼吸节奏，然后增大拉伸力度，再坚持 20 秒。每次训练时完成一组，或每一侧身体各完成一组。

（2）通过绷紧和放松完成动态拉伸。轻微拉伸肌肉，然后使其收缩，保持最长约 6 秒的时间。接着使肌肉放松，呼气，再以更大的力度收缩肌肉，保持 10~15 秒。每次训练时完成 1~2 组。

（3）动态重复拉伸。呈拉伸姿势，然后将身体的重心移动至任一可能的终点位置上，重复拉伸 20~30 次。每一次重复动作耗时约 1 秒。在每两次移动的间隙稍微放松一下肌肉，然后继续进行比之前的幅度更大一些的拉伸，将身体的重心转移到终点位置上。重复 1~2 组。

（4）通过对抗肌的绷紧来拉伸。你也可以在力量训练中运用这一方法。在每个训练项目中，当肌肉达到最大张力时，完成末端收缩力训练（参见第 70 页）。用这种方式来拉伸训练中所涉及的肌肉的对抗肌。

关于拉伸的建议

（1）定期进行拉伸，最好是每两天一次，一周至少两次。

（2）给拉伸运动安排固定的时间，比如在力量训练期间的休息日。持续 10 分钟左右就能产生效果。

（3）避免进行突然的、过于剧烈的拉伸。摸索出你的肌肉适应的拉伸强度。

（4）如果只是为了训练而进行热身，或者在训练后进行放松，拉伸的强度就不要过大。如果想要长久提高身体的灵活性和增强力量，就加大拉伸的强度。在拉伸过程中，要感受到肌肉切实得到了伸展，但不能感到疼痛。

（5）控制好呼吸。呼气时放松，这样能使拉伸更容易一些。

手臂拉伸（中途稍作停留）

训练部位：上身

A

- 双脚打开，与肩同宽。身体挺直，双手掌心相对，十指交叉。双臂向前下方伸直，掌心朝向身体，目视前方。

B

- 抬高伸直的双臂，直到其与地面平行。掌心向外翻转。

C

- 双手再慢慢地向上伸展，使手臂垂直于地面，将身体往上提拉。掌心朝向天花板，目光随着手的移动也向上移动。短暂地保持这一姿势。

力量变式：在做动作 B 和动作 C 的时候，轮流将其中的一条手臂向更远处伸展，但双手始终保持十指交叉。

手臂向后拉伸

训练部位：上背部

A

- 身体挺直，双手向背后伸展。十指交叉，掌心向后翻转。

B

- 躯干向前弯曲，双臂伸直，尽可能地向背后伸展，使双臂几乎与地面垂直。保持该姿势一会儿，然后调整呼吸，试着继续将双手向上或向前移动。

变式：双腿伸直，使双腿的肌肉也得到拉伸。

背后肱三头肌拉伸

训练部位：肱三头肌

说明

- 双脚打开，与肩同宽。右臂弯曲，掌心贴在后背上。左手抓住右肘并向下压，直到下压到最低处，在此处保持一会儿。
- 在下一组动作中换另一侧进行训练。

变式：

- 右手放在左肩上，移动右侧肘关节，连带着左手一起向右肩移动。同时，右手向后背移动。短暂地保持一会儿，然后换另一侧进行训练。
- 若要激活肱三头肌，则可以先弯曲手臂，然后从肩部上方向后摆动手臂。你能感受到肱三头肌得到了一定程度的拉伸。

肩绕环

训练部位：上背部和肩部

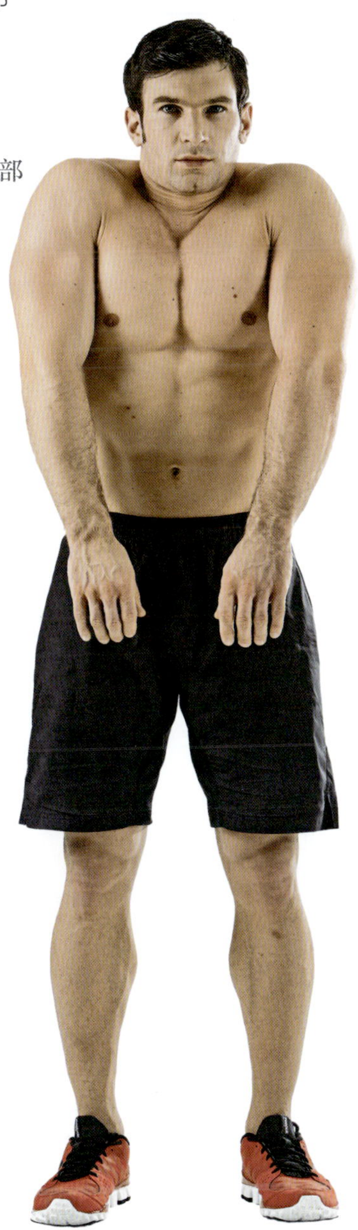

A

- 笔直地站立，然后肩部向前伸展，接着以绕圈的方式向耳朵的方向移动。

B

- 将肩部向后伸展，接着向下移动，尽可能绕大一点的圈。在训练时间过半后，换另一个方向绕圈。

双手尽可能放松，不帮助肩部绕圈。

变式：每次只完成单侧肩部的绕圈，或者两侧肩部以相反的方向绕圈。

L 式和 T 式拉伸 + 肩部运动组合

训练部位：手臂、肩部和上背部

A

- 身体挺直，大臂抬至肩部高度，肘关节弯曲 90 度。左侧小臂笔直朝下，右侧小臂笔直朝上。

B

- 小臂进行旋转，对调双手姿势，使左侧小臂朝上，右侧小臂朝下。手臂尽可能向后压，然后重复左右对调的动作。

C

- 甩一甩双臂，然后在肩部高度将其向两侧伸直。接着双臂进行翻转，使右臂朝前翻转，大拇指指向地面；左臂朝后翻转，使手臂内侧朝上。短暂地保持这一姿势。

D

- 双臂姿势对调，使右臂向后翻转，左臂朝前翻转。
- 短暂地保持这一姿势，然后进行对调。
- 在每一个姿势中都保持手臂得到最大限度的拉伸，上身保持挺直，姿势不变。

身体小幅度扭曲是正常的。

变式：可以单独完成以上两个姿势中的任意一个。

靠墙滑动手臂

训练部位：上背部和肩部

A

- 背对着墙，在离墙约一脚距离的位置站好。双脚打开，与肩同宽。双臂向上伸直，用肩部、肘关节和手腕接触墙面。两臂之间的距离越小，动作难度就越大。

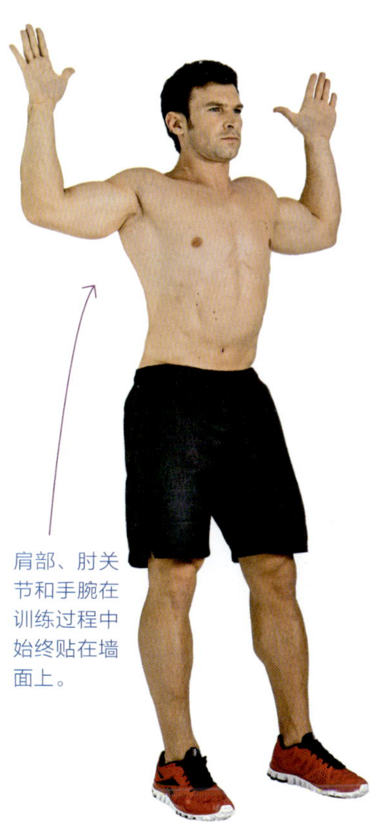

肩部、肘关节和手腕在训练过程中始终贴在墙面上。

B

- 双臂慢慢地弯曲，直到肘关节低于肩部高度，然后再从最低点慢慢地向上伸展。

力量变式：在一条手臂伸直的同时，另一条手臂弯曲，两侧交替进行训练。

上背部拉伸

训练部位：上背部

说明

- 双脚打开，与肩同宽。身体挺直。双臂向上伸直，掌心相对，十指交叉。然后将指尖尽可能地向上伸展，并在最高点保持这一姿势。

躯干和肩部也向上提拉，这样可以使指尖更充分地向上伸展。

变式：想要拉伸体侧肌肉的话，就先将上身向左倾斜，直到右侧身体得到完全拉伸。保持该姿势一会儿，然后上身向右倾斜。左右两侧交替进行训练。

背部和颈部肌肉拉伸

训练部位：下背部和上背部

说明

- 坐在地上，双脚向两侧打开。头部、肩部和双手慢慢地向前俯下。背部弯曲，上身呈蜷曲状，然后双手逐渐向前移动。

在俯身的时候吸气，上身由于自身重量就会向前俯下。

变式：在一把椅子上完成上述动作。

跪姿背阔肌拉伸

训练部位：上背部和肩部

说明

- 呈四足着地姿势，右臂向前伸直，掌心朝上，平放到地上。上身俯下，然后头部和肩部向左旋转，直到上背部感受到明显的拉伸。右脸贴在大臂上，保持一会儿。
- 接着换另一侧进行拉伸。

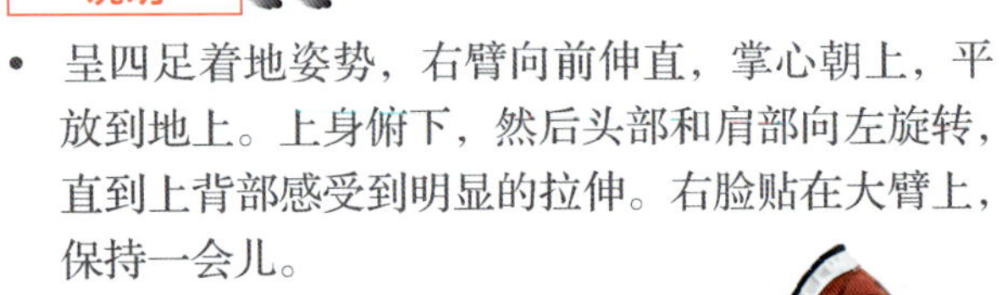

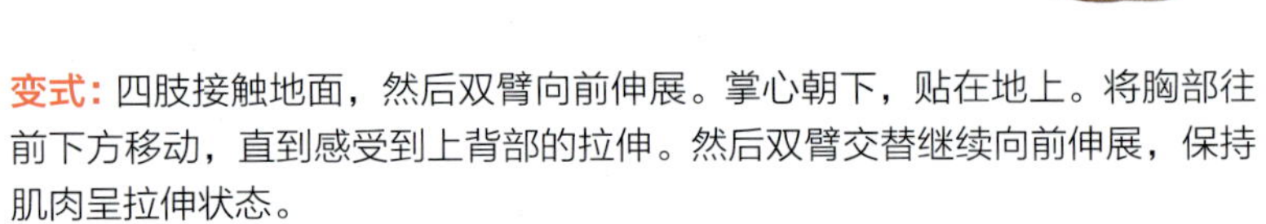

将身体轻微地向右压，可以增大拉伸强度。

变式：四肢接触地面，然后双臂向前伸展。掌心朝下，贴在地上。将胸部往前下方移动，直到感受到上背部的拉伸。然后双臂交替继续向前伸展，保持肌肉呈拉伸状态。

猫式拉伸

训练部位：上背部和下背部

A

- 四肢接触地面，双手置于肩部下方，膝盖置于髋部下方，双眼平视前方。

B

- 背部慢慢向上隆起，然后使弯曲的背部尽可能向上伸展。同时，下巴向胸口方向移动。每个姿势各保持几秒。

收紧腹部肌肉，可以使背部进一步弯曲。

靠墙胸部拉伸

训练部位：胸肌和肩部

另一只手叉腰。

A

- 在离一面墙约一肩宽的地方站直，身体左侧朝向墙壁。左臂抬至与肩同高，然后向后伸展，掌心贴在墙上。上身慢慢地向远离墙壁的方向移动，使胸部能感受到明显的拉伸。保持该姿势一会儿，需要的话，可以加大强度。

B

- 手臂稍微放松一下，然后弯曲 90 度贴在墙上，大臂与地面平行，接着完成后面的训练。
- 在下一组动作中换另一侧进行训练。

变式：

- 可以在两个姿势中任选一个。
- 靠墙的脚往前跨一小步，以便更好地辅助拉伸。
- 面对着墙站好，手撑在墙上，上身垂直于地面，然后将胸部向下移动。

在办公位置上进行扩胸运动

右图中的训练项目尤其适合长期坐在办公桌前的人进行胸肌拉伸，可以促进血液循环。

坐姿躯干转体

训练部位： 躯干，重点是胸部

说明

- 在一个垫高物上坐好，比如坐在一把椅子上。双脚平放在地上，双手撑在臀部两侧。然后上身向右侧旋转，右手抬至肩部高度，也随之向后伸展。左手撑在垫高物上，左肩旋转，形成反向的拉力。短暂地保持这一姿势，然后回到正常坐姿，接着向左侧旋转。

侧卧转体

训练部位： 胸肌和肩部

A

- 左侧卧，膝盖提起，直到大腿与小腿相互垂直。双臂向前伸直，左手贴在地上，右手放在左手上，掌心相对。

B

- 右臂抬起，然后和上身一起向右转动，直到右肩和右手碰到地面。双腿和左手的位置保持不变，始终贴在地上。保持该姿势几秒，然后回到初始姿势。
- 在下一组动作中换另一侧进行训练。

后撑式胸部、肩部拉伸

训练部位：胸肌和肩部

说明

- 背对着一个垫高物（比如桌子、椅子等），在离它与肩部宽度相当的距离站好。双手在背后撑在垫高物上，慢慢地弯曲膝关节，使手臂弯曲 90 度。臀部尽可能地往下沉，保持住这一姿势。

力量变式：单臂完成动作，但要特别小心，并且要用双腿提供足够的支撑，否则肩部很容易受伤。

小臂垂直于地面，大臂平行于地面。

站姿臀部肌肉拉伸

训练部位：臀部

说明

- 身体挺直，抬起右膝。双手抱住右膝，使其尽可能地靠近胸部。保持这个姿势一定的时间，在下一组动作中换另一侧进行训练。

继续将膝盖慢慢地拉向身体，使臀部得到充分拉伸。

变式：

- 如果需要的话，可以靠在一面墙或一棵树上。
- 以卧姿完成上述动作。

力量变式：用左手将右膝拉向左上方，稍微向相反的方向转动上身。

双脚左右分立 + 俯身组合

训练部位：腿部、臀部和躯干

A 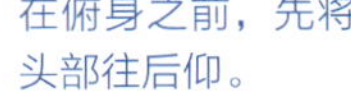

- 双手向身体两侧伸展，与肩部高度一致。双腿分开，使双脚大约处于肘关节正下方。脚尖朝前。

B

- 背部保持挺直，向前俯身。双手分开，与肩同宽，撑住地面，指尖朝前。手臂和背部都要保持挺直，目视前方。

C

- 短暂地保持这一姿势，然后双臂弯曲，使上身往下移动，头部向地面靠近。保持该姿势约 5 秒，然后回到初始姿势。

双脚前后分立 + 弯腰组合

训练部位：腿部

A

- 双脚打开，与肩同宽。身体挺直，然后右脚向前跨一步。双臂叠放在背部，一只手放在另一侧的肘关节上。双腿保持挺直。

B

- 背部挺直，上身朝大腿方向弯曲，头部处于脊椎的延长线上。在上身处于最低位置的时候保持一会儿，然后再慢慢地抬起身来，换另一侧重复以上动作。左右两侧交替进行训练。

用力拉伸上身，即臀部向后移动，头部往前伸展。

变式：

- 可以改变步伐的大小。
- 处于后面的脚向外翻转约 45 度。

双脚前后分立 + 转体组合

训练部位：全身

A

- 左脚向前跨一大步，右脚向外转 45 度。躯干向右转，双臂在肩部的高度上向前后伸展，左手在前，右手在后。目视前方。

双脚分别处于两侧肘关节的下方。

B

- 上身朝左侧倾斜，用左手触碰左脚的脚尖。右臂垂直向上伸直，使双手保持在同一条直线上。目光随着右手向上移动。拉伸大腿和上身，然后慢慢地回到起始的站姿。换另一侧重复动作，左右两侧交替进行训练。

弓步转体

训练部位：全身

A

- 双臂与肩同高，向两侧伸直。左脚向前跨一大步，呈弓步姿势。上身向右转，右脚也向右转。左手在前，右手在后。

B

- 左侧膝关节弯曲，使大腿和小腿相互垂直。上身向左侧大腿方向移动，左手在左脚外侧撑住地面。左膝向后压，向小臂施力。右臂向斜上方伸直，使右手处在右腿的延长线上。目光随着右手移动。短暂地保持这一姿势，然后换另一侧重复上述动作。左右两侧交替进行训练。

相扑式下蹲＋拉伸组合

训练部位：腿部、臀部和躯干

A

- 双脚分立，脚尖稍微朝向外侧。背部保持挺直，然后进入深蹲姿势，脚后跟接触地面，臀部下沉。双臂在膝盖的内侧伸直，手掌放在脚掌上，目视前方。

B

- 双腿慢慢地直立起来，双手保持位于脚背上。此时，上身向前下方倾斜。短暂地保持这一姿势，然后慢慢地回到初始的蹲姿。

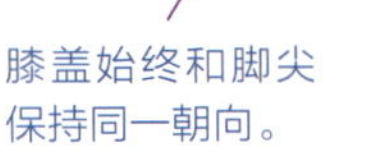

膝盖始终和脚尖保持同一朝向。

双腿交叉 + 俯身组合

训练部位：腿部和躯干

说明

- 双脚并拢，站直，然后左脚放到右脚的右边。接着上身向下弯曲，稍向左转动。指尖触碰双脚左边的地板，双腿保持挺直。保持该姿势至少 5 秒的时间，然后直起身来。双脚位置互换，重复以上动作。左右两侧交替进行训练。

入门变式：双手尽可能往下伸，不一定要碰到地面。

变式：试着用双手触碰双脚右侧的地板，或者身体向前弯曲，用双手触碰脚尖。

大腿后侧肌肉拉伸

训练部位：腿部

说明

- 找一个与膝盖或髋部高度大致相当的垫高物。在离它 0.5 米的地方站直，然后抬起右脚放在上面，右腿伸直。双手叉腰，背部保持挺直，向前俯身，直到明显感觉到大腿后侧肌肉得到拉伸。保持这一姿势一定的时间。在下一组动作中换另一侧进行训练。

力量变式：

- 脚尖向内勾，这样不仅能使大腿后侧得到更好的拉伸，而且也可以拉伸腓肠肌。
- 双臂朝前伸直，抓住右脚，试着将上身靠在大腿上。

股四头肌拉伸

训练部位：全身

A

- 呈弓步姿势，右脚在前，右侧膝关节弯曲 90 度。左膝稍微抬离地面，上身挺直，右臂向上伸直并垂直于地面。

B

- 上身向右弯曲，右臂也向右侧伸展。左手放在身体左侧，但也要绷紧，因为需要靠它保持身体的平衡。

C

- 身体向侧面弯曲后再向右转体，使右臂在保持水平的前提下尽可能地向后伸展。至少保持该姿势 5 秒，然后回到初始姿势，换另一侧重复动作。左右两侧交替进行训练。

变式：向上抬高双手，以这个姿势完成上述动作。

弓步拉伸 + 转体组合

训练部位： 全身，重点是腿部、臀部和躯干

A 

- 双脚打开，与肩同宽。身体挺直，全身肌肉收缩。

力量变式： 在完成最后的动作后，再将身体向左或向右转，使右手或左手撑在地上，另一条手臂向上伸展，两臂处在同一条直线上。

B

- 右脚向前迈一大步，背部挺直，上身向前倾斜。左手在右脚的左侧撑住地面，右侧肘关节弯曲，向右侧小腿内侧施力。左膝悬空，保持这一姿势 2~3 秒。

尽可能将臀部向前移动，使其得到更充分的拉伸。

C

- 上身向右转，右臂尽可能向上伸直，几乎垂直于地面。保持这一姿势 2~3 秒。

D

- 上身转回初始姿势，然后右手撑在右脚右边的地上。臀部笔直地向后上方移动，右腿保持挺直，右脚以全脚掌接触地面，左脚以前脚掌接触地面。保持这一姿势约 5 秒，然后换另一侧重复以上动作。如果有需要的话，左右两侧交替多做几次重复动作。

弓步拉伸 + 抬腿组合

训练部位：腿部、臀部和躯干

A

- 四肢接触地面，膝盖处于髋部下方，双手撑在肩部下方。右腿向前移动，置于右手外侧的地上。保持这一姿势 3 秒。

B

- 右腿弯曲 90 度，然后向右侧抬起，使右侧大腿平行于地面，膝盖朝向身体右侧。保持该姿势 3 秒。

力量变式：保持不动的一侧的膝盖不要接触地面，而后稍微抬高一些。

C

- 右腿向后伸展，脚掌尽可能地往远处蹬。保持这一姿势 3 秒，然后回到初始姿势。在下一组动作中换另一侧进行训练。

改进版跨栏坐 + 拉伸组合

训练部位：腿部和躯干

A

- 坐在地上，左腿向前伸直，右腿弯曲，使右脚掌抵在左侧大腿内侧，右腿保持贴地。

B

- 上身向前弯曲，尽可能地向右腿的方向下沉。左手抓住左脚，右手撑在左侧肘关节下方。保持这一姿势不变。
- 在下一组动作中换另一侧进行训练。

变式：双腿伸直，向外张开，使双腿间有一定的角度。然后轮流向左和向右俯身，进行拉伸。

入门变式：如果你的手碰不到脚尖，则可以使腿稍微弯曲，或者指尖尽可能地往前伸，而不一定要碰到脚尖。

单腿转髋

训练部位：腿部、臀部和躯干

A

- 平躺在地上，双臂向两侧伸直，掌心向下。右腿向上伸展并垂直于地面。双脚的脚尖都向内勾起。

B

- 右腿慢慢地向左下方沉，直到右脚的脚尖碰到地面。保持这一姿势 2~3 秒，然后回到初始姿势。在下一组动作中换另一侧进行训练。左右交替，重复上述动作。

肩部和手臂始终紧紧地贴在地上。

入门变式：如果转髋的时候你的腿和肩部无法同时贴在地上，那么就轮流使它们贴在地上。

腓肠肌拉伸

训练部位：腿部（腓肠肌）

说明

- 双脚打开，站在一面墙前面，然后右腿向后跨一步。双臂伸直，撑在墙上。右脚的脚后跟保持贴地。如果有需要的话，则将步伐跨得更大一些，使腓肠肌得到更充分的拉伸。保持这一姿势一定的时间。
- 在下一组动作中换另一侧进行训练。

髋部稍微往前下方移动，使腓肠肌得到更充分的拉伸。

变式：站在离墙约 1 米的位置，面对着墙，上身向下弯曲，臀部向后推，使上身保持与地面平行。双臂向前伸，撑在墙上。双腿挺直，将重心转移到脚后跟上，脚尖尽可能地抬起。保持这一姿势一定的时间。

第 5 章

训练计划

本书在最后为你提供了一系列针对无器械训练的计划作为参考。你可以任选一个立刻开始训练，或者从中找到灵感，设计一份适合自己的训练计划。

从第 294 页开始介绍的训练计划中所包含的信息量远大于你的想象：每个 8 周训练计划中都有 8 个不同的健身单元，也就是每月 4 个。要完成这些为期 2 个月的训练单元，每周需要进行 4 天的训练。在此后的几页里，你将看到 60 多个健身单元的具体介绍，你可以单独完成其中的任意一个，或按照自己的喜好进行组合。

根据对健身单元的介绍，你可以立刻知道每一个单独的训练项目都是针对什么的。这一章几乎涵盖了前文介绍的所有训练项目，也考虑到了第 57 页介绍的训练形式，将理论和实践完美地结合在了一起！为了使训练计划更完美，你可以加入本书强烈推荐的拉伸和热身单元，以及可以快速排汗的小单元训练。

4 个建议

（1）在每个训练单元开始前进行热身，在训练结束后进行放松。

（2）在两个训练单元之间尽可能安排一个休息日，特别是在两个在你看来强度较大的训练单元之间。一个星期至少休息两天。

（3）如果一个星期只能训练 3 天，那么就在一个月内的每个星期中去掉一个训练单元，第一个星期去掉第四个单元，第二个星期去掉第三个，第三个星期去掉第二个，第四个星期去掉第一个。

（4）如果你无法达到上述训练频率，那么就在自己的能力范围内尽可能多地进行训练。但随着时间的推移，要努力提高训练频率。

适合热身和放松的高效训练单元

在任何一个训练单元中都不能省去热身环节。你可以直接从下面挑选出一个合适的项目，或者自己进行组合（参见第 100 页的建议）。热身时间应为 10 分钟左右。如果你的训练强度不大，时间不长，那么可以破例只进行 5 分钟的热身。此外，这些项目也很适合在训练后用来放松。

10 分钟热身：重点是手臂功能区		
训练项目	对应页码	时长或每组重复次数
原地跑步，改变速度和膝盖高度	—	2 分钟
开合跳及其变式	101、102	2 分钟
手臂绕环：向前或向后，双臂伸直，绕肩关节向同一方向或反向画圈	—	1 分钟
动态俯卧撑 + 臀部后移组合	148	1 分钟
双臂侧展深蹲跳	103	1 分钟
侧向波比跳	110	1 分钟
常规俯卧撑	131	20 次
前后小跳	122	1 分钟

10 分钟热身：重点是腿部功能区		
训练项目	对应页码	时长或每组重复次数
原地跑步，改变速度和膝盖高度，双手绕圈	—	3 分钟
开合跳或跳绳	101	1 分钟
快速台阶跳	121	1 分钟
深蹲 + 提膝组合	229	20 次
俯卧撑 + 相扑蹲组合	113	1 分钟
高抬腿跑	125	1 分钟
深蹲前行	271	1 分钟
原地放松跑	—	1 分钟

10 分钟热身：重点是躯干功能区		
训练项目	对应页码	时长或每组重复次数
原地跑步，改变速度和膝盖高度	—	1 分钟
开合跳及其变式	101、102	2 分钟
抬手侧步跳	103	1 分钟
俯卧撑 + 拳击组合	112	1 分钟
转体（用毛巾辅助）	105	1 分钟
俯卧交替跳	115	1 分钟
站姿卷腹（提膝 + 转体组合）	189	1 分钟
后撑手前进	116	1 分钟
卧姿摇摆腿	198	1 分钟

10 分钟热身：全身		
训练项目	对应页码	时长或每组重复次数
原地跑步，改变速度和膝盖高度	—	2 分钟
爬行	116	1 分钟
开合跳及其变式	101、102	2 分钟
俯卧撑提膝	111	1 分钟
投掷铅球动作	106	1 分钟
弓步 + 上抬步 + 燕式平衡组合	268	1 分钟
侧向猴子跳	118	1 分钟
后撑手 + 快速踢腿组合	117	1 分钟

高效的拉伸单元

除了针对力量的训练之外，在休息日进行小的拉伸单元训练也可以有效地提高身体的灵活性。下面给出了具体的拉伸单元的例子。在给出重复次数的训练项目中，在每次重复动作时保持肌肉拉伸至少 5 秒，最好是 10 秒。

10 分钟手臂功能区拉伸单元		
训练项目	对应页码	时长或每组重复次数
肩绕环	277	1 分钟
上背部拉伸	279	视情况而定 *
侧卧转体	282	每侧 5 次
跪姿背阔肌拉伸	280	视情况而定
手臂拉伸（中途稍作停留）	275	10 次
L 式和 T 式拉伸 + 肩部运动组合	278	10 次
背后肱三头肌拉伸	276	视情况而定
背部和颈部肌肉拉伸	280	视情况而定

10 分钟腿部功能区拉伸单元		
训练项目	对应页码	时长或每组重复次数
原地跑步，改变速度和膝盖高度	—	1 分钟
相扑式下蹲 + 拉伸组合	286	10 次
单腿转髋	291	每侧 5 次
股四头肌拉伸	288	每侧 5 次
双腿交叉 + 俯身组合	287	视情况而定
站姿臀部肌肉拉伸	283	视情况而定
大腿后侧肌肉拉伸	287	视情况而定
腓肠肌拉伸	291	视情况而定

10 分钟躯干功能区拉伸单元		
训练项目	对应页码	时长或每组重复次数
俯卧撑 + 躯干拉伸组合	254	1 分钟
猫式拉伸	281	1 分钟
四足转体	269	每侧 5 次
弓步拉伸 + 转体组合	289	每侧 5 次
弓步拉伸 + 抬腿组合	290	每侧 45 秒
双脚左右分立 + 俯身组合	284	10 次
弓步转体	286	每侧 5 次
上背部拉伸	279	每侧 5 次
背部和颈部肌肉拉伸	280	视情况而定

10 分钟全身拉伸单元		
训练项目	对应页码	时长或每组重复次数
肩绕环	277	1 分钟
猫式拉伸	281	1 分钟
相扑式下蹲 + 拉伸组合	286	10 次
四足转体	269	每侧 5 次
靠墙胸部拉伸	281	视情况而定
跪姿背阔肌拉伸	280	视情况而定
手臂向后拉伸	276	视情况而定
腓肠肌拉伸 *	291	视情况而定

注：* 视情况而定是指可以是两组绷紧 – 放松式拉伸，也可以是两组动态拉伸（见第 274 页）。

高效的简短训练单元

工作、学习太忙，没时间锻炼？这不是借口！以下的简短训练单元适合在任意一天完成。花少量的时间完成这些简短训练，训练效果会让你惊喜！别忘了在训练前进行 5 分钟的热身，训练后进行 5 分钟的放松。

15 分钟健身：针对手臂功能区		
循环训练，有短暂的休息时间：完成两轮，每两个项目之间休息 15 秒，每两轮之间休息 40 秒，以正常速度进行		
训练项目	对应页码	时长或每组重复次数
反向推肩	149	60 秒
引体向上（用毛巾辅助）	155	60 秒
移动俯卧撑	138	60 秒
坐姿肱二头肌弯举（用腿部提供阻力）	169	每侧 30 秒
仰卧撑	174	60 秒
Y 形侧平举	161	60 秒

15 分钟健身：针对躯干功能区		
站点式训练：每个项目完成两组，每两组之间休息 20 秒，每两个项目之间休息 30 秒，以正常速度进行		
训练项目	对应页码	时长或每组重复次数
卷腹 + 腿部屈伸组合	183	50 秒
卧姿抬腿	196	50 秒
俯卧对角线两头起	209	50 秒
侧向平板支撑 + 转体组合	205	每侧 30 秒
两点式平板支撑	203	50 秒
俯卧撑 + 拳击组合	112	50 秒

15 分钟健身：针对腿部功能区		
站点式训练：每个项目完成 3 组，每两组之间休息 10 秒，每两个项目之间休息 20 秒，以正常速度进行		
训练项目	对应页码	时长或每组重复次数
弓步蹲 + 手臂上伸组合	220	30 秒
相扑式踮脚深蹲	226	30 秒
开合伸展跳	235	30 秒
侧向交叉跨越障碍物	237	30 秒
臀桥 + 腿部伸展组合	240	30 秒
提踵	247	每侧 30 秒

15 分钟飙汗健身：针对全身		
高强度循环训练：完成 3 轮，每轮中间不休息，每两轮之间休息 45 秒，快速进行		
训练项目	对应页码	时长或每组重复次数
俯卧撑 + 伸展跳组合（波比跳）	108	45 秒
剪式蹲跳	223	45 秒
爆发性箱跳	236	45 秒
三角形俯卧撑	136	45 秒
俯卧单腿跳	115	45 秒
平移引体向上	154	45 秒

飓风训练：针对全身		
这种训练中结合了短跑和其他项目，因此需要很多的间歇休息时间。关于飓风训练的相关信息，也可参见第 63 页		
在每两个项目之后加入一次短跑，这样算一大组训练；接着完成两个项目，然后再加一次短跑，算是第二大组训练；每两大组之间休息 90 秒；快速进行		
训练项目	对应页码	时长或每组重复次数
短跑	—	30 秒
蜘蛛侠俯卧撑	140	15 次
后撑手前进	116	30 秒
短跑	—	30 秒
俯卧驴式后踢腿	259	20 次
V 形卷腹	183	15 次
短跑	—	30 秒
俯卧两头起	209	15 次
拳击（用毛巾辅助）	107	30 秒

高强度间歇训练（HIIT）：针对全身		
高强度 + 短间歇，这种训练形式能使你得到最大限度的锻炼。关于 HIIT 的更多信息，可参见第 62 页		
完成 5 轮，每两个项目和每两轮之间休息 30 秒		
训练项目	对应页码	时长或每组重复次数
驴式后踢腿 + 扭转俯卧撑组合	258	60 秒
弓步踢腿	104	60 秒
手臂固定深蹲跳	232	60 秒

Tabata 训练		
1 个项目，8 组，百万滴汗珠。Tabata 是强度非常高的训练，但乐趣无穷。下面给出的只是其中的一个例子，你也可以自选另外一个项目完成训练，或者选 2~4 个自己最擅长的训练项目，然后按顺序完成。关于 Tabata 的更多信息，可参见第 63 页		
完成 8 组高强度训练，每两组之间休息 10 秒，快速进行		
训练项目	对应页码	时长或每组重复次数
俯卧撑 + 伸展跳组合（波比跳）	108	20 秒

Big 5 训练：经典训练项目		
你应该长期坚持进行这种训练，它由基本的运动形式构成，但几乎能使全身的肌肉得到锻炼，可以使你保持较好的体能。简而言之，这种训练特别有用，所以要定期完成		
每个项目完成 5 组，每两组和每两个项目之间休息 20 秒，以慢速或正常速度进行		
训练项目	对应页码	时长或每组重复次数
正手引体向上	152	6 次
双脚相叠俯卧撑	133	10 次
抱头深蹲	224	20 次
硬拉	214	20 次
弓步蹲 + 转体组合	219	15 次

次数多且固定的重复动作训练：针对较难的项目		
这种训练形式（参见第 61 页）可以当作完成较难、较复杂的训练前的过渡，在一次训练中所做的组数不要超过两组		
如果不能很好地完成一次重复动作就稍事休息，慢速进行		
训练项目	对应页码	时长或每组重复次数
单腿深蹲（手枪深蹲）	231	每侧总共 20 次
靠墙倒立推肩	151	总共 15 次

阶梯式 HIIT：针对躯干和腿部		
这是 HIIT 的另一个高强度变式，可参见第 62 页		
完成 6 轮：先按顺序完成所有项目，每个项目 60 秒，这算是第一轮；在第二轮中每个项目 50 秒，在第三轮中每个项目 40 秒，然后依次是 30 秒、20 秒和 10 秒；每两轮之间休息 30 秒；快速进行		
训练项目	对应页码	时长或每组重复次数
蛙跳	235	见上一栏中的具体描述
踮脚深蹲	226	
单腿高踢腿	104	
后弓步蹲 + 转体组合	219	

8 周减重计划

这个训练计划特别适合想要减重的人。在两周后更换训练形式：第二天和第四天完成组合训练，第一天和第三天完成循环训练。

第 1~4 周：慢速 – 常规速度

第一天 全身训练：组合式		
完成一轮，不休息		
训练项目	对应页码	时长或每组重复次数
弓步蹲 + 抬腿组合	217	20 次
爆发性箱跳	236	每侧 20 次
跑步、骑自行车或游泳	—	15 分钟
平板支撑	202	45 秒
卷腹	179	20 次
侧向卷腹	181	每侧 15 次
跑步、骑自行车或游泳	—	15 分钟
俯卧撑 + 完全趴下组合	134	20 次
前倾单手划船 + 转体组合	158	20 次

第二天 全身训练：循环式		
完成 3 轮，每轮中间不休息，每两轮之间休息 90 秒		
训练项目	对应页码	时长或每组重复次数
双臂过顶深蹲	224	20 次
俯卧撑 + 单手划船组合	142	每侧 10 次
空拳	107	1 分钟
深蹲前行	271	1 分钟
俯卧交替跳	115	1 分钟
卧姿摇摆腿	198	20 次

第三天 全身训练：组合式		
完成两轮，每轮中间不休息，每两轮之间休息 120 秒		
训练项目	对应页码	时长或每组重复次数
俯卧撑 + 伸展跳组合（波比跳）	108	20 次
后撑手 + 快速踢腿组合	117	1 分钟
跑步、骑自行车或游泳	—	10 分钟
侧弓步蹲	218	每侧 10 次
伸展跳	232	15 次
跑步、骑自行车或游泳	—	10 分钟
支撑前移	191	10 次
地面蝶泳	210	15 次

第四天 有助于身体恢复的全身训练：循环式		
完成 3 轮，每轮中间不休息，每两轮之间休息 90 秒		
训练项目	对应页码	时长或每组重复次数
深蹲 + 手臂侧伸展 + 转体组合	228	15 次
猴子跳	117	1 分钟
抬手侧步跳	103	1 分钟
平卧前进	140	45 秒
俯卧撑 + 跳箱组合	111	1 分钟
转体（用毛巾辅助）	105	1 分钟

第 5~8 周：慢速 – 常规速度（除第三天以外）

第一天
耐力训练：站点式，腿部、臀部和上背部

完成 3 轮，每轮中间不休息，每两轮之间休息 120 秒

训练项目	对应页码	时长或每组重复次数
弓步蹲 + 侧弯腰组合	220	20 次
侧握引体向上	153	至力竭
深蹲 + 手臂侧伸展 + 转体组合	228	20 次
反向划船	156	12 次
滑冰式跳跃	236	20 次
动态臀桥	264	20 次

第二天
力量训练：站点式，躯干和胸部

每个项目完成两组，每两组和每两个项目之间休息 30 秒

训练项目	对应页码	时长或每组重复次数
开合俯卧撑	148	12 次
攀援卷腹	180	20 次
站姿伸展	214	15 次
单腿等距推肩	150	每侧 30 秒
卧姿腿绕环	197	45 秒
仰卧起坐（+ 腿屈伸）	186	10 次
俯卧撑 + 躯干拉伸组合	254	10 次
俯卧撑 + 卷腹 + 翻身组合	256	12 次

第三天
HIIT（见第 62 页）

完成 5 轮：先按顺序完成所有项目，每个项目 60 秒，然后休息，此为第一轮；在第二轮中每个项目 50 秒，在第三轮中每个项目 40 秒，然后依次是 30 秒和 20 秒；每两轮之间休息 60 秒；快速进行

训练项目	对应页码	时长或每组重复次数
俯卧交替跳	115	见上一栏中的具体描述
侧向波比跳	110	
侧向深蹲	225	
后弓步深蹲	218	
开合伸展跳	235	

第四天
促进身体恢复的全身训练：循环式

完成 3 轮，每轮中间不休息，每两轮之间休息 90 秒

训练项目	对应页码	时长或每组重复次数
俯卧撑 + 伸展跳组合（波比跳）	108	15 次
侧向平板支撑	205	每侧 30 秒
下斜式平板支撑	202	40 秒
双臂侧展深蹲跳	103	12 次
钟摆俯卧撑	143	12 次
燕式平衡 + 屈膝组合	269	每侧 8 次
提膝	239	15 次
爬行	116	45 秒

入门健身者 8 周训练计划

这个训练计划可以带给你更大的力量、更好的灵活性以及更高的生活质量。不管从哪个角度看，它都是有益无害的。对于那些长时间没有运动的人来说，这个训练计划将会让他对自己的身体刮目相看。享受训练吧！

第 1~4 周：慢速 – 常规速度

第一天 对抗肌训练：胸部、上背部、肩部、手臂		
每个项目完成 3 组，每两组和每两个项目之间休息 30 秒		
训练项目	对应页码	时长或每组重复次数
上抬式俯卧撑	132	12 次
反手引体向上	152	8 次
手臂交替前平举	161	14 次
前倾式侧平举	160	15 次
肱二头肌弯举（用毛巾辅助）	170	每侧 12 次
臂屈伸（一个垫高物上）	172	12 次
单臂划拉	165	15 次
转臂反向飞鸟	159	12 次

第二天 耐力训练：循环式		
完成两轮，每轮中间不休息，每两轮之间休息 90 秒		
训练项目	对应页码	时长或每组重复次数
俯卧撑提膝	111	25 次
动态卷腹 + 站立组合	120	15 次
投掷铅球动作	106	每侧 15 次
后撑手 + 快速踢腿组合	117	60 秒
侧向猴子跳	118	60 秒
侧蹲伏	221	20 次

第三天 对抗肌训练：腿部和躯干		
每个项目完成 3 组，每两组和每两个项目之间休息 30 秒		
训练项目	对应页码	时长或每组重复次数
弓步蹲	217	每侧 12 次
单腿臀桥	239	12 次
单腿起立	230	每侧 12 次
俯身腿弯举	242	每侧 12 次
划船式坐姿卷腹	184	12 次
俯卧两头起	209	12 次
卧姿腿绕环	197	45 秒
屈膝后抬腿	213	12 次

第四天 促进身体恢复：循环式		
完成 3 轮，每轮中间不休息，每两轮之间休息 45 秒		
训练项目	对应页码	时长或每组重复次数
弓步 + 上抬步 + 燕式平衡组合	268	每侧 8 次
人体桥梁	263	30 秒
侧支撑 + 手臂交叉组合	252	30 秒
侧并步	124	30 秒
卧姿侧抬腿	201	每侧 10 次
单脚站立 + 平衡步组合	128	每侧 60 秒

第 5~8 周：慢速 – 常规速度

第一天 分区训练：腿部、臀部、胸部、肱三头肌、小臂		
每个项目完成 3 组，每两组和每两个项目之间休息 30 秒		
训练项目	对应页码	时长或每组重复次数
后交叉弓步蹲	222	12 次
侧向移动俯卧撑	139	10 次
深蹲 + 提膝组合	229	40 秒
臂屈伸（两个垫高物上）	172	12 次
前箱跳	234	12 次
俯卧撑 + 相扑蹲组合	113	8 次
手腕弯举	176	每侧 15 次

第二天 分区训练：躯干、上背部、肱二头肌、腓肠肌		
每个项目完成 3 组，每两组和每两个项目之间休息 30 秒		
训练项目	对应页码	时长或每组重复次数
反手引体向上	152	8 次
侧面支撑 + 侧面卷腹组合	208	每侧 10 次
腹部贴地式反向飞鸟	158	12 次
空中自行车	185	15 次
卧姿抬髋	200	12 次
肱二头肌集中弯举（用腿部提供阻力）	168	每侧 12 次
单脚提踵	247	每侧 12 次

第三天 分区训练：腿部、臀部、胸部、肱三头肌		
每个项目完成两组，每两组和每两个项目之间休息 30 秒		
训练项目	对应页码	时长或每组重复次数
伸展跳 +180 度转体组合	234	20 次
前踢腿	238	每侧 20 次
重心下沉的快速换步	121	20 次
近地爬行	251	60 秒
单手波比跳（垫高物辅助）	109	每侧 15 次
动态臀桥 + 手臂上伸组合	265	每侧 12 次
下斜式俯卧撑	132	12 次
四足交叉摆腿	242	每侧 12 次

第四天 分区训练：躯干、上背部、肱二头肌		
每个项目完成两组，每两组和每两个项目之间休息 30 秒		
训练项目	对应页码	时长或每组重复次数
躺姿下压	160	15 次
平板支撑 + 转体组合	204	15 次
侧向平板支撑 + 转体组合	205	每侧 12 次
俯卧向后提肩	164	15 次
站姿单手划船	157	15 次
转臂反向飞鸟	159	20 次
交叉卷腹	185	20 次
俯卧后抬腿（垫高物辅助）	212	15 次

进阶健身者的 8 周训练计划

两个月后，你的身体素质一定能达到一个新的高度，只要你敢于尝试这个较复杂、难度较高的训练计划。开足马力，开始训练吧！

第 1~4 周：慢速 – 常规速度

第一天 力量训练：次数多且固定的重复动作训练（参见第 61 页）		
每个项目都在保证动作质量的情况下做到力竭，然后休息 30 秒接着做，直到完成表格里给出的重复次数；每两个项目之间休息 30 秒		
训练项目	对应页码	时长或每组重复次数
蜘蛛侠引体向上	153	25 次
单腿交叉深蹲	231	每侧 30 次
反向三角推肩	150	25 次
单杠垂悬转髋	272	30 次
宽距俯卧撑	135	30 次
地面蝶泳	210	30 次

第二天 耐力训练：循环式		
每个项目完成两组，每两组和每两个项目之间休息 60 秒		
训练项目	对应页码	时长或每组重复次数
俯卧撑 + 弓步蹲组合	251	12 次
侧向波比跳	110	每侧 15 次
快速侧向换脚台阶跳	122	每侧 12 次
俯卧撑 + 短跑组合	126	10 次
后撑手前进	116	60 秒
侧踢腿 + 躯干弯曲组合	270	每侧 12 次
俯卧撑转体	211	16 次

第三天 力量训练：次数多且固定的重复动作训练		
每个项目都在保证动作质量的情况下做到力竭，然后休息 30 秒接着做，直到完成表格里给出的重复次数；每两个项目之间休息 30 秒		
训练项目	对应页码	时长或每组重复次数
脚部固定跪姿向前俯身	270	15 次
俯卧撑 + 侧踢腿组合	249	30 次
跪姿深蹲跳	244	25 次
反向俯卧撑	265	20 次
反向划船（用毛巾辅助）	157	30 次
窄距俯卧撑 + 跳起组合	257	40 次

第四天 耐力训练：循环式		
完成 4 轮，每轮中间不休息，每两轮之间休息 45 秒		
训练项目	对应页码	时长或每组重复次数
三角跑	124	30 秒
快速交叉跳	127	40 秒
一条直线上的深蹲 + 跨步组合	129	60 秒
高踢腿	237	60 秒
快速小幅转体（用毛巾辅助）	165	60 秒
毛毛虫式爬行	253	60 秒
前倾展臂转体	215	45 秒

第 5~8 周：慢速 – 常规速度

第一天
力量训练：休息时间递减（参见第 60 页），腿部功能区

每个项目完成 3 组；每两组和每两个项目之间的休息时间：第一周 40 秒，第二周 30 秒，第三周 20 秒，第四周 10 秒

训练项目	对应页码	时长或每组重复次数
从垫高物上跳下 + 伸展跳组合	233	15 次
相扑式深蹲 + 侧滑步组合	227	60 秒
交叉弓步蹲	222	每侧 12 次
平板支撑 + 后踢腿组合	243	每侧 12 次
俯卧撑 + 下蹲组合	113	20 次
反向俯卧撑 + 腿伸展组合	266	每侧 15 次

第三天
力量训练：休息时间递减，手臂功能区

每个项目完成 3 组；每两组和每两个项目之间的休息时间：第一周 40 秒，第二周 30 秒，第三周 20 秒，第四周 10 秒

训练项目	对应页码	时长或每组重复次数
俯卧撑 + 击掌弓步蹲组合	257	8 次
侧握引体向上	153	10 次
收紧肩胛骨	156	10 次
反向推肩	149	12 次
L 形前平举（包括肩部回旋）	162	15 次
臂屈伸（两个垫高物中间）	173	14 次

第二天
力量训练：休息时间递减，躯干功能区

每个项目完成 3 组；每两组和每两个项目之间的休息时间：第一周 40 秒，第二周 30 秒，第三周 20 秒，第四周 10 秒

训练项目	对应页码	时长或每组重复次数
仰卧起坐 + 拍打小腿组合	188	20 次
悬挂抬腿	198	10 次
单腿屈膝后抬腿	213	每侧 12 次
俯卧撑 + 躯干拉伸组合	254	15 次
平板支撑 + 交叉卷腹组合	204	每侧 12 次
地面人体旗帜	201	10 次

第四天
力量训练：休息时间递减，全身

每个项目完成 3 组；每两组和每两个项目之间的休息时间：第一周 40 秒，第二周 30 秒，第三周 20 秒，第四周 10 秒

训练项目	对应页码	时长或每组重复次数
坐姿快速转体触地	194	50 秒
反向划船（用毛巾辅助）	157	8 次
后支撑前伸腿	267	12 次
俯卧撑 + 跳箱组合	111	20 次
俯卧对角线两头起	209	16 次
后弓步深蹲	218	每侧 12 次

入门健身者 8 周训练计划：增加上身肌肉和力量

不管是为了追求倒三角形身材还是为了防止背部受伤，大多数人对于肌肉训练的兴趣都主要集中在上身。这个训练计划就是为入门者增加上身肌肉和力量而量身定做的。当然，也欢迎进阶者加入，你可以通过这个训练计划来测试自己的肌肉力量。

第 1~4 周：慢速（或常规速度）

第一天
高紧张度训练（参见第 59 页）：胸部和肱三头肌

每个项目完成 3 组，始终保持肌肉处于最高紧张度；每两组动作和每两个项目之间休息 30 秒

训练项目	对应页码	时长或每组重复次数
常规俯卧撑	131	10 次
仰卧撑	174	8 次
爬行	116	60 秒
俯卧撑 + 拳击组合	112	60 秒
两点式平板支撑	203	每侧 20 秒
侧卧肱三头肌拉伸	174	每侧 12 次

第二天
高紧张度训练：上背部和肱二头肌

每个项目完成 3 组，始终保持肌肉处于最高紧张度；每两组动作和每两个项目之间休息 30 秒

训练项目	对应页码	时长或每组重复次数
反手引体向上	152	6 次
靠墙反向飞鸟	159	10 次
躺姿下压	160	10 次
前倾单手划船 + 转体组合	158	每侧 12 次
半后仰肱二头肌弯举	171	每侧 15 次
颈部上拉（带阻力）	167	10 次

第三天
高紧张度训练：肩部

每个项目完成 3 组，始终保持肌肉处于最高紧张度；每两组动作和每两个项目之间休息 30 秒

训练项目	对应页码	时长或每组重复次数
单腿等距推肩	150	每侧 25 秒
坐姿侧抬腿	164	每侧 12 次
手臂交替前平举	161	15 次
卧姿肩部外旋	166	每侧 12 次
快速小幅转体（用毛巾辅助）	165	60 秒
提肩（用毛巾辅助）	163	15 次

第四天
高紧张度训练：上身

每个项目完成 3 组，始终保持肌肉处于最高紧张度；每两组动作和每两个项目之间休息 30 秒

训练项目	对应页码	时长或每组重复次数
动态卷腹 + 站立组合	120	10 次
硬拉	214	15 次
臀桥 + 腿部伸展组合	240	12 次
前倾式侧平举	160	15 次
侧向平板支撑 + 转体组合	205	每侧 45 秒
侧向移动俯卧撑	139	12 次

第 5~8 周：慢速 – 常规速度

第一天
力量训练：运用 10 组训练的元素（参见第 62 页），上背部和肱二头肌

前两个项目各做 10 组，剩下的各做两组；每两组动作和每两个项目之间休息 40 秒；项目 1 和项目 2 保持高紧张度（参见第 59 页）

训练项目	对应页码	时长或每组重复次数
腹部贴地式反向飞鸟	158	10 次
肱二头肌弯举（用手提供阻力）	169	10 次
反手引体向上	152	6 次
反向划船	156	6 次

第二天
力量训练：运用 10 组训练的元素，胸部和肱三头肌

前两个项目各做 10 组，剩下的各做两组；每两组动作和每两个项目之间休息 40 秒；项目 3 和项目 4 保持高紧张度

训练项目	对应页码	时长或每组重复次数
跪式俯卧撑	133	10 次
臂屈伸（两个垫高物中间）	173	10 次
前倾式肱三头肌拉伸	175	每侧 12 次
俯撑前进（双腿伸直）	139	60 秒

第三天
力量训练：运用 10 组训练的元素

前两个项目各做 10 组，剩下的各做两组；每两组动作和每两个项目之间休息 40 秒；所有项目都保持高紧张度

训练项目	对应页码	时长或每组重复次数
反向推肩	149	10 次
L 形前平举（包括肩部回旋）	162	10 次
双手高举过头顶 + 提肩组合	163	8 次
卧姿肩部外旋	166	12 次

第四天
促进身体恢复：循环式，上身

完成 3 轮，每轮中间不休息，每两轮之间休息 60 秒

训练项目	对应页码	时长或每组重复次数
单手波比跳（垫高物辅助）	109	每侧 15 次
拳击（用毛巾辅助）	107	60 秒
静态卷腹	182	12 次
站姿伸展	214	15 次
俯卧撑转体	207	12 次
对角线伸展	194	每侧 20 次
窄距俯卧撑 + 跳起组合	257	12 次

进阶健身者 8 周训练计划：增加上身肌肉和力量

宽阔的肩部、强壮的腰身、结实的躯干……这些是不是你的训练目标？这个 8 周训练计划能帮助你实现！当然，这个计划也可以很好地服务于其他训练目标。对于 5~8 周的训练，如果第一个项目做不到的话，就直接从下一个简单一些的项目开始做。

第 1~4 周：超慢速

第一天
超慢速训练（参见第 59 页）：胸部和肱三头肌

每个项目完成 4 组。
第一周和第二周：每个项目 60 秒（项目 4：每侧 60 秒）。
第三周和第四周：每个项目 90 秒。
每两组动作之间休息 60 秒

训练项目	对应页码	时长或每组重复次数
三角形俯卧撑	136	见上一栏中的具体描述
臂屈伸（一个垫高物上）	172	
俯卧撑 + 桥式支撑组合	255	
侧卧肱三头肌拉伸	174	
俯卧撑转体	211	
下斜式俯卧撑	132	

第二天
超慢速训练：上背部和肱二头肌

每个项目完成 4 组。
第一周和第二周：每个项目 60 秒。
第三周和第四周：每个项目 90 秒。
项目 4：每侧 60~90 秒，高紧张度。
每两组动作之间休息 60 秒

训练项目	对应页码	时长或每组重复次数
侧握引体向上	153	见上一栏中的具体描述
躺姿下压	160	
靠墙反向飞鸟	159	
半后仰单手肱二头肌弯举	171	
收紧肩胛骨	156	
站姿单手划船	157	

第三天
超慢速训练：肩部和体侧

每个项目完成 4 组。
第一周和第二周：每个项目 60 秒。
第三周和第四周：每个项目 90 秒。
项目 2、项目 5：每侧 60~90 秒。
项目 3~5：高紧张度。
每两组动作之间休息 60 秒

训练项目	对应页码	时长或每组重复次数
反向三角推肩	150	见上一栏中的具体描述
侧面支撑 + 伸展手脚组合	207	
L 形前平举（包括肩部回旋）	162	
双手高举过头顶 + 提肩组合	163	
坐姿侧抬腿	164	
悬挂斜抬腿	199	

第四天
超慢速训练：上身

每个项目完成 4 组。
第一周和第二周：每个项目 60 秒（项目 4：每侧 60 秒）。
第三周和第四周：每个项目 90 秒。
项目 4、项目 5：高紧张度。
每两组动作之间休息 60 秒

训练项目	对应页码	时长或每组重复次数
近地爬行	251	见上一栏中的具体描述
后仰转体运动	192	
俯卧撑 + 单手划船组合	142	
前倾展臂转体	215	
卧姿剪刀腿	197	
折刀支撑（垫高物辅助）	190	

第 5~8 周：慢速－常规速度

第一天 力量训练：次数少且固定的重复动作训练（参见第 61 页），上背部和肱二头肌		
A. 项目 1~3：每组重复 5 次动作，尽可能完成较多的组数，每两组动作和每两个项目之间休息 45 秒。 B. 项目 4~6：各做两组，每两组动作和每两个项目之间休息 30 秒		
训练项目	对应页码	时长或每组重复次数
体操式引体向上	271	5 次
蜘蛛侠引体向上	153	5 次
引体向上（用毛巾辅助）	155	5 次
转臂反向飞鸟	159	15 次
躺姿下压	160	10 次
半后仰单手肱二头肌弯举	171	每侧 10 次

第二天 力量训练：次数少且固定的重复动作训练，胸部和肱三头肌		
A. 项目 1~4：每组重复 5 次动作，尽可能完成较多的组数，每两组动作和每两个项目之间休息 45 秒。 B. 项目 5、项目 6：各做两组，每两组动作和每两个项目之间休息 30 秒		
训练项目	对应页码	时长或每组重复次数
单手俯卧撑	143	5 次
爆发性俯卧撑 + 手臂前伸组合	147	5 次
宽距俯卧撑	135	5 次
钻石俯卧撑	134	5 次
臂屈伸（一个垫高物上）	172	10 次
仰卧撑	174	10 次

第三天 力量训练：次数少且固定的重复动作训练，肩部		
A. 项目 1~3：每组重复 5 次动作，尽可能完成较多的组数，每两组动作和每两个项目之间休息 45 秒。 B. 项目 4~6：各做两组，每两组动作和每两个项目之间休息 30 秒		
训练项目	对应页码	时长或每组重复次数
靠墙倒立推肩	151	5 次
反向三角推肩	150	5 次
反向推肩	149	5 次
肩胛带拉伸	167	12 次
Y 形侧平举	161	15 次
卧姿肩部外旋	166	每侧 15 次

第四天 力量训练：次数少且固定的重复动作训练，上身		
A. 项目 1、项目 2：每组重复 5 次动作，尽可能完成较多的组数，每两组动作和每两个项目之间休息 45 秒。 B. 项目 3~6：各做两组，每两组动作和每两个项目之间休息 30 秒		
训练项目	对应页码	时长或每组重复次数
反向划船（用毛巾辅助）	157	5 次
反向划船	156	5 次
握拳俯卧撑（一）	137	12 次
平板支撑 + 转体 + 单侧卷腹组合	206	每侧 12 次
坐姿侧向划船式卷腹	184	20 次
转体背部伸展	211	16 次

8 周训练计划：增加腿部肌肉力量

对于很多男生来说，腿部功能区的力量训练都是从未研究过的陌生领域，他们也没有见过适合自己的腿部训练计划。但现在不一样了，这个 8 周计划就是针对增加腿部功能区的肌肉力量的。做难度较大的训练项目时，一定要小心谨慎。

第 1~4 周：慢速 – 常规速度

第一天 力量训练：次数少且固定的重复动作训练		
A. 项目 1~5：每组重复 5 次动作，尽可能完成较多的组数（项目 1~3：每侧），每两组动作和每两个项目之间休息 45 秒。 B. 项目 6：做两组，每两组动作和每两个项目之间休息 30 秒		
训练项目	对应页码	时长或每组重复次数
单腿深蹲（手枪深蹲）	231	5 次
单腿交叉深蹲	231	5 次
单腿下蹲（垫高物辅助）	229	5 次
踮脚深蹲	226	5 次
靠墙深蹲	225	5 次
平板支撑 + 转体 + 单侧卷腹组合	206	每侧 12 次

第三天 力量训练：次数少且固定的重复动作训练		
A. 项目 1~4：每组重复 5 次动作，尽可能完成较多的组数（项目 1~3：每侧），每两组动作和每两个项目之间休息 45 秒。 B. 项目 5、项目 6：做两组，每两组动作和每两个项目之间休息 30 秒		
训练项目	对应页码	时长或每组重复次数
开合伸展跳	235	5 次
从垫高物上跳下 + 伸展跳组合	233	5 次
前箱跳	234	5 次
蛙跳	235	5 次
滑冰式跳跃	236	25 次
俯卧撑 + 交叉腿组合	250	14 次

第二天 力量训练：次数少且固定的重复动作训练		
A. 项目 1~5：每组重复 5 次动作，尽可能完成较多的组数（项目 1~3：每侧），每两组动作和每两个项目之间休息 45 秒。 B. 项目 6：做两组，每两组动作和每两个项目之间休息 30 秒		
训练项目	对应页码	时长或每组重复次数
臀桥 + 腿部伸展组合	240	5 次
伸展式上斜臀桥	241	5 次
上斜臀桥	241	5 次
单腿臀桥	239	5 次
俯身腿弯举	242	5 次
动态卷腹 + 站立组合	120	15 次

第四天 促进身体恢复与耐力训练：循环式，腿部、臀部和躯干		
完成 3 轮，每轮中间不休息，每两轮之间休息 60 秒		
训练项目	对应页码	时长或每组重复次数
高抬腿跑	125	90 秒
悬挂侧向摆动腿	199	12 次
侧卧髋内收	245	每侧 15 次
侧卧髋外展	245	每侧 15 次
驴式后踢腿 + 扭转俯卧撑组合	258	12 次
单腿人体桥梁	263	每侧 30 秒
空拳	107	90 秒
猴子跳	117	60 秒

第 5~8 周：见表格里的具体描述

第一天 爆发力和慢速相结合（参见第 59 页）：腿部和臀部		
A. 项目 1~3：用爆发力向上运动，然后慢慢地向下运动，3~5 秒；每个项目完成两组，每两组之间休息 45 秒。 B. 项目 4~6：完成 3 轮，每轮中间不休息，每两轮之间休息 30 秒		
训练项目	对应页码	时长或每组重复次数
剪式蹲跳	223	20 次
双臂过顶深蹲	224	20 次
深蹲 + 提膝组合	229	20 次
平板支撑 + 后踢腿组合	243	每侧 15 次
提踵	247	20 次
俯卧撑 + 卷腹 + 翻身组合	256	15 次

第二天 爆发力和慢速相结合：腿部、臀部和躯干		
A. 项目 1~3：用爆发力完成 4 组，每两组之间休息 45 秒。 B. 项目 4~6：完成 3 轮，每轮中间不休息，每两轮之间休息 30 秒		
训练项目	对应页码	时长或每组重复次数
爆发性箱跳	236	20 次
推墙跑	125	30 秒
快速跳敏捷梯	126	45 秒
深蹲前行	271	60 秒
静态单腿撑墙	243	每侧 12 次
动态俯卧撑 + 臀部后移组合	148	15 次

第三天 爆发力和慢速相结合：腿部和臀部		
A. 项目 1~3：用爆发力向上运动，然后慢慢地向下运动，3~5 秒；每个项目完成两组，每两组之间休息 45 秒。 B. 项目 4~6：完成 3 轮，每轮中间不休息，每两轮之间休息 30 秒。 涉及跳跃和短跑时，要运用爆发力		
训练项目	对应页码	时长或每组重复次数
跪姿深蹲跳	244	5 次
伸展跳	232	15 次
俯卧撑 + 短跑组合	126	6 次
四足交叉摆腿	242	每侧 12 次
弓步 + 上抬步 + 燕式平衡组合	268	每侧 6 次
俯卧撑转体	211	15 次

第四天 促进身体恢复与耐力训练：循环式，腿部、臀部和躯干		
完成 3 轮，每轮中间不休息，每两轮之间休息 45 秒		
训练项目	对应页码	时长或每组重复次数
双臂侧展深蹲跳	103	15 次
俯卧撑 + 相扑蹲组合	113	12 次
跪姿后仰	244	6 次
侧卧转髋	246	每侧 10 次
弓步踢腿	104	每侧 12 次
侧向交叉跨越障碍物	237	12 次

8 周训练计划：六块腹肌

这个训练计划看起来很遥远，但实际上完全可行；另外，这个计划不仅包括腹部训练，而且也涉及身体的其他功能区，可以说是通往六块腹肌的最佳道路！

第 1~4 周：第一天和第三天快速进行，第二天和第四天慢速或常规速度进行

第一天
飓风训练（参见第 63 页）

在每两个项目之后加入一次短跑，这样算一大组训练；接着完成两个项目，然后再加入一次短跑，这样算是第二大组训练。每两大组之间休息 90 秒

训练项目	对应页码	时长或每组重复次数
短跑	—	30 秒
转体折刀支撑	190	每侧 12 次
俯卧对角线两头起	209	20 次
短跑	—	30 秒
卧姿抬腿	196	15 次
屈膝后抬腿	213	15 次
短跑	—	30 秒
交叉卷腹	185	20 次
折刀仰卧起坐	187	20 次

第二天
站点式训练：增加躯干的稳定性

每个项目完成 3 组，每两组之间休息 20 秒，每两个项目之间休息 30 秒

训练项目	对应页码	时长或每组重复次数
弓步 + 上抬步 + 燕式平衡组合	268	每侧 12 次
侧面支撑 + 侧面卷腹组合	208	每侧 8 次
两点式俯卧撑	203	每侧 25 秒
平板支撑 + 交叉卷腹组合	204	15 次
转体俯卧撑	141	15 次
坐姿向后滑动	192	20 次

第三天
HIIT（参见第 62 页）

完成 5 轮，每两个项目之间和每两轮之间休息 30 秒

训练项目	对应页码	时长或每组重复次数
伸展卷腹	182	20 次
俯卧撑提膝	111	20 次
卧姿摇摆腿	198	20 次
地面蝶泳	210	15 次

第四天
站点式训练：基础训练

每个项目完成 3 组，每两组和每两个项目之间休息 30 秒

训练项目	对应页码	时长或每组重复次数
深蹲 + 手臂侧伸展 + 转体组合	228	20 次
俯卧撑 + 侧伸腿组合	249	14 次
蜘蛛侠引体向上	153	10 次
硬拉	214	20 次
弓步蹲 + 侧弯腰组合	220	20 次

第 5~8 周：第一天快速进行，第二天和第三天慢速或常规速度进行，第四天常规速度进行

第一天
HIIT（参见第 62 页）

完成 5 轮，每两个项目之间和每两轮之间休息 30 秒

训练项目	对应页码	时长或每组重复次数
深蹲 + 提膝组合	229	20 次
跳跃仰卧起坐	188	30 秒
前倾展臂转体	215	20 次
俯卧交替跳	115	30 次

第二天
金字塔式：循环（参见第 60 页）

所有项目一个紧接着一个完成，每两组之间休息 30 秒。10 组动作，从第一组到第十组的重复次数依次为 6 次、5 次、4 次、3 次、2 次、2 次、3 次、4 次、5 次和 6 次

训练项目	对应页码	时长或每组重复次数
正手引体向上	152	见上一栏中的具体描述
空中自行车	185	
悬挂抬腿	198	
人体拱桥	264	
站姿伸展	214	

第三天
金字塔式：循环

所有项目一个紧接着一个完成，每两组之间休息 30 秒。10 组动作，从第一组到第十组的重复次数依次为 6 次、5 次、4 次、3 次、2 次、2 次、3 次、4 次、5 次和 6 次

训练项目	对应页码	时长或每组重复次数
俯卧撑 + 交叉腿组合	250	见上一栏中的具体描述
弓步踢腿	104	
仰卧起坐（+ 腿屈伸）	186	
俯卧两头起	209	
坐姿侧向划船式卷腹	184	

第四天
金字塔式：循环

所有项目一个紧接着一个完成，每两组之间休息 30 秒。10 组动作，从第一组到第十组的持续时长分别为 40 秒、30 秒、25 秒、20 秒、15 秒、15 秒、20 秒、25 秒、30 秒、40 秒（项目 1、项目 2 和项目 4 两侧都要做）

训练项目	对应页码	时长或每组重复次数
投掷铅球动作	106	见上一栏中的具体描述
侧面支撑 + 伸展手脚组合	207	
坐姿转体	193	
臀桥 + 腿伸展组合	266	
俯撑前进（双腿伸直）	139